# EDUCANDO HIJOS EN LA PLENITUD DE LA FE

# EDUCANDO HIJOS EN LA PLENITUD DE LA FE

## Oportunidades ordinarias para nutrir la espiritualidad del hogar

## Tom McGrath

# LOYOLAPRESS.

3441 N. ASHLAND AVENUE
CHICAGO, ILLINOIS 60657
(800) 621-1008
WWW.LOYOLABOOKS.ORG

Título original en inglés: *Raising Faith-Filled Kids. Ordinary Opportunities to Nurture Spirituality at Home.* Traducción al castellano de Carlos E. Maciel.

Las citas Bíblicas corresponden a la Biblia de América © La Casa de la Biblia 1994 y © PPC, sígueme y Verbo Divino. Textos impresos con los debidos permisos. Todos los derechos reservados.

Diseño de portada: La Chispa and Adam Moroschan
Diseño interior: La Chispa and Adam Moroschan

**Información catalogada en la Biblioteca del Congreso**

McGrath, Tom, 1950–
 [Raising faith-filled kids. Spanish]
 Educando hijos en la plenitud de la fe : oportunidades ordinarias para nutrir la espiritualidad del hogar / Tom McGrath.
  p. cm.
 ISBN 0-8294-2214-5    ISBN 978-0-8294-2214-6
 1. Parenting—Religious aspects—Christianity. 2. Child rearing—Religious aspects—Christianity. 3. Family—Religious life. 4. Spiritual life—Christianity. I. Title.
BV4529.M38418 2005
248.8'45—dc22

2005000865

Impreso en los Estados Unidos de América
 08 09 10 Versa 10 9 8 7 6 5 4 3 2

*Para Marge y Pat McGrath quienes por más de cincuenta años han recorrido fiel y generosamente un sendero de amor fiel, con muchas carcajadas a lo largo del camino. Para Kathleen, Judy y Patti, mis mejores maestros. Y para Tap, Marty y Peggy (y sus familias); estoy muy agradecido por tener compañeros que traen tanta alegría al corazón.*

# ÍNDICE

# Manos *a la obra*

*Lo que pueden hacer para nutrir la vida espiritual en el hogar*

# AGRADECIMIENTOS

Existen muchas personas que han contribuido directa e indirectamente al desarrollo de este libro. A sabiendas de que cualquier lista que haga, lamentablemente terminará por excluir a las personas que deberían haber sido incluidas, no obstante debo expresar específicamente mi gratitud a:

Betty Schmidt, George Cihocki, a los padres Bill O'Mara y William Henkel, John Fahey, David Ives, Joan Finnegan, Robert E. Burns, Kevin Axe, Dick Frisbie, Catherine Johns y Frank Tisinski, Bill Burns, Greg Pierce, Bonnie Bachman, Dan Grippo, Linus Mundy, Neal y Pat Kluepfel, Michael Leach, al padre John Smyth, a Frank y Eileen Gaughan, Maureen Abood y a Jonna Mogab, quienes, en momentos significativos y a lo largo del camino, me alentaron a escribir.

A mis compañeros de trabajo en Claretian Publications, quienes me ofrecieron la comunidad más creativa y gozosa que se pueda imaginar, incluyendo a Catherine O'Connell-Cahill, mi compañera a la hora de escribir *At Home with our Faith* (En casa con nuestra fe, disponible sólo en inglés), por su talento increíble, sus intuiciones infalibles y su profundo carácter; y especialmente a Tom Wright, Patrice Tuohy, Meinrad Scherer-Emunds, Dianne Walde, Mary Lynn Hendrickson, Carmen Aguinaco, Anne Marie O'Kelley, Joel Schorn, Fran Hurst, Heidi Schlumpf, Kevin Clarke, John Kuenster, Anita Jackson y Maria Hickey por su ayuda precisa y altamente profesional a la hora de unir los materiales para este manuscrito. Y también al padre Mark Brummel, C.M.F., y a los claretianos de la provincia de oriente, quienes respetan y animan los roles espirituales del laicado.

Polly Berrien Berends, Dolores Curran, Kathleen O'Connell-Chesto, John Shea y Richard Rohr, O.F.M., cuyo trabajo me abrió los ojos para descubrir que ser padre de familia es un camino espiritual.

El P. Bob Bolser, C.S.V., y a los clérigos de la parroquia de san Viator en Chicago, quienes alimentan diariamente la fe de mi familia. A Bernie y Rosie Tholl, Jeannie an Jerry Pitzen, Regina y Jim King, Dorothy Gorski, Betty Stuckey, Erroll y Kathy Ortiz, Jane Vertucci, Chris Gucwa y Mary Ellen Matheson, el grupo donde compartimos la fe, quienes a lo largo de mucho tiempo, me revelaron semana tras semana que Dios está realmente vivo en nuestra casa. Y a Dave y Patti Melzer, y ahora a Heather y Gerard Baum, quienes abrieron su casa y su corazón a los adolescentes de nuestra parroquia.

A Kevin Shanley y Phil Kennedy, quienes han sido amigos constantes y que junto con el grupo del priorato de los lunes por la noche, han sido colegas exploradores de la espiritualidad de la imperfección. Para Joe Shanley, Phil Twomey y John Rohan, con quienes descubrí la vida más abundantemente en SSCA en 1967.

A los integrantes del club del libro. Bob Hamilton y Keiren O'Kelly, Peter Graff y Ann O'Hara Graff, Colleen y Bill Burns, quienes nos enseñaron que, es más divertido luchar juntos tratando de aprender el arte de educar, que buscarlo aisladamente.

A mis padres, mis hermanos, con sus esposas e hijos, quienes me facilitaron la tarea de creer en un Dios vivo.

A mis hijas Judy y Patti, y especialmente a mi esposa Kathleen, quien me apoyó a pesar de que durante muchos fines de semana y muchas tardes estuve quejándome en la computadora, y quien me acompañó a través de este oscuro camino, cuando todo parecía perdido y lo único que nos quedaba era dejarnos llevar por la fe y la bondad de quienes nos aman.

*Yo he venido para dar vida en plenitud.*

JESUCRISTO (JUAN 10:10)

# CAPÍTULO UNO

# Buenas noticias para los padres de familia

## *Pueden transmitir una fe viva*

Estaba recientemente en la casa de mi amiga Tina para disfrutar de una carne asada. Tina es una mujer maravillosa, una gran mamá, amable con sus amigos y generosa con los extraños. Su hogar es alegre y acogedor. Ora diariamente y hace lo que puede para mantener un contacto consciente con Dios a lo largo del día.

Tina escuchó que estaba preparando un libro. "¿De qué se trata?", preguntó inquietamente.

"Es algo acerca de cómo los padres de familia pueden educar a sus hijos con una fe viva en Dios", respondí.

Tina bajó su rostro mirando entre triste y culpable. "Qué lástima, es una cosa en la que no soy buena. Necesito un libro exactamente como ese".

Tina, estoy escribiendo ese libro teniéndote siempre en mente. Por el hecho de preocuparte del asunto eres buena educando a tus hijos con una fe viva —la fe que tienes los abraza mientras crecen. Más allá de todo, haces todas las cosas con tal entrega que el trabajo resulta perfecto. Y, finalmente, muchos padres de familia que me encuentro, se sienten como tú, que son totalmente ineptos cuando se trata de educar a sus hijos con fe, de esa manera no reconocen los pasos normales que pueden dar para alimentar correctamente en su hogar las experiencias familiares de fe.

Descubro que muchas personas, normalmente competentes, parecen sentirse perdidas en medio del mar, cuando contemplan este aspecto importante de la vida de sus hijos. Se sienten culpables por no ser más decididos o activos a la hora de alimentar a sus hijos en la fe, Más aún, no tienen confianza en sí mismos para remediar dicha situación. Se sienten como si les pidieran que hicieran algo en lo cual no tuvieran la menor experiencia, como si se tratara de enseñarles a sus hijos a hablar hebreo, guaraní, zapoteca, o alemán.

No obstante, en términos generales, me dirijo a los padres de familia con la intención de convencerlos de que vivan una espiritualidad basada en la vida. Puede ser que no vayan a la iglesia tan frecuentemente como creen que deberían hacerlo, tal vez no oren tanto como quisieran. Aun así, tienen fe en Dios, oran regularmente, y viven de una manera que expresan y profundizan su relación con su creador. No son gente descreída. Si profundizamos en el asunto, podríamos decir que la fe ha sido particularmente valiosa para ellos. De hecho, lo que más les preocupa es el temor de saberse incapaces de transmitir los beneficios de su fe a los hijos que tanto aman.

Sin embargo, necesitamos comprender cómo opera la fe. No transmiten la fe viva al igual que un defensa le pasa el balón a un delantero para que este anote un gol. Los padres de familia no crean la fe. La fe viene de Dios, y Dios ha sembrado la semilla de la fe en cada hijo e hija. Es el deseo de conectarse con esa gran verdad que está plantada dentro de cada uno de ellos. Los padres de familia tienen un rol decisivo en el modo en que preparan a sus hijos y en la forma adecuada en que alimentan su fe. Sin embargo, nosotros no creamos la fe, tampoco la poseemos o controlamos. La fe es relación, como la relación existente entre la vid y los racimos. La fe fluye. Nuestra tarea principal es alentar el flujo y no bloquearlo.

Muchos padres de familia subestiman su habilidad para influenciar el crecimiento en la fe de sus hijos. Creo que esto sucede porque subestiman el valor de la vida ordinaria en familia como un canal que transmite la fe. También subestiman el poder de su fe −se preocupan de que esta no sea más grande que un grano de mostaza− para influir en el desarrollo de la fe de sus hijos.

A través de este libro espero ayudarles a que vean con nuevos ojos; espero capacitarlos para que vean las actividades e interacciones de la vida diaria familiar y las consideren como momentos sacramentales que conducen hacia el Dios vivo. Este libro no va exigirles que interrumpan sus rutinas diarias, al contrario, los invitará a que consideren esos momentos dentro del estira y afloja de la vida diaria como las maneras a través de las cuales el Dios vivo está presente, llamándolos a vivir la vida más abundantemente.

## ENCONTRANDO EL TESORO QUE YA POSEEMOS

Mucha gente teme responder al llamado para vivir más plenamente la espiritualidad, pensando que se les exigirá hacer cambios radicales en su estilo de vida. La fantasía que los atemoriza posiblemente los haga pensar que tendrán que abandonar a su familia, para marcharse como misioneros a un país desamparado, donde tendrán que alimentarse con chapulines y miel silvestre. Vivir más plenamente la espiritualidad incluye cambios radicales. Pero he descubierto, que más que separarme de objetos apreciados, el cambio abre mis ojos a nuevas profundidades y riquezas que están a mi alrededor. No se trata de perder algo, sino de ganarlo.

Es probable que en alguna ocasión hayan visto un programa televisivo relacionado con las antigüedades. En él, las personas llevan viejos tesoros y rarezas que han conservado o almacenado en sus casas para que sean evaluadas por un experto en la materia. Es muy divertido ver cómo la propia gente descubre lo valiosos que vuelven a ser sus objetos. Algunos de ellos son valiosos simplemente por su valor sentimental, otros, valen en realidad una fortuna.

El momento favorito del episodio que me tocó presenciar vino cuando una simpática mujer llevaba una pintura de la firma de la Declaración de Independencia de los Estados Unidos de América. Como suele ocurrir, esta patriótica pintura no valía más de cincuenta dólares. Pero mientras estaba haciendo fila, esperando su turno para que la valoraran, decidió limpiar el marco. Cuando quitó el marco, uno de los valuadores expertos quedó repentinamente sorprendido por algo esperado y sorprendente. El último pintor, menos talentoso que el primero, utilizó el reverso de un pintura existente, para pintar a Washington, Jefferson, Hancock y compañía. Sin embargo, la pintura original –conservada en su condición original dentro del marco durante todos esos años– era una rara y extraordinaria pintura realizada por un pintor de la era colonial. Valía cientos de miles de dólares.

Todo ese tiempo la gente en aquella casa tuvo un tesoro al alcance de la mano y nunca lo supo. A todos nos sucede lo mismo. Puede que no se trate del valor frío de la moneda sólida. Pero de hecho, el tesoro del que somos herederos, es mucho más valioso. Porque, ¿qué hay más valioso que la vida? Lo que Jesús nos prometió –sea que vivamos en un claustro, un monasterio o en un hogar desarreglado y caótico– es darnos vida más abundante. Solamente necesitamos tener ojos para verla.

A lo largo de estas páginas expondré ideas que los ayudarán a alimentar la fe de sus hijos, y que podrán aplicarse en la vida familiar. De hecho, dedicaré tres capítulos para hablar acerca de su vida espiritual. La verdad es que ser padre de familia es un camino espiritual. Esta es su misión, tendrán que escogerla y aceptarla.

Es bueno recordar que no estamos solos en dicha tarea. Al nutrir la fe de nuestros hijos, tenemos a nuestra disposición el poder de nuestra propia tradición espiritual. El aventurarnos en un camino espiritual nos depara disciplinas, prácticas y el ejemplo de santos y héroes que nos acompañan en el camino. Tenemos el apoyo de otros padres y madres de familia que toman seriamente este deber. Y tenemos al Espíritu Santo que Jesús prometió, para que nos sirva de guía. El primer paso para iniciar es el reconocimiento de nuestra intención de educar convenientemente a nuestros hijos, pedirle ayuda a Dios, y responder cuando la próxima oportunidad ordinaria se presente.

## ESTABLECIENDO CONTACTOS EN UN MUNDO QUE MARCHA A LA DERIVA

Otra ventaja es que si ustedes consiguieron este libro, quiere decir que están profundamente preocupados por su hijo y que desean que él o ella conozca los beneficios que acarrea una fe fuerte y viva. Este es un lugar perfecto y maravilloso para comenzar. Dense cuenta de que Dios los ha llamado en este momento y les ofrecerá los medios y los modos para conducirse hacia donde tengan que ir la próxima vez.

La vida moderna trabaja frecuentemente para desconectarnos de las fuentes de fortaleza, salud, sanación y apoyo. Es el momento de reconectarnos. Empiecen ahí donde están, encuentren compañeros espirituales y pídanle a Dios que los conduzca.

Una mirada rápida e impresionante al medioambiente ordinario en el cual actúan los padres de familia pone nuestra situación en contexto. La época que vivimos no es propicia para transmitir la fe a nuestros hijos. Muchos de los apoyos sociales para vivir la religión han sido desechados y olvidados, mientras que la autosuficiencia, y el individualismo casi se han convertido en una religión. Cuando los emigrantes, nuestros ancestros, vinieron a los Estados Unidos, las costumbres religiosas y la Iglesia local, formaban una balsa en su mundo nuevo y turbulento. Las costumbres religiosas en el hogar y en el vecindario transmitían una identidad definida y servían para transmitir valores y normas. La Iglesia local frecuentemente era el centro de la vida política y social de la comunidad, al igual que el centro visible de actividad religiosa y espiritual. La parroquia local o la comunidad eclesial ofrecía una visión del mundo que a su vez ofrecía una herencia y un significado para que las personas construyeran una vida en una cultura nueva y a veces hostil. La Iglesia ofrecía identidad y sentido, y

> *La experiencia que buscamos yace dentro de nuestro propio corazón. Una vez que estamos enraizados en nuestro propio amor interior, todos necesitamos conocer lo que nos será revelado.*
>
> Anne Johnson y Vic Goodman, *The Essence of Parenting: Becoming the Parent You Want to Be*

en aquellos días era un ancla en la vida de la gente, ancla que muchas personas consideraron era adecuado que se llevara la corriente. Sin embargo, las personas están reconociendo de manera más frecuente que la cultura, seductora en apariencia, puede ser superficial y hostil, y están buscando nuevamente esa ancla.

El enfoque y el ritmo de nuestro mundo también trabaja en nuestros hijos, bloqueando el desarrollo de la fe. El enfoque del mundo está en lo externo y lo transitorio. Piensen en cada uno de los mensajes comerciales que sus hijos enfrentan cada día. Cada uno de esos mensajes nos orilla a concentrarnos en la gratificación inmediata de algunas necesidades (normalmente artificiales) temporales. La gratificación es de corta duración o aún inexistente. Este ciclo de esperanzas alentadas, que en seguida se malogran, procrea el cinismo en nuestros hijos. Es difícil que tengan fe cuando su credibilidad ha sido tomada a burla, desde que tenían suficiente edad para ver el primer comercial que anunciaba un desayuno con cereal o la figura de un superhéroe de acción ("algunas piezas se venden por separado"). Nuestros niños necesitan en buena medida estar expuestos a mensajes que inspiren fe y promuevan valores duraderos.

Para muchas familias la vida está sobre programada, y por si fuera poco, es dispersa y frenética además. Muchas familias encuentran escasas oportunidades para sostener una práctica regular de la religión y de la fe. Y dado que muchas familias emigran frecuentemente, muchos niños crecen sin un contacto regular con sus abuelos (quienes tradicionalmente juegan un papel importante al momento de instruir a los hijos en la práctica de la fe) o una comunidad de fe donde conozcan a la gente y sean conocidos.

## DESARROLLANDO LA FE EN MEDIO DE UNA CULTURA CÍNICA Y COMERCIAL

Nuestro mundo mira con recelo a la fe en Dios aun cuando acepta ciegamente las pretensiones de quienes le ofrecen un nuevo limpiador para la taza del baño que hará su vida más emocionante y satisfactoria. Este doble patrón de conducta alimenta el cinismo en nuestros hijos, y una especie de desesperanza que se manifiesta en el rechazo a comprometerse con cualquier persona, institución, tradición o creencia. Nuestros hijos están hambrientos de cosas buenas para comer, y les estamos dando comida chatarra.

Muy frecuentemente, la experiencia religiosa o la espiritualidad aun se sigue presentando como si fuera un objeto de consumo: alguna cosa que se puede adquirir, poseer o controlar por medio de la posesión. Y así andamos nadando en el yoga, vemos qué nos ofrece la New Age, o aún sacamos nuestro viejo rosario un par de días. Sumergimos un dedo del pie en la piscina espiritual, pero nunca nos metemos a las aguas profundas. Cuando las personas tratan la espiritualidad y la religión como productos o medicinas maravillosas que ofrecen alivio y curación rápida, su experiencia será vacía e ilusoria.

Sin embargo no debe ser siempre del mismo modo. No estamos desesperanzados o desamparados. Podemos educar a nuestros hijos en una fe viva, invitándolos a unirse a nosotros en un camino espiritual. No necesitamos tener grados académicos en teología para introducirlos a los principios y prácticas que pueden darle profundidad a su vida, haciéndola más significativa y satisfactoria. Si quieren que sus hijos crezcan en una atmósfera de fe, introduzcan la fe como parte natural y regular de su relación con ellos.

La vida familiar presenta oportunidades ordinarias para nutrir la fe de los hijos, para introducirlos a conceptos capitales como la confianza, el respeto, la creencia, el servicio, el amor y la fe en un poder superior. Existen algunos pasos que pueden asumir, algunas prácticas que los comprometan como familia y a cada uno de los hijos personalmente. Hay actitudes qué fomentar y experiencias para alentar. Por medio de la manifestación de su propia fe y de las interacciones que, iluminados por la fe tengan con sus hijos, podrán invitarlos a vivir una jornada que dure toda la vida y que les descubra lo que son, así como la razón por la que están en este mundo. ¿Hay en la vida otras lecciones más importantes que estas?

## UTILIZANDO LO QUE ESTAMOS HACIENDO

Cuando reflexiono en mi educación religiosa, descubro que estaba inmerso en una cultura que estaba empapada del Catolicismo, como éste era experimentado en aquella época (finales de los cincuentas hasta el comienzo de los setentas). Nos rodeaba un reparto de personajes bastante amplio. Las monjas y los laicos comprometidos que nos enseñaban en la escuela; el párroco y los sacerdotes que celebraban la Misa, administraban los sacramentos y que atendían a nuestras almas; los vecinos que eran creyentes decididos, los parientes, quienes estaban listos para platicarnos acerca de las prácticas religiosas o de las creencias, con el mismo gusto que compartían el marcador de nuestro equipo favorito de béisbol, o sobre el escándalo político más reciente; entre ellos también estaban mis padres −desempeñando todos una función al transmitirnos no sólo el contenido de la fe, sino también una visión del mundo que mostraba que la fe era un elemento valioso para vivirse plenamente y vivir dignamente.

No obstante, cuando recuerdo todas aquellas actividades establecidas expresamente para enseñarme las cuestiones sobre mi religión, descubro que las interacciones humanas ordinarias de la vida diaria, fueron las que tuvieron un influjo más profundo en mi fe adulta. Fue la imagen de Jesús que estaba colgando en la sala, fue la oración de acción de gracias antes de los alimentos, era la ocasión en que ayudábamos a los miembros de la parroquia a colocar las sillas para la cena anual o cuando ayudábamos a mamá a realizar adornos para el desfile de modas de la Sociedad del Altar y el Rosario. Todos estos acontecimientos tuvieron gran impacto en el desarrollo de mi fe. Eran los momentos en que mis padres jamás pensaron embolsarse el dinero excedente que les daban de más a la hora de hacer las compras, o cuando con firmeza y amabilidad nos corregían cuando usábamos un lenguaje rudo para referirnos a personas de otras razas o culturas.

Uno de los recuerdos más firmes que conservo de mi crecimiento en la fe, ocurrió un día nevado del mes de diciembre. Mi padre enseñaba clases de religión a niños del octavo grado. Probablemente yo cursaba el cuarto o quinto grado. Eran un grupo de muchachos terribles, pero mi padre apreciaba su arrojo. Durante el mes pasado, ellos habían reunido conservas, juguetes, y ropas para unos inmigrantes recién llegados. Esa pudo haber sido la primera vez que durante años, esos adolescentes habían hecho algo a favor de los demás. Mi Papá me llevó para que acompañara al grupo a entregar los regalos. Cuando íbamos en camino, la nieve comenzó a caer con gruesos y pesados copos.

Me encontraba preocupado y nervioso pensando en el encuentro que tendríamos con los beneficiarios de nuestra generosidad. Pensaba que podrían estar preocupados o incómodos. No sabíamos ni conocíamos su idioma, y no estábamos seguros de que entenderían el nuestro. Sin embargo, mi padre estaba efusivo, expresivo y ansioso de encontrar a esos vecinos recién llegados. Su calidez se impuso ante el mal tiempo. Las personas nos acogieron en sus casas, unos departamentos modestos, escasamente provistos. Recuerdo una casa en particular. Permanecimos en la cocina hablando con un hombre orgulloso y con su tímida esposa. Ella se sentó sobre una de las dos sillas del comedor, bajo modestamente su cabeza, y una sonrisa se deslizó en su rostro cuando los hombres trataban de comunicarse a través de los lenguajes y culturas. El cuarto estaba desnudo a excepción de un hermoso crucifijo de plata, el cual era obviamente la pieza principal de aquella casa.

La nieve continuaba cayendo, transformando la ciudad en un mundo prístino y original. La jornada parecía haber transformado aquellos muchachos del octavo grado, quienes ahora tenían los ojos abiertos como niños pequeños, con la guardia baja y su inocencia restaurada.

Aquella tarde hicimos muchas paradas, y yo había estado tiritando de frío mientras acarreábamos los alimentos subiendo y bajando por escaleras externas y atravesando pasadizos expuestos a la ventisca. Cuando llegamos a casa, me di cuenta, quizás por primera vez, que la calefacción central es una bendición. Mamá estaba preparando la cena; nunca había olfateado una cosa más maravillosa, nos acogió con abrazos y nos animó a calentarnos, colocándonos ropa seca.

Me senté en el sofá con mi hermano Patricio, y juntos disfrutamos tranquilamente de una película con tinte navideño. Me sentía en casa como alguien totalmente nuevo. Habíamos sido parte de la vida —dando y recibiendo regalos, conectándonos con los demás, algunos de ellos experimentando necesidades reales. Nosotros los bendijimos a ellos y ellos a nosotros, el amor de Dios circulaba libremente alrededor de todos. Recuerdo que miraba hacia el exterior a través de la ventana que estaba frente a mí, y entre la luz de la lámpara de la calle, veía caer la nieve, como gracia, hasta donde el ojo me permitía ver.

La fe viva no es algo que ustedes imponen a sus hijos; es algo que moldea los momentos ordinarios que viven juntos como familia. No es algo que puedan desempacar y entregarles. No existe una fórmula o un grupo de acciones prescritas que funcionen como una receta infalible. Se trata simplemente de vivir y amar a la vez, y de compartir todo lo que consideren que es un gran valor —sus creencias y prácticas con las que viven el amor de Dios.

Robert Wuthnow dijo en *Growing Up Religious* (Creciendo religiosamente, disponible sólo en inglés):

> La efectiva socialización religiosa ocurre a través de las prácticas propicias, es decir, a través de actividades religiosas, específicas y deliberadas que están firmemente intercaladas con los hábitos diarios de la rutina familiar, al comer y dormir, a la hora de conversar y decorar los espacios donde la gente vive, de celebrar los días festivos y de formar parte de una comunidad. Comparadas con estas prácticas, las enseñanzas formales de los líderes religiosos frecuentemente tienen menor trascendencia.

En resumen, los hijos adquieren la fe viviendo en un hogar donde habita la fe.

Los hijos no llegan equipados con un manual de instrucciones, y ciertamente no llegan con garantía. Ser padre de familia es entrar en una relación de gracia, misterio y maravilla. La única garantía que podemos esperar en esas circunstancias es que nuestro Dios, que es un Dios amoroso, nos encontrará en medio de esa relación, ansioso de traernos a todos la vida abundante. Trabajar en la fe significa construir relaciones con Dios, consigo mismo y con los demás.

Las relaciones, y especialmente las relaciones entre los padres de familia y los hijos, son siempre más un arte que una ciencia. Y normalmente, llegar provistos con fórmulas clínicas no es la mejor manera de acercarse a dicha relación. Es como tratar de aprender a bailar tango leyendo un libro. El libro puede ayudarles, dándoles una idea básica que los inspire para tratar de comenzar, pero no puede sustituir el baile que se ejecuta sobre el piso con una compañera entre los brazos y con la acostumbrada rosa sobre los dientes.

La fe es una relación de amor con nuestro Dios, vivida a través de los días de nuestra vida. Se sostiene a través de la disciplina y las prácticas de la tradición cristiana, pero requiere nuestro propio esfuerzo. Para educar a los hijos en la plenitud de la fe, primeramente tendrán que estar inmersos en una fe viva. Esto no significa que tengan que ser perfectos. Solo quiere decir que estén en relación con Dios. La realidad básica de esta relación primaria se filtrará en todas sus relaciones. Cuando aman a Dios, llevan naturalmente ese amor al cuidado y la alimentación de sus hijos. "Aquellos que no aman a un hermano o a una hermana a quien han visto, no pueden amar a Dios, a quien no han visto". ¿Realmente queremos darle una oportunidad al amor? ¿Estamos realmente dispuestos a aprovechar las altas y bajas de la vida familiar para despertar ese amor dentro de nosotros?

Se necesita la práctica para apreciar la "excelencia" de la vida. Por ejemplo, delante de mí, mientras escribo, está una taza de te, está despostillada y los colores son ahora inusuales, muy propios de los años 70, y me supongo que resultaría muy fácil deshacerse de ella. Sin embargo, esta taza guarda en sí un profundo significado, algo a lo que el teólogo brasileño Leonardo Boff llama 'valor sacramental'. Mi suegro la utilizó algunos años antes de que muriera. En ella bebió su café helado. Cuando la miro, recuerdo que hace años, sorbía en ella el té caliente, teniendo a una u otra de mis hijas sobre las rodillas, mientras leíamos juntos las tiras cómicas los domingos por la mañana. Y cuando utilizaba esa taza, tanto entonces como ahora, era para hacer una oración en silencio a mi suegro, el abuelo que murió antes de que pudiera encontrarse con sus hermosas nietas, para que me ayude a ser un buen esposo para su hija, y un buen padre para sus nietas. Esta taza me habló entonces, y me habla ahora, de la gracia y la sacralidad de las cosas ordinarias. La vida familiar es una vida religiosa.

## ATRAPANDO LA ACCIÓN AHÍ DONDE SUCEDE

Las familias están en una posición única para transmitir la fe. "Una perspectiva de la familia en la Iglesia y la sociedad", un documento del Comité para el Matrimonio y la Vida Familiar de la Conferencia Nacional de Obispos Católicos, publicado en 1988, dice: "La familia constituye una revelación y realización especial de la comunión, y por esa razón también, (la familia) puede y debe ser llamada la Iglesia doméstica". Los obispos añaden, "la familia no es solamente como la Iglesia, sino que es verdaderamente la Iglesia". Esto no quiere decir que las familias deban ser pequeños templos, sino que en el curso normal y en el desorden de la vida diaria, hacen lo que Jesús le encargó a la Iglesia que hiciera: ser el cuerpo de Cristo en el mundo.

La cosa más triste que puedo imaginar es llegar al fin de la vida con el nido vacío, y mirar hacia atrás, haciendo eco de las palabras de Jacob: "Ciertamente el Señor está en este lugar y yo no lo sabía". Creo que Dios se revela a nosotros a través de los eventos ordinarios de la vida familiar. No necesitan transformarse en personas distintas para experimentar esta revelación. Solamente hay que poner atención a las formas sutiles a través de las cuales Dios actúa en su vida familiar. Tal vez puedan comenzar este libro con esta oración: "Dios mío, abre mis ojos para que pueda verte".

En este libro solamente les ofrezco mi propia experiencia, mi fuerza y mi esperanza. No pretendo que lo tomen como la respuesta final a las preguntas que surgen. Más bien, espero ayudarles para que afronten sus preguntas y descubran su propia sabiduría. Tomen lo que les guste y dejen lo demás.

La mayoría de mis ejemplos provienen de la Tradición Católica. Esta es la tradición que sigo como mi propio camino espiritual. Es una tradición rica y de alguna manera es muy favorable para la familia. Una de las cosas mejores del Catolicismo es que considera toda la vida como un sacramental —algo capaz de transmitir la gracia de Dios. Esto quiere decir que todos los objetos en su casa, cada relación, cada momento de la vida de la familia es capaz de revelar su conexión con Dios. Sin embargo, muchos caminos espirituales conducen al mismo objetivo. Si provienen de otra tradición religiosa, estoy seguro que muchos de los principios aquí expuestos serán fácilmente adaptados para que adquieran sentido también en su propio mundo.

Espero que este libro les ayude a ver más claramente en los detalles mundanos de su vida familiar, los momentos de gracia, la disponibilidad de la presencia de Dios, y lo maravilloso que resulta que estemos sostenidos en la palma de la mano de Dios. Al considerar así las cosas, ustedes también permitirán que sus hijos descubran esa realidad. En consecuencia educarán a sus hijos rodeándolos de una fe viva.

*A fin de cuentas, es la vida misma la que educa a los hijos espiritualmente.*

Polly Berrien Berends

*La vida humana es el sistema operativo en el cual se realizan todos los planes divinos.*

ARZOBISPO DANIEL E. PILARCZYK

# CAPÍTULO DOS

# La pregunta fundamental

## *¿Qué desean para este hijo?*

¿Recuerdan cuando sostenían a su hijo, cuando él o ella tenía solamente unos días o unas semanas de nacido? Imagino que es el recuerdo más vivo que conservan. El milagro del nacimiento abre las puertas al desarrollo de una vida. ¡Dios mío! Cómo estaba su corazón desbordante en aquellos primeros días de la vida de un nuevo hijo, tanto así que ponían su mirada en el nuevo retoño, y frente a ustedes contemplaban a alguien que jamás tendría un duplicado.

Las palabras iniciales del rito católico del bautismo están dirigidas a los padres y padrinos, en cierta manera como una anticipación destacada. "¿Qué desean para este niño?" Es una buena pregunta. La respuesta sencilla que los padres y padrinos dan ese día es, "el bautismo". No obstante hay que destacar que es una declaración cargada de fuerza, puesto que incluimos en ese deseo una gran cantidad de esperanzas y temores, sueños y preocupaciones.

Kathleen y yo estábamos esperando a nuestra primera hija, Judy, cuando nos cambiamos a la casa que ocupamos en nuestra actual parroquia. Nos habíamos trasladado bastante tarde para poder unirnos al curso de preparación bautismal que se programaba regularmente, sin embargo el hermano Bill Haesaert C.S.V., se ofreció amablemente para venir a nuestra casa y revisar con nosotros el material.

Nos sentamos en medio de las cajas en nuestra nueva sala y respondimos a la pregunta "¿Qué desean para este niño?". Abordamos esa pregunta desde distintos puntos de vista.

- La de los padres de familia

- La de la comunidad parroquial que acogía a ese niño

- La de la familia extendida que se uniría a nosotros el día de la celebración bautismal

- La de la Iglesia entera, una Iglesia universal cuya misión es producir frutos para el Reino de Dios

¿Qué desean para su hija? Nos preguntó el hermano Bill. A través del intercambio y de nuestra búsqueda me fue resultando más claro que yo tenía un número de deseos para mi hija, muchos de los cuales eran aparentemente contradictorios. Yo quería que nuestra hija, recién nacida, tuviera una vida de aventuras y mucha trascendencia, sin embargo no quería que sufriera ningún trastorno. Quería que tuviera una vida llena de satisfacción, pero sin ninguna pena. Quería que experimentara al Señor como su pastor, sin tener que viajar por cañadas oscuras. En síntesis, quería la resurrección sin la cruz.

Es obvio que el primer deseo de un padre de familia será la seguridad de su hijo. Nuestro instinto humano más profundo es cuidar de un niño indefenso. Dentro de los padres de familia está un fiero instinto protector. Estoy seguro de que no soy el único padre que permaneció en la oscuridad un largo tiempo, detrás del niño que dormía durante los primeros días de su vida, prometiendo protegerlo de cualquier daño que pudiera atravesarse en su camino.

No obstante, aun cuando hacemos ese voto, somos conscientes que no podremos cumplirlo. Sabemos bastante bien que la vida puede ser dura, cruel y agresiva. Junto a toda la belleza, el mundo también nos muestra toda su fealdad. Junto a todas las alegrías, se nos dan las lágrimas amargas de la pena y el sufrimiento.

Si queremos que nuestros hijos vivan una vida verdaderamente plena, debemos darnos cuenta que nuestros deseos tienen que incluir el dolor, las dificultades, el desengaño y la pena. No podemos desear una vida a medias para ellos —una existencia artificial que permanece sobre la superficie y que nunca experimenta el dolor, porque tampoco experimenta la alegría. Ese tipo de vida no experimenta nada.

Muchos padres dicen, "Yo quiero lo mejor para mis hijos". ¿Qué significa "lo mejor"? Si mis hijos no puede evitar el dolor –es claro que en esta vida mortal eso no es posible– entonces mi esperanza es que ellos conozcan a Dios y que lo puedan encontrar en sus alegrías y en sus penas, y que les ofrezca a ellos una vida a un nivel que trascienda todo dolor y toda pena.

Quiero que encuentren al que ofrece agua viva que apaga la sed más profunda. Quiero que dediquen sus días a saborear el Pan de vida. Estas imágenes pueden parecer muy poéticas o fantasiosas. El hecho es que estas imágenes de Jesús están entre nosotros como los mejores intentos para describir una nueva realidad—la realidad que venimos a descubrir a través de una vida de fe. Anhelo que mis hijos conozcan esa realidad.

Si la elección es vivir superficialmente evitando el dolor (tal vez ganando todo el mundo, pero perdiendo sus almas) o vivir plenamente y aceptando el dolor, quiero para mis hijos lo que dé sentido al sufrimiento. Ellos necesitan aprender un acercamiento a la vida que les ofrezca una vida en plenitud, que es algo más valioso que aclarar el sentido que tienen el dolor y los desengaños en la vida (después de todo, algunas veces éstos no tienen sentido). Creo que una vida de fe nos capacita para atravesar y trascender el dolor y la decepción. Nuestra tradición bíblica nos dice que Jesús es el camino, la verdad y la vida (Juan 8:32). Esta frase puede ser una frase manoseada o puede ser el misterio más profundo que amerita un compromiso de toda la vida.

## INTRODÚZCANLO AL MISTERIO

Nos aproximamos al lado oscuro del misterio cuando llevamos a nuestro hijo a las aguas del bautismo. Sea que llevemos un niño indefenso en nuestros brazos, o a un niño que empieza a caminar sostenido firmemente de nuestra mano o a un adolescente que camina hacia la pila bautismal bajo su propio impulso, en esta vida cada hijo es vulnerable. En el sacramento del bautismo representamos ese peligro. Los que van a ser bautizados son sumergidos en las aguas y ellos mueren con Jesús. Esta acción se dirige a nuestro temor. Sin embargo, también representamos el segundo momento del drama. Colocamos sobre los bautizados un resplandeciente vestido blanco, y les entregamos una vela, la luz de Cristo. También ellos resucitan con Jesús, llevando una luz que no puede apagarse. Esta es nuestra esperanza y nuestra fe.

Educar a un hijo con una fe viva no es un asunto piadoso y superficial. Esto significa abordar la vida lo más profundamente posible, teniendo siempre presente la cuestión más preocupante, en vistas a encontrar una respuesta en la que puedan confiadamente sostener sus esperanzas. Esta respuesta no es como la solución a una ecuación matemática. No es una fórmula que ustedes puedan anotar o buscar en un libro cuando la necesiten. Más bien es un modo de vivir que los conduce a una comprensión más profunda de esta verdad en todo momento. Es un camino de gracia. Es la respuesta a su más profundo deseo, el que sintieron el primer día que sostuvieron a su hijo en sus manos. Para educar a un hijo con una fe viva, ustedes deben vivir la fe con su hijo. Ya lo dice el conocido refrán: "la práctica hace al maestro". La respuesta es, era, y siempre será: "práctica, práctica, y más práctica".

## CONOZCAN SUS PROPIOS MOTIVOS

Es bueno examinar las esperanzas y expectativas que tenemos para nuestros hijos. El deseo de que nuestros hijos tengan una buena relación con Dios también puede ser una realidad ambigua. Una buena pregunta debe plantearse luego de la primera, "¿qué desean para este hijo?", y esa sería, "¿por qué? No todas las respuestas son iguales. Pocos, por no decir que nadie, tenemos motivos totalmente puros. Es posible querer cosas buenas por algunas razones equivocadas.

Por ejemplo, algunos padres quieren que sus hijos "reciban una religión" como una estrategia de represión, la ven como una manera de conservarlos como "buenos hijos", como una forma de obligarlos a no apartarse del camino prescrito. Estos son los padres que envían a sus hijos a escuelas religiosas, no tanto por su formación espiritual, sino para que conserven a sus hijos "en línea". Esta es una coerción, un abuso de la religión, es algo que de alguna manera impide el pleno desarrollo humano del niño, es abusar del hijo. Con todas las opciones peligrosas que enfrentan los hijos (drogas, pandillas, armas, relaciones sexuales prematuras, y otras tantas) es tentador querer poner sobre ellos a la religión como una especie de freno como el que se impone sobre los caballos a fin de que se mantengan en el camino derecho y angosto. Sin embargo, cuando esto es algo más bien impuesto, que algo elegido, este mecanismo se convierte en una camisa de seguridad, que sólo sirve para atar a las personas.

Algunos padres quieren la religión para sus hijos como una manera de aplacar a Dios. Es muy común no ver las cosas claramente, sin embargo, dentro de este deseo está la creencia de que si mi hijo vive la religión de modo superficial, Dios se mantendrá feliz, y un Dios feliz no permitirá que mi hijo conozca ningún tipo de malestar. Es una superstición creer que a través de nuestras acciones podemos controlar a Dios.

Dado que llegar a ser un padre de familia es una expectativa asombrosa, sentí ambas tentaciones en los momentos en que llevamos a nuestras dos hijas al altar para ser bautizadas. Pensaba en los adolescentes desolados y tristes que veía reunidos en el parque, con sus camisetas antisociales y espeluznantes, los ojos vacíos, los botes de cerveza arrojados cerca de sus pies, y mi deseo era que, alguna religión pudiera apartar mágicamente a mis hijas de encontrar a los demonios que conducían a aquellos muchachos las bancas de aquel jardín. Sin embargo, los demonios están dentro de todos nosotros, y si no los enfrentamos, nunca nos convertiremos en personas completamente vivas.

El día del bautismo de mis hijas, también yo quería sobornar a Dios. Quería ofrecerle alguna cosa que pudiera conseguir gratuitamente para proteger a estos preciosos ángeles de los accidentes y la enfermedad, de la tragedia y el trauma. Suponía que mi esperanza pueril y tácita sería como decir "Mira Señor. Todos estamos saltando a través de estos aros de fuego por ti". Ahora, yo espero que te acuerdes de esto cuando estés repartiendo el cáncer y los accidentes automovilísticos, las avalanchas y los disparos trágicos contra los espectadores". Esta es una fe superficial. Es también un insulto a Dios, puesto que reduce a Dios a un anotador que lleva la cuenta de los puntos.

Cuando sostenemos esta preciosa vida en nuestras manos, una vida a la que podemos amar más que la nuestra, es comprensible que tratemos de reunir todos los poderes disponibles y poner en acción a todos los ángeles en favor de este hijo. Sin embargo, en nuestra interioridad como humanos tenemos un deseo más profundo: que nuestro hijo conozca a Dios verdadera y profundamente en este mundo y que esté sostenido a lo largo de toda su vida por ese amor.

## TOMEN CONCIENCIA DE LO QUE ESTÁN PIDIENDO

Queremos que nuestros hijos conozcan verdadera y profundamente a Dios. Este puede ser un deseo peligroso. La gran crítica que se le hace a la religión es la de ser el opio del pueblo, una manera de domesticar el verdadero espíritu de las personas, una forma de conservarlos dóciles y manejables. En la medida que la religión haga presente en nuestras vidas el temor y la superstición, la crítica será válida. Sin embargo, la fe verdadera es radical y liberadora. La fe auténtica no ofrece camisas de seguridad como medio de control ni promesas de protección contra los peligros mortales. Y ciertamente no domestica. Piensen en san Francisco de Asís, quien estaba viviendo ansiosamente el guión que su padre le había impuesto, buscando la "buena vida", cuando la fe comenzó a echar raíces. Lo que pasó en seguida, también lo conocen, él se animó a desnudarse en la plaza del pueblo, renunciando a todas las posesiones de su padre (incluyendo las ropas que acaba de quitarse), lo mismo que a los planes que su padre había trazado para su próspero futuro.

La fe puede incitar a su hija recién graduada de la preparatoria a convertirse en una misionera laica en un país sacudido por la guerra, en lugar de preferir la continuación de la carrera de odontología. La verdadera religión puede guiar a su hijo de sexto grado a ser amigable con los que son marginados en la escuela, haciendo a un lado la popularidad y la comodidad de ser uno más de "la multitud".

Ustedes pueden ver por qué los padres de familia pueden ser rea-
cios a que sus hijos tomen estas cuestiones religiosas tan seriamente.
Mientras continúen portándose
bien y haciendo lo que se espera
de ellos, todo está correcto. Pero
si resulta que van a seguir a Dios,
eso ya es otra cosa totalmente
diferente.

> *El cristianismo es algo que hay que experimentar. No es algo que hay que ganar o conseguir. Se trata de una relación, más que de resultados o requisitos.*
>
> Richard Rohr, O.F.M.

Vivir la fe no es un camino a
la seguridad, excepto a la última
y única seguridad que conocemos: el amor de Dios constante
y extraordinario. Tampoco es un
camino que otorgue protección, excepto la protección última de estar
en las manos de Dios. Sin embargo, ese es el camino al que todos
estamos llamados. La mayoría de nosotros no tendremos que convertirnos en otro Francisco de Asís, u otra Juana de Arco, Dorothy Day,
Francisco Javier, Oscar A. Romero, Toribio Romo, o Anna Frank. Sin
embargo, la fe puede ser tan real para nosotros y para nuestros hijos,
como lo fue para esos santos que vivieron antes de nosotros. Esta es la
clase de fe que tiene valor.

Este libro es para los padres de familia que quieren que sus hijos
tengan el beneficio de la fe para que los sostenga a través de su vida. Es
para quienes han descubierto que la fe y la vida espiritual son tesoros
para compartir y que una vida sin un profundo sentido espiritual está
vacía, es una vida no vivida plenamente.

Como Jesús lo explicó, tener fe religiosa no equivale a reverenciar
la imagen de un Dios lejano a nosotros, que vive en el último piso del
edificio universal. Más bien, la verdadera fe reconoce y busca la unión
con el Dios que habita en medio de nosotros, que se sienta en la mesa
de la cocina, que camina en nuestros pasillos, y que está tan cercano a
nosotros como el latido del corazón.

Nuestros más grandes temores y nuestras más grandes esperanzas
se mezclaron en las aguas del bautismo. Llevamos a nuestro hijo a esas
aguas, confiando en que los caminos de Dios lo conducirían por los
buenos caminos. Aun cuando los caminos de Dios están más allá de

nuestra comprensión, a lo largo de la marcha, dichos caminos tienen más sentido y hablan más profundamente a nuestros anhelos que cualquier otra cosa que podamos encontrar. Como le dijo Pedro a Jesús: "Señor, ¿a quién iremos? Tú tienes palabras de vida eterna".

# Manos *a la obra* <sup>1</sup>

## *Cómo hacer que los deseos para su hijo se vuelvan más reales*

**Deténganse** un momento a preguntarse: ¿qué deseo para mi hijo? Traduzcan sus pensamientos en palabras. Piensen en el momento en que su primer hijo llegó a su vida ¿Cómo se sintieron, qué esperanzas tenían? Piensen en los momentos difíciles que su hijo ha enfrentado, desde alguna enfermedad que amenazó seriamente su vida hasta un período difícil en la escuela. ¿Fueron capaces de profundizar en el sentido de sus esperanzas para ese hijo? ¿Se dieron cuenta de que esas esperanzas los ayudaron a escoger el tipo de acción que ayudaría a su hijo? ¿Las celebraciones litúrgicas, sostienen el posible cumplimiento de esas esperanzas en la vida de su hijo?

**Reconozcan** que los deseos que sienten por su hijo pueden estar mezclados. Es muy humano. Por ejemplo, podrían desear que su hijo fuera alguien que afrontara firmemente lo desagradable, y no quisieran que su hijo se viera envuelto en un conflicto. Recuerden que nuestros deseos no son un anteproyecto para nuestros hijos; ellos son una guía y un ímpetu para nosotros, para ver cómo los educamos. Reconocer que nuestros deseos están mezclados, hará que entendamos más fácilmente los impulsos que están actuando en nosotros al tratar de educar a nuestros hijos con fe y en la fe.

**Mantengan** la mirada en el premio. Es fácil que los padres de familia queden atrapados en las preocupaciones diarias de la educación familiar y que pierdan de vista la magnitud de esa aventura. Traten de encontrar la manera de recordar frecuentemente sus más profundos deseos. Como decía la hermana Catherine Bertrand, S.S.N.D., que para conservar su vocación religiosa fresca y vibrante "yo necesito recordar los deseos de mis años mozos".

**Utilicen** los cumpleaños como ocasiones para escribir (o ponderar) sus pensamientos y sentimientos acerca de su hijo. Es tiempo de hacer una especie de revisión ante ustedes mismos, para que analicen cómo están haciendo las cosas al tratar de lanzar correctamente a este hijo a la vida. ¿Cuáles han sido las altas y bajas en este año? ¿Cuáles son las nuevas cualidades y fortalezas que descubren en su hijo? ¿Cuáles son los desafíos que están sobre la mesa en estos días? Platiquen lo relativo al crecimiento espiritual de su hijo.

# Celebren el aniversario de

bautismo de su hijo. Esa noche preparen una cena especial y enciendan la vela del bautismo de su hijo (si todavía la tienen por ahí) o alguna otra vela que hayan utilizado en algún momento especial de su vida. Para dar gracias, reciten una oración de agradecimiento a Dios por los dones especiales de ese hijo. Tal vez cada persona podría decir alguna cosa que él o ella admira o aprecia del festejado. También podrían estar atentos al día del santo (el día de fiesta del santo cuyo nombre escogieron para su hijo) para reforzar sus deseos bautismales.

# Encuentren un símbolo

de los deseos que llevaron el día del bautismo y regálenlo a su hijo. Podría ser una cruz o un rosario que fue propiedad de un abuelo o algún otro antepasado, una Biblia o algún otro objeto religioso o una imagen que transmita los anhelos que tienen para el crecimiento espiritual de su hijo. Este símbolo puede llegar a ser parte de la vida diaria de su hijo, una presencia constante que les recuerde a ambos, que hay un propósito más profundo para sus vidas que el que normalmente observan y que se encuentra dentro de su familia.

# Inviten a los padrinos del niño

a que expresen con palabras sus deseos en una carta dirigida al niño. Guárdenla y compártanla con su hijo en el momento que la pueda comprender. Para muchas familias, el rol del padrino puede ser simplemente honorario, pero debe ser algo más. Los niños necesitan adultos importantes, que estén conectados con la familia, que estén presentes y traten de hacer realidad los valores que la familia adoptó. La mayoría de las veces estas lecciones serán transmitidas de forma tácita. Será la vida de los padrinos la que hablará con más fuerza. No sería perjudicial que esta influencia fuera más explícita en alguna ocasión.

Aquí viene una carta que mi compadre Rubén escribió a Pedrito, uno de sus nietos el día de su bautismo, y que tuvo a bien compartirla conmigo. Sus padres la conservarán para él hasta el día que tenga suficiente edad para entenderla. La carta está acompañada de una cruz otomí hecha de madera de mezquite, traída de las áridas llanuras del altiplano mexicano.

Querido Pedrito,

Escogí este regalo especialmente para ti porque simboliza muchas de las cosas importantes del día de tu bautismo. La cruz es el símbolo central de la fe con la que hoy te acogemos. Es el símbolo de la fe compartida por tus padres y padrinos, tíos y tías, primos y primas. Es el mismo signo que trazaremos sobre tu frente, el signo que hará que nos reunamos juntos este día en la iglesia. Es el mismo signo que hacemos antes de nuestras comidas, y aún, para algunos, es el signo que muchos futbolistas trazan sobre su frente luego de anotar un gol o antes del tiro penal. Este signo revela una gran verdad acerca de la vida. Si morimos a nosotros mismos, podremos resucitar a una nueva vida. Significa que aunque todo parezca sin esperanzas, no estamos perdidos. Hay un buen pastor que nos está buscando, sin importar cuanto nos hayamos extraviado.

Nuestra historia de fe nos revela que Dios nos ama tanto que envió a su hijo, un precioso hijo como tú, Pedrito, para crecer en sabiduría, edad y gracia, para que habitara en medio de nosotros y nos mostrara el camino a la vida eterna.

La cruz misma está formada de la misma madera de los mezquites de México, la tierra de tus antepasados. Sobre esa tierra vivieron y lucharon, se alegraron, amaron, pasaron hambre y murieron. Sobre esas tierras vivieron escritores y poetas, luchadores sociales y gente simple, mártires apreciados por sus heroicas acciones de caridad y maleantes temibles que trafican con "ilegales" en la frontera. La tierra puede ser fértil y fecunda para alimentarse o de la más estéril y reseca del mundo. Nuestras raíces van hasta lo profundo de ese suelo; nuestras almas están alimentadas por los manantiales más hondos de esa tierra.

Pedrito, estos símbolos son muy especiales para la fe católica y para la tierra mexicana. Sin embargo, ellos también van más allá. Son símbolos universales: ama a tu prójimo, y ama la tierra que tú y tus vecinos deben compartir. Tú naciste en un mundo que ofrece enormes promesas y enormes desafíos. Pido que esta cruz sea un ancla para ti, que sostenga firmemente los valores que recibiste desde tu nacimiento y que has heredado. Le pido a Dios que las verdades que te explico sean una brújula para ti y te guíen por el camino de la paz.

Bienvenido a la historia, nuestra historia común de vida y de fe.

Tu abuelo, Rubén.

*Cuando se ha hecho y dicho todo,*
*considero que mi familia es mi bendición*
*y mi mejor trabajo.*

JOHN LITHGOW

# CAPÍTULO TRES

# Un asunto familiar

## *El compromiso que debemos a nuestros hijos*

Hace años, cuando instalaron el primer sistema de cómputo en nuestro lugar de trabajo, apenas encendíamos nuestras máquinas en la mañana y la siguiente pregunta saltaba sobre la pantalla de la computadora: "¿qué trabajo harás?". Es claro, que el punto en cuestión era incitarnos a teclear una de las barras enlistadas en el menú. Sin embargo siempre pensé que ese era un buen momento para la meditación. Antes de meterte en los detalles mundanos de la rutina diaria, tenías la oportunidad de atrapar una de las grandes preguntas de la vida: ¿qué haré el día de hoy? Aun así, hay muchas personas que jamás se hacen esas preguntas fundamentales que nos haría mucho bien tener una respuesta clara a ellas: "¿qué haré el día de hoy?, ¿por qué estoy aquí?, ¿cuál es la misión que debo desempeñar en la tierra?".

Invito a todos los padres de familia a que se hagan esa pregunta. Una historia podría ayudar a explicar cómo mi esposa y yo abordamos la pregunta acerca de lo que significa ser padres de familia. Kathleen y yo tuvimos un temprano descubrimiento en nuestro trabajo como padres de familia. Un día después de que naciera nuestra hija Judy, nos sentíamos como la madre y el padre de un pequeño niño indefenso, a partir de entonces teníamos un deber 24 horas al día, siete días a la semana, por los siguientes 18 ó 21 años, realmente para el resto de nuestras vidas. El solo pensarlo era algo sobrecogedor. Estábamos maravillados pensando: "¿cómo lo lograremos?" No estamos capacitados para esto.

Desde entonces he escuchado a otros jóvenes padres de familia que se plantean la misma pregunta. Algunos amigos que van comenzando su vida familiar, nos han confiado su completo terror al pensar que se les ha confiado la asombrosa tarea de ser totalmente responsables del cuidado, la alimentación, el crecimiento y el bienestar de otro. Recuerdo a una joven con un hijo de dos semanas, que, aturdida se preguntaba, "¿cuándo tendría tiempo libre?" Mi mejor consejo era, "cuando ella duerma, dormirás tú". Tener un hijo es una de las experiencias que alterarán más decisivamente su vida. Y normalmente la magnitud del cambio llega a sus vidas como una especie de sorpresa.

Al discutir nuestros propios temores sobre cómo responder a los desafíos de la paternidad, Kathleen y yo descubrimos una idea, una estructura mental y moral que nos ayudó. Cuando estábamos recién casados, jugábamos –como acostumbran los jóvenes ilusos– con la idea de tener nuestro propio negocio. Yo siempre había querido tener un puesto de hot-dogs al estilo Chicago. Como adolescente, mi primer trabajo fue el pelar papas en uno de esos negocios. Cuando platicábamos sobre la manera como iniciaríamos, nos dimos cuenta que construir un negocio no sería una broma, y que supondría un enorme compromiso. Tendríamos que estar ahí mañana y tarde, con sol y lluvia. Tendríamos que trabajar los fines de semana y los días festivos, y aún los días que estuviéramos enfermos. Además de trabajo, se necesitaría algo de suerte, pero pasado un tiempo podríamos disfrutar los resultados que serían realmente formidables. Nuestros esfuerzos y sacrificios valdrían la pena con tal de construir el negocio de la familia.

Jamás compramos el negocio de hot-dogs, pero comenzamos a pensar en la paternidad con el mismo enfoque. Educar a los hijos de acuerdo a nuestras máximas esperanzas no era un juego; eso supondría un enorme compromiso. Tendríamos que estar sobre nuestro deber mañana y tarde (¡Y a media noche!), con lluvia y con sol. Tendríamos que trabajar los fines de semana y los días festivos, no tendríamos descanso cuando estuviéramos indispuestos. Implicaría trabajo y suerte, pero pasado un tiempo, finalmente lograríamos gozar de unos resultados que valdrían realmente la pena. Educar a nuestras hijas, sería nuestro negocio familiar.

Si asumíamos esa decisión como nuestra máxima prioridad, se facilitarían todas las demás decisiones. Esto no significaría que cada vez tuviéramos que cambiar un pañal o que lleváramos a nuestra hija a la biblioteca enfrentaríamos un enorme trauma. Se trataría simplemente de contribuir en ese momento al negocio familiar de educar adecuadamente a nuestras hijas. Todas las incontables decisiones, algunas ciertamente de menor importancia, que hemos hecho diariamente brotaron de nuestra decisión fundamental de educar a nuestras hijas lo mejor que nosotros sabíamos. Esta decisión se ha aplicado a la hora de señalar con firmeza la hora de irse a la cama, o la exigencia de que pusieran en orden sus juguetes, o de darles la medicina, o de no permitirles que vieran ciertos programas de televisión, que ciertamente eran populares, pero que no les serían provechosos; o simplemente reorientando su atención a alguna cosa divertida, en lugar de estar constantemente lanzándoles prohibiciones ("¡No lo hagan!") cuando intentaban jugar con las llaves del gas en la estufa. Luego de que realizamos este compromiso inicial con nuestras hijas, todas las demás decisiones y esfuerzos fueron contribuciones adicionales al negocio familiar.

## ¿BUSCANDO ATAJOS?

No hay una receta rápida para educar a los hijos en una espiritualidad sólida. Marva J. Dawn escribió en el ejemplar de abril de 1999 de *Theology Today* (Teología hoy):

> Quienes apreciamos a los hijos y queremos nutrir su vida de fe, frecuentemente quisiéramos disponer más bien de un milagro sencillo y rápido que usar la interminable, y frecuentemente pesada disciplina del genuino aprendizaje cristiano. Sin embargo los largos meses... en que hay que ser extraordinariamente cuidadosos, atentos, pacientes y diligentes, en los que hay que realizar un

sinnúmero de prácticas y de arduas oraciones, en que hay que
resistir las tentaciones y mantener persistentemente el autocontrol, en que hay que amar el trabajo y ser sensibles a
la protección, no son solamente actividades necesarias para
la formación espiritual de los hijos; esas disciplinas formativas también nos aprovechan y ameritan que hagamos nuestro esfuerzo para nuestro propio beneficio.

A menos que el retrato de la educación de mis hijos sea considerado como desolador y deprimente, permítanme recordarles que ser padre de familia es frecuentemente fuente de gran alegría. Sin embargo,
como en otros ámbitos de la vida —enamorarse, bailar polka, pasear en
la montaña rusa— la alegría brota en la medida que te sumerges en dicha experiencia. He descubierto que la parte crucial ocurre al hacer la
decisión primera y fundamental: educar correctamente a los hijos será
una prioridad en mi vida. Una vez que se hayan comprometido con la
pregunta "¿que trabajo haré?". Experimentarán una enorme libertad y
una divina alegría que frecuentemente llegará disfrazada de quehaceres, trabajos y pesadas faenas.

Me compadezco de los padres de familia que aún tienen que hacer
la decisión fundamental de colocar como máxima prioridad en sus
vidas la adecuada educación de sus hijos. Ningún padre de familia
puede reclamar que ha cumplido a la perfección con este compromiso.
Yo ciertamente no he realizado tal encargo a la perfección. Sin embargo, si cada una de las exigencias del bienestar de sus hijos hace que
se pongan en crisis, pregúntense si se han comprometido libremente a
educar correctamente a sus hijos por toda la vida. Existen personas que
terminan teniendo que elegir entre cuidar sus carros, o sus gastos o su
carrera, en lugar de ocuparse del cuidado de sus hijos; ellos necesitan
preguntarse cuál es el rol que su vida y sus decisiones les plantean.

En el prefacio del libro más reciente de Stephen R. Covey *The
Seven Habits of Highly Effective Families*, (Los siete hábitos de familias
altamente efectivas) su esposa Sandra Merrill Covey ofrecíe una gran
sabiduría para los padres de familia novatos y veteranos. "Esteban le
decía en cierta ocasión a un grupo de empresarios muy influyentes, 'si
su empresa estuviera yendo a la quiebra, saben que tendrían que hacer

lo que fuera necesario para salvarla. De alguna manera encontrarían una salida. Apliquen el mismo razonamiento a la familia. La mayoría sabemos lo que debemos hacer, sin embargo, ¿queremos hacerlo?". Covey confesó que él desarrolló primero su lista de siete hábitos efectivos en el contexto de la vida de su propia familia y que más tarde los aplicó a los negocios. Seguramente tales principios se aplican especialmente bien a la vocación de educar a la familia en la plenitud de la fe. El primer principio, "comienza teniendo en la mente el objetivo final", anima a la familia a concentrarse en su misión, es una sabia manera de comenzar. La atención a la fe de sus hijos no es una cosa que puedan hacer como si fuera una cosa ajena a las otras necesidades que ellos tienen. Su misión consistirá en que elijan atender a sus hijos íntegramente: cuerpo, mente, alma y espíritu.

Estoy sorprendido por las personas que piensan que podrán integrar fácilmente a su hijo en el estilo de vida que están acostumbrados a vivir. Piensan que con un mínimo reacomodo, serán capaces de ir a cenar con otra pareja con el menor pretexto. Creen que serán capaces de seguir trabajando durante largas horas, que podrán terminar sus trabajos pendientes en casa, que podrán dedicar la mañana del domingo leyendo el periódico en el sofá, haciendo un almuerzo-comida y que podrán ir de compras sin bajarse del automóvil. No se puede trabajar de esa manera, y quienes tratan de hacerlo están poniendo en riesgo la salud y el bienestar emocional de sus hijos. Al fin y al cabo, la educación exitosa de un hijo no es cuestión de técnica, sino de compromiso y más compromiso, a fin de proporcionar a los hijos su bienestar. Educar a los hijos con fe significa también comprometerse doblemente a fin de alcanzar mayor intimidad con Dios y supone esforzarse para promover también dicha relación en la vida de sus hijos.

Las exigencias que los centros de trabajo colocan sobre los empleados en el presente, causan estragos en la familia. Ustedes no pueden programar las necesidades de sus hijos de la misma manera que trazan el programa del día en una reunión de trabajo. Para muchas personas, la vida de trabajo no es compatible con la vida familiar y con las prácticas que implica la vida familiar. En el momento decisivo de elegir entre el trabajo y la familia, las que salen perdiendo son muchas de las exigencias y prácticas que podrían hacer más valiosa la vida:

disfrutar despreocupadamente de tiempo para estar juntos, para hablar personalmente, para asistir a la iglesia, para visitar a los parientes, para realizar en casa otras prácticas religiosas u otros rituales familiares.

## ¿ESTÁN JUGANDO A LAS ESCONDIDAS?

Cuando el tiempo es escaso y las exigencias numerosas, educar a los hijos puede parecernos una serie de tareas interminables. O también pueden verlo como una forma maravillosa de gastar una buena parte de su vida. Mucho depende de la actitud y las prioridades.

Por ejemplo, pasar un sábado lluvioso con una pareja de niños inquietos que aprenden a caminar siempre será un desafío. Considero que esto es simplemente una carga molesta que soportaré hasta que mi verdadera vida comience, estoy abordando el asunto como una reacia niñera. Ese será un día largo, muy largo.

Recuerdo los sábados por la mañana cuando mis hijas eran pequeñas. Frecuentemente mi primer impulso era marcar una línea para tratar de hacer el mínimo. Mi plan era simplemente aguantar. Me iría a la cama, trataría de leer el periódico, imaginando que las caricaturas mantendrían a las niñas quietas y ocupadas durante las próximas cuatro horas antes del almuerzo. Era algo miserable para ellas y para mí.

Mis hijas podrían sentir mi distanciamiento, y eso las enloquecería. Mi desajuste emocional creaba un vacío en nuestra casa. Dado que la naturaleza aborrece el vacío, las niñas lo llenarían con bromas, fastidios, llantos, y quejidos. Mis hijas eran capaces de jugar correctamente su propio rol, pero solamente cuando estaban ciertas de la presencia de sus padres. De esa manera se sentían seguras para alejarse a corta distancia, donde podrían jugar tranquilamente, regresando a la base cada que sintieran necesidad.

Si le dices a un bebé "retírate a donde no me molestes", estará todo el tiempo encima de ti. La conducta del niño parecerá algo fastidiosa, pero realmente está demandando cercanía. "¿Están cerca?, ¿pueden verme?, ¿puedo contar con ustedes?".

Eventualmente los fastidios de las niñas me devolvían a la realidad. El mensaje fundamental que me estaban transmitiendo era,

"Hola papá, a ti es a quien queremos". Y entonces me daba cuenta que también las quería. Entonces me daba tiempo para acostarme, sentarme junto a ellas y platicar cara a cara. Entonces les hacía bromas, jugaba juegos infantiles, construía castillos con bloques de madera, que en aquellos años estaban permanentemente regados en el piso de la sala, y así estábamos en contacto.

En seguida la tensión desaparecía. De inmediato los conflictos se evaporaban. Entonces los buenos momentos comenzaban. Las niñas colaborarían cuando necesitara ir a la ferretería o cuando tuviera un proyecto que debía terminar. Cada vez que me resistía a desempeñar mi papel como padre de familia, más insensibles se volvían a mis esfuerzos por engatusarlas para que "se portaran bien". Mientras más me mostraba como un papa cariñoso, que se hacía cargo de la situación, el momento transcurría más rápidamente para todos.

Paradójicamente, aquellas ocasiones en que me daba cuenta que mi objetivo supremo no era solamente soportar, sino más bien, darles lo mejor de mi tiempo, de mi atención y mi guía, una presencia tranquila, buena alimentación física y mental, y cosas interesantes y atractivas que hacer, en esas circunstancias todo era fácil y delicioso. Al darme cuenta de esto y al hacer la decisión de luchar por mis objetivos principales, podía vencer la inercia de evitar el esfuerzo y en ese momento disponía de más energías para ser proactivo y al final, el trabajo me parecía más ligero. La vida con sus hijos puede ser una alimentación y un desarrollo —un hermoso punto de partida para la fe— más que una serie de batallas y escaramuzas.

# Manos *a la obra* 2

*Cómo ser un padre de familia hábil y un educador a la vez*

**Expongan** claramente sus intenciones. Deténganse y reflexionen, están comprometidos en la educación de sus hijos. Pueden poner dichas cosas por escrito. Comiencen teniendo en mente el objetivo. Piensen por anticipado en el día en que sus hijos serán responsables de sí mismos. Como padres de familia de dichos hijos, ¿cómo definirían el éxito? ¿Qué papel desempeñará la fe en esa visión del éxito? Comparen sus anotaciones con su esposa o esposo. Examinen cuántos recursos tienen para lograrlo. Recuerden la pregunta que Jesús hacía a sus discípulos: "quién de ustedes, intentando construir una torre, no se sienta primero a calcular los gastos, para ver si tiene lo suficiente para terminarla?".

**Fortalezcan** su propia fe. Las personas tienden a actuar sin tomar en cuenta el temor o la fe. Si la fe es fuerte, el temor disminuye (y viceversa). Convertirse en padre de familia puede ser un tremendo aguijón para su propia fe. Tener un hijo los pone en íntimo contacto con el misterio, el temor reverencial, la confianza, la necesidad de la misericordia, y por encima de todo, el amor desbordante. De este material está hecha nuestra fe. Acoger un hijo en su vida puede ser una de las respuestas más religiosas que se puedan vivir.

**Manténganse** como buenos compañeros. Para conservar viva la fe a través de muchos años, de los altibajos que trae consigo la vida, les ayudará rodearse de otras personas que compartan sus valores. Muchas personas en nuestra cultura actual no valoran la práctica de la fe religiosa (aun cuando la mayoría fingirá estar de acuerdo con el asunto). Muchos no valoran la importancia de atender al desarrollo de los hijos. La nuestra puede ser una cultura muy individualista, que no acepta de buena gana que los menores de edad tengan derecho sobre nosotros y que merezcan que subordinemos nuestros propios deseos y necesidades a las suyas. Encuentren personas cuyas actitudes y opciones vitales sostengan sus valores más altos. Si no viven como piensan, luego de cierto tiempo, terminarán pensando como viven.

La iglesia es un lugar donde he encontrado personas cuyos valores admiro y comparto. Seguramente no todos los que asisten a la iglesia son padres de familia ejemplares o cristianos modelos, pero estoy más seguro de que encontraré personas con valores similares a los míos en la iglesia, que en el hipódromo o en el club campestre.

**Cuiden** su lenguaje. La forma en que hablemos de nosotros mismos y de las tareas propias de nuestro quehacer como padres de familia también puede ayudar. ¿Quieren experimentar una mejoría en cuanto a sus actitudes a lo largo del día? Hablen positivamente de ustedes mismos y de sus deberes. Por ejemplo, no se quejen diciendo: "Ay, tengo que llevar a los niños a la práctica de volley-ball". Sería mejor que intentaran decir: "Tengo la oportunidad de pasar un rato con mis hijos mientras los llevo a su entrenamiento de volley-ball".

¿Les parece que es una diferencia insignificante? Traten de hacerlo. En lugar de decir, "tengo que limpiar la casa porque tengo visitas", digan "arreglaré la casa para divertirnos con nuestros huéspedes". El tener una visión optimista tiene un impacto sobre nuestras actitudes, y será mucho más probable que encuentren lo bueno de cada situación y lo disfruten. Sus hijos los están observando siempre, y se beneficiarán enormemente del acercamiento positivo a la vida.

Y mientras lo intentan, no los reprendan diciendo: "vamos niños, tenemos que ir a la iglesia", más bien díganles: "ya vamos a alabar a Dios con nuestros vecinos y amigos".

**Pregunten** a sus hijos cuáles son sus esperanzas acerca de la espiritualidad, de la vida. Frecuentemente le preguntamos a nuestros hijos qué quieren ser cuando crezcan. No esperamos una respuesta analítica, lo que queremos es dar un vistazo a sus intereses y esperanzas. ¿Por qué no preguntarles acerca de lo que les gustaría alcanzar en su vida espiritual cuando sean mayores? Invítenlos a que piensen en lo que podría significar para ellos su desarrollo espiritual. ¿Cuáles son sus esperanzas en el plano espiritual? No dejen las aspiraciones espirituales de sus hijos en el olvido.

Existen muchas maneras de abordar provechosamente este asunto con sus hijos. Cuando mis hijas eran muy pequeñas, les preguntaba periódicamente si tenían algunas preguntas que quisieran plantearle a Dios. Escuchaba algunas ideas realmente sorprendentes, desde preguntas tan mundanas como ("Hola Sr. Dios, ¿por qué permites que llueva el sábado?" a otras más profundas ("¿Por qué el Sr. Ramírez [un antiguo miembro de la parroquia amigo de nosotros] tiene que ir a un asilo de ancianos?). Por mi parte, esperaba el momento oportuno en que estuviéramos solos mi hija y yo, para plantearle la cuestión, como cuando los dos esperábamos en el carro, mientras mi esposa recogía algunos víveres en el supermercado. Trataba de no importunarlas con mis preguntas, e interrumpía el ejercicio en cuanto empezaba a resultarles cansado. Siempre encontraba algo interesante en dicho interrogatorio.

Existe otro acercamiento. La revista *Life* publicó en cierta ocasión una deliciosa serie fotográfica titulada "Los niños retratan a Dios". Los editores de la revista le dieron una cámara a cada uno de los 56 aprendices de reporteros gráficos, de ocho a trece años de edad, y les pidieron que abordarán estas tres difíciles preguntas: ¿Quién es Dios? Si pudieras, ¿qué le preguntarías a Dios?, ¿cómo lo mostrarías en una fotografía? Las fotografías fueron sorprendentes. Fue una manera muy creativa de darse una idea acerca de la mentalidad y la imaginación de los niños en relación a Dios y a su fe. Si no se animan a confiarle a sus hijos la cámara familiar, tomen una cámara desechable y en el verano o en fin de semana, intenten hacerlo cuando les digan que están cansados.

**Pidan** ayuda a Dios. La oración puede ser una de las mejores ayudas para cualquier padre de familia. La oración sincera pude ayudarles a clarificar sus esperanzas para sus hijos, de manera que sus planes no estén llenos de egoísmo o temor. La oración puede ayudarles a estar tranquilos y a examinar otras formas más creativas de responder a los problemas, cuando ya están decididos a actuar con ira o frustración. La oración es una manera de volver a ponerse en contacto con los deseos más profundos acerca del bienestar de sus hijos.

Como padre de familia siento un gran consuelo con el ejemplo de santa Mónica, la sufrida madre de san Agustín. Su hijo se convirtió en una de las principales luces del Cristianismo, un santo de una enorme pasión e influencia, un Padre de la Iglesia. Sin embargo, él no comenzó viviendo de esa manera. Aunque su madre era una mujer creyente, Aurelio Agustín estaba contento de vivir decididamente sin fe, viviendo abiertamente en pecado. Mónica le suplicaba a su hijo, le prometía regalos, le imploraba que se arrepintiera y se convirtiera, pero todo era en vano. Y ella oraba. Aunque sus planes y proyectos de cambiar el caprichoso estilo de vida de su hijo, fracasaron miserablemente, sus oraciones tuvieron un gran efecto. Año tras año, continuó orando por su alma y en su momento, aquellas oraciones fueron atendidas. Aunque Agustín pudo resistir todos los intentos que su madre hizo para tratar de cambiarlo, no pudo resistir la atracción del amor de Dios que, inspiraron todos esos años de oración a favor de su conversión. El amor venció y las oraciones de Mónica fueron atendidas.

Invoquen el ejemplo de los parientes practicantes, vivos o difuntos. Frecuentemente existen en nuestra familia personas que pueden inspirarnos coraje y fortaleza, generosidad y bondad. Pienso frecuentemente en mis abuelos, los cuales vinieron desde Irlanda siendo adolescentes. Cuando mi propia hija cumplió 16 años, me encontraba muy nervioso ante el simple hecho de que estaría tras el volante del auto por espacio de una milla, acompañada de sus amigas que se dirigían a comer una hamburguesa, aunque al mismo tiempo reflexioné en el impacto tan grande que tuvo en mis abuelas el hecho de que dejaran su casa a una edad tierna, y que jamás regresaron a ella. Mi abuela materna no conocía a nadie en Chicago, sin embargo, luchó para encontrar trabajo, casarse, educar una familia y continuar sosteniendo a su familia que permanecía en Irlanda. Cuando velábamos a mi abuela, uno de los primos lejanos vino a decirnos que cuando el llegó sin un centavo a Chicago, unas décadas atrás, ella le regaló ropa, algo de dinero y el domicilio de un potencial empleador que lo esperaba. ¡Y yo seguramente no era el primero, ni el último fulano pobre, que conocía tanta generosidad de parte de ella". Mi abuelita trabajó como afanadora en alguno de los lujosos hoteles de Chicago. Más tarde, cuando yo viajaba por motivo de negocios, y me alojaba en un enorme y lujoso hotel, pensaba en las horas agotadoras que ella trabajó y estaba profundamente agradecido por su sacrificio. Yo la elegí como un modelo de fe y como tal vivirá por mucho tiempo.

Busquen el progreso, no la perfección. Asumir un compromiso, un quehacer a largo plazo que no deberá abandonarse fácilmente, cuando tropiecen en el camino o experimenten un fracaso momentáneo. En esta época en que la psicología popular está tan extendida, algunos padres de familia temen que un paso equivocado provoque ciertos traumas, que harán que sus hijos pasen muchos años tratando de curarse con la terapia. De hecho, una de mis amigas cuenta que cuando ella "se pasa de la raya" con uno de sus hijos, suspira y dice, "no te preocupes, esto va a tu cuenta de ahorros y te ayudará cuando lo necesites".

No obstante, hay que conservar las cosas en su justa medida. Todos los padres de familia nos equivocamos, al igual que toda persona humana comete errores. Su hijo sabe que probablemente no serán perfectos, pero sabe que siempre podrá confiar en ustedes. Si Dios quiere, tendrán una larga vida y muchas oportunidades. Aun cuando se extravíen a lo largo del camino, si saben claramente cuál es su intención principal, podrán volver a encontrar la ruta y regresar al camino.

## Pidan ayuda si la

necesitan. Una vez participé en un curso intensivo de desarrollo de liderazgo que terminaba con una sección dedicada a los "factores que descarrilan una carrera prometedora". La investigación identificaba los rasgos y conductas que más frecuentemente podrían hacer tropezar el potencial éxito de los líderes. Algo muy interesante, fue descubrir que la mayoría de los factores citados no

tenían que ver con aspectos técnicos o con las habilidades administrativas. Lo que más hacía tropezar a las personas eran los defectos de su personalidad —entre otros la excesiva competitividad, la inseguridad, la dificultad para comunicarse, o los malos hábitos en relación a la administración del tiempo o al manejo del carácter.

De la misma manera, los obstáculos que más frecuentemente enfrentamos los padres de familia no tienen que ver con los aspectos técnicos de la paternidad —saber cómo dar mensajes claros y consistentes a nuestros hijos, cómo transitar fácilmente de los momentos de diversión al momento de irse a la cama, etcétera. No, son más bien los defectos del carácter o personalidad y los problemas no resueltos, los que tienen un impacto más negativo en nuestra obra como padres de familia.

Para algunos, el problema radica en que no logran aprender nuevos hábitos. No aprendemos cómo ser padres de familia a partir de la manera en que fuimos educados. Para bien o para mal, nuestra forma natural de tratar a nuestros hijos, depende de la forma en que nos trataron los adultos que intervinieron en nuestra vida, particularmente nuestros padres. Para la mayoría de nosotros, al igual que para nuestros hijos, será una cuestión heterogénea. Por ejemplo, sus padres pudieron haber sido muy claros acerca de las expectativas que tenían en ustedes, pero por otro lado, pudieron ser reservados y vivir en desarmonía con su estado emocional. Tal vez sus padres supieron escucharlos, pero no sirvieron para marcarles un límite. Es probable, que a menos que hagan una elección en este asunto, ustedes los educarán como los educaron a ustedes. Puede ser que repetirán esa conducta, o podrá suceder que el péndulo los arrastrará y exagerarán y se lanzarán a la dirección opuesta. Sin embargo, el tratamiento que recibieron será un factor determinante en la forma en que educarán a sus hijos.

Muchos de esos rasgos podrán cambiar fácilmente con paciencia, conciencia, amabilidad consigo mismos, y constancia. Sin embargo, existen ocasiones en que, no importando las veces que lo intentemos, nos parecerá imposible alterar el modelo que sabemos perjudicó tanto a nosotros, como a nuestros hijos. En esas situaciones, lo importante será que solicitemos algún tipo de ayuda. Mi amigo Mike dice: "si continúan haciendo lo que no quieren hacer, o no pueden empezar a hacer lo que quieren hacer, es el momento de pedir ayuda". Un padre comprometido estará dispuesto a pedir ayuda cuando sea necesario. Stephen R. Covey decía una afirmación a propósito de los ejecutivos de negocios que viene a mi mente: si ese fuera su negocio, averiguarían todo lo que fuera necesario y utilizarían todos los recursos posibles.

## ¿HABLAR ACERCA DE LA FE
## LES CAUSA CIERTO TEMOR?

Es común que los padres de familia se sientan incómodos cuando le hablan a sus hijos del acerca del sexo. Sin embargo, pienso que muchos de nosotros también sentimos dificultad para hablar con ellos acerca de la fe. Al igual que el sexo, la fe es un asunto muy fuerte y personal. Así como nuestros sentimientos acerca del sexo son tan complejos, fuertes y ambivalentes, sucede lo mismo en los asuntos personales de la fe. Aun así, las oportunidades de hablar con nuestros hijos acerca de estos temas podrán ayudarlos a crecer adecuadamente.

Antes de que hagamos espacio para los pensamientos, creencias y sentimientos de nuestros hijos, necesitamos sentirnos cómodos con los nuestros. Normalmente, nuestra agitación es un signo de que estamos pegados a viejas creencias o a una amalgama de ideas que no pueden ir juntas y que no hemos sometido a un examen maduro. Pero una vez que hemos trabajado en todo esto, nuestras conversaciones acerca de la fe (al igual que las relativas al sexo) podrán ser ricas, profundas y valiosas para todos los involucrados.

Una advertencia para los padres de familia: deben darse cuenta de que no pueden controlar a otros, ni siquiera a sus hijos. Y cuando se trata de la fe, se tendrá que hacer lo mismo. La fe viene a cada persona como un don de Dios. Yo no puedo ofrecer la fe a mis hijos. Pero tengo la esperanza de estar en una posición óptima para lograr influenciarlos. Como escribió el Henry Nouwen, "no podemos cambiar a la gente por medio de nuestras convicciones..., consejos y propuestas, pero podemos ofrecer un espacio donde las personas se sientan animadas a escuchar con atención y cuidado las voces que les hablan desde su interior". Aprendan a hablar desde el corazón acerca de las cosas de la fe (sea con palabras o acciones). Así hablarán también al corazón de sus hijos. Aquí está una oración que escribí la primera vez que apareció *At Home with Our Faith* (En casa con nuestra fe), un boletín diseñado para nutrir la espiritualidad familiar.

*Verdadera presencia*
*Permite que mi corazón sea un puerto ancho y acogedor*
   *donde mis hijos puedan descansar.*
*Que estos brazos puedan abrirse amplios y fuertes*
   *para sostener su miedo, su dolor y su debilitada autoestima.*
*Que pueda estar compenetrado conmigo*
   *para que su dolor pueda estrellarse y ceda, y yo permanezca.*
*Deja que mi presencia sea una isla para ellos*
   *en las estaciones de recias tormentas,*
   *levantándome desde las agitadas aguas*
   *para ofrecerles refugio, respiro, y un suelo firme y seco.*
*Que puedan encontrar en mí un refugio*
   *para tender sus almas estropeadas*
   *hasta el día que sientan la certeza de pisar firme*
   *y se lancen a navegar sin temor en alta mar.*

## ¿NECESITAN UNA SEGUNDA OPORTUNIDAD?

Una mujer en un encuentro eclesial me compartió una historia que ilustra este punto.

La última noche, cerca de las 10:00 p.m., recibí una llamada originada por la "mamitis" de parte de mi hija que se había ido a la Universidad. Esto podría no parecer sorprendente, pero hace una década yo no habría imaginado que estaría viviendo hasta estas alturas, sola, despierta y bastante coherente, como para escuchar responsablemente los problemas de mi hija a las 10 de la noche. Has de saber que hace diez años no había empezado a recuperarme del alcoholismo. De hecho, cada tarde me habría puesto a gritar, lamentándome por el drama de mi hija, a quien adoptamos, y me preguntaría por qué no le habría sido dada una madre responsable, cariñosa, atenta y cuidadosa. En ese entonces nunca habría

43

cruzado por mi mente que la madre responsable, amable, atenta y cuidadosa que ella necesitaba podría ser yo. De ese tamaño era mi desesperación y mi miseria.

Afortunadamente encontré un programa de recuperación. Desde entonces, a partir de cierto día, me he convertido no en una madre perfecta, pero sí en un buen remiendo, en el cual mi hija puede confiar día y noche. He encontrado una forma de llegar a ser la madre que siempre esperé ella tuviera.

Así pues, comiencen teniendo el final en mente. Si quieren jugar un papel importante a la hora de introducir a su hijo en la fe en un Dios cariñoso que tiene puestos sus ojos en los gorriones, comprométanse desde el principio en hacer de la vida familiar un camino espiritual. Dense cuenta de que están entrando en relación con el misterio. Preocúpense de su propia salud emocional y espiritual. Estén en armonía con las necesidades de su hijo en cada etapa de su desarrollo. Preocúpense de su relación personal con Dios, y ábranse a cualquier gracia que Dios les ofrezca, a través de su vida familiar a fin de llegar a ser personas santas e íntegras. Es un camino gozoso si lo transitan con su corazón y su alma indivisos.

Al igual que muchos padres de familia antes que ustedes, podrían dudar si efectivamente tienen la materia prima para manejar el oficio de padres de familia. Tengan la seguridad de que ciertamente podrán hacerlo. Las palabras de O. Hobart Mowrer vienen a mi mente: "Sólo tú puedes hacerlo; pero tú no puedes hacerlo solo". Afortunadamente no tienen que hacerlo solos. Jesús dijo: "no los dejaré huérfanos". En nuestro camino espiritual tenemos la presencia de Dios, el ejemplo de Jesús y la guía del Espíritu Santo. Tenemos a la comunidad de los creyentes que nos sostienen y las prácticas espirituales y las disciplinas de la época que nos enseñan el camino. Y además de todo eso, tenemos a nuestros hijos, que son lo más importante, y posiblemente los maestros y guías espirituales más efectivos.

# Una mirada
## cercana

# Especialmente para los papás

Los científicos sociales siguen reportando que muchos estadounidenses, tanto hombres como mujeres, sufren de "hambre paternal". Al ir creciendo no tienen una experiencia suficiente de contacto con sus padres. Estos trabajaban fuera de casa –a veces durante largas horas– y frecuentemente tanteaban el terreno al mezclarse en la vida familiar. El éxito económico y las exigencias de ser el principal sostén económico eran tenidos en gran estima por los hombres en las décadas de los

*Siempre tuve curiosidad de saber lo que mi padre pensaba de mí.*

Un estudiante de segundo año de preparatoria

cincuenta, los sesenta y los setentas. Muchos hombres sacrificaron su deseo de amar entrañablemente a sus hijos y su deseo de estar más cercanos a ellos. A veces, la distancia entre padres e hijos crecía y la conciencia del cariño paterno se hacía más lejana.

Papás, es esencial que no permitan que su enorme y maravilloso deseo de ser buenos padres de familia se seque y muera por falta de atención. Sean proactivos a este respecto. Den los pasos necesarios para revivir sus sentimientos y manifestárselos a sus hijos. Escribí esta sugerencia en un ejemplar de junio de *U.S. Catholic*, que apareció justamente el día del padre.

Imaginen esto: abren un cajón una mañana y precisamente al fondo, bajo aquellos calcetines tejidos de algodón que hacía una docena de años que no usaban, encuentran un paquete de cartas. Las observan y descubren que son cartas que su padre les había escrito hace años, y de las que se habían olvidado. ¿Acaso no dejarían de hacer cualquier cosa, y se sentarían en el bordo de la cama para leerlas de un jalón? Yo sí lo haría.

Papás, así lo harían sus hijos. Es muy probable que los padres latinoamericanos admiren a los tipos fuertes y silenciosos, pero al mismo tiempo experimentan la dureza de ese silencio. El momento en que los hijos están siendo bombardeados diariamente por miles de anuncios publicitarios, no es un momento para que los padres recurran a la quinta enmienda de la Constitución política de Estados Unidos de América, esto es, para reafirmar el derecho a permanecer en silencio. Mejor aún, para este día de los padres, háganse a sí mismos y a sus hijos un gran favor: comuníquense por medio del papel. Al hacerlo, es muy posible que generen palabras que durarán toda una vida, suya, no de ustedes.

He escuchado a mucha gente que habla de su vida, y muchos (hombres especialmente) hablan con tristeza del vacío emocional que experimentan cuando piensan en sus padres. Tal vez sienten amor, pero existe una gran pregunta que los marca. ¿Qué sentía él?, ¿Qué pensaba? ¿Qué era lo que representaba? ¿Acaso significaba algo para él?

Lo que hace que este penetrante sentido de vaciedad sea algo tan patético es que frecuentemente todo mundo se da cuenta, que los padres tienen un enorme depósito de emociones acerca de sus hijos. Esto me quedó muy claro el día que asistí al baile anual de padres e hijas en la escuela de mi hija mayor. Como siempre el baile fue un evento divertido donde los orgullosos papas dedicaban todo el tiempo a sus hijas. En cierto momento de la tarde, el DJ (cuyo trabajo era estar al pendiente para que todos los papás nos riéramos de nosotros mismos) acomodó en el salón de baile, en una línea a los papás y en otra a nuestras hijas. El DJ nos desafió para que respondiéramos a los cantos de nuestras hijas, para ver si los papás o las hijas podían cantar más fuerte. Esta competencia sacó a flote la parte festiva de nuestras hijas, quienes estaban deshechas de emoción al ver la competitividad de todos los papás. Por mi parte, miraba alrededor a mis compañeros de equipo cantando y estaba impresionado del entusiasmo con el cual esos hombres –bomberos, carpinteros, vendedores, policías– miraban a sus hijas. Permanecían con los ojos razados, sonrientes y mudos de asombro de tanta satisfacción. En silencio me preguntaba cuántos de ellos permanecerían mudos de asombro, cuando sus hijas –y sus otros hijos en casa– vinieran a decirles lo mucho que significan para ellos y ellas.

## DEMUESTREN SU VERDADERA FUERZA

En su libro *The Goodness of Ordinary People* (La bondad de la gente ordinaria, disponible sólo en inglés) Faith Middleton nos recuerda historias que había escuchado años atrás en su popularísimo programa transmitido en *National Public Radio* (Radio Pública Nacional). Una persona del auditorio le había referido un relato triste y conmovedor.

> Cuando mi padre murió hace 38 años, estábamos muy distancia-dos. Él era un hombre distante que tenía mucha dificultad para expresar sus emociones. Sin embargo, teníamos una costumbre que siempre recuerdo porque me enseñó un truco para vencer el miedo. Mi padre se sentía especialmente atraído por la fuerza de las tormentas. Cuando ocurría una tormenta él abría la per-siana y permanecía en la ventana con sus codos sobre el marco y se quedaba mirando. Me sentí muy alterada una ocasión en que él me invitó a mirar a su lado. Mientras transcurría el tiempo contemplando la tormenta y los hermosos relámpagos, nos fuimos aproximando cada vez más, hasta que nuestros codos se tocaban entre sí. Ahí permanecimos mirando la tormenta, sin decir una palabra, ahora me doy cuenta que fue la única ocasión en que real-mente sentimos nuestra cercanía. Desde ese día, cada que hay una tormenta acompañada de relámpagos, permanezco en la ventana.

Es algo agradable, pero pienso que mi papá podría haber hecho algo más que eso. Papás, ¡busquen la manera de hacer algo más!

¿Qué es lo que nos hace guardarnos nuestros secretos? ¿Es algo genético?, ¿es una enzima o una hormona?, ¿es el ímpetu de la historia? Sea lo que sea, es el momento de volver a escribir una parte de dicha historia, de escribir una carta oportuna.

Para algunas personas no existe nada más intimidatorio que una página en blanco. ¿Cómo podrías empezar? Piensa en alguna cualidad sobresaliente de tu hijo, o en alguna cosa que admires en él o ella. Piensa en alguna ocasión en que te sentiste realmente alegre de ser su padre. Escríbelo sobre el papel como se lo dirías a un amigo de confianza. No tienes que escribir de manera elegante. Lo esencial es escribir de manera sencilla y directa. Podrías empezar escribiendo: "Admiro verdaderamente la manera en que tú...", "Siempre he gozado cuando tú...", "Siempre he sabido que cuento contigo para...", "estuve realmente orgulloso de ti el día en que...".

La cosa es comenzar. Puede ser que existan muchas cosas que le quieras decir. Cuéntale cómo ocurrieron las cosas el día en que ella nació. Háblale de lo orgullosos que estaban sus abuelos el día de su bautismo. Dile cuáles fueron las razones por las cuales le escogieron su nombre. Continúa escribiendo. Dile las cosas que siempre has querido decirle: lo que consideras más importante en la vida, tus esperanzas, y cómo te ha ayudado la familia a salir adelante en los tiempos buenos y malos.

Puedes hablar de cuando tus padres o abuelos llegaron a este país y de los sacrificios que vivieron para prepararles el terreno a sus descendientes. Háblales del peor trabajo que has realizado y de lo que te enseñó acerca del valor de la persistencia y la educación. Si te gustan las palabras sabias, anótalas sobre el papel. Esta carta no será necesariamente sencilla, ni siquiera para quienes han escrito toda la vida. No se trata de hacer una cosa excepcional. No es un ensayo escrito por García Márquez o Miguel Ángel Asturias para ganar el premio Nobel de literatura. Es solamente una oportunidad de transmitirle una herencia a tu hijo que nadie podrá quitarle.

Y bien, si de ninguna manera te brotan las palabras, no te desesperes. Es cuestión de que dediques media hora o 45 minutos y vayas a una papelería. En esta ocasión, deja a un lado las tarjetas divertidas y busca alguna que exprese un sentimiento auténtico. Dedica el tiempo necesario para leer el mensaje de las tarjetas y encuentra alguna que exprese un mensaje que sientas verdaderamente. Compra la tarjeta y escríbele algo más que tu simple firma. Escríbele al menos alguna línea original, podría ser algo así: "Esta tarjeta expresa algo de lo mucho que siento por ti", "espero que sepas todo lo orgulloso que estoy de ti".

No te preocupes si tu hijo es bastante joven. Escribe la carta y consérvala. Será un buen regalo para los primeros años de la adolescencia, cuando se piensa que el oficio de ser padre es visto como algo errado y pasado de moda. No utilices la excusa de que tus hijos no viven contigo. Siempre serán tus hijos, ¿no es así? Por tu parte, siempre serás su padre, ¿no es así?

En este día del padre, deja de seguir viendo el fútbol por la televisión. Cuando te pregunten qué deseas, diles que quieres estar solo una hora. Pasa esa hora en la computadora o en la mesa de la cocina, o en una silla en el patio, o en tu banco de trabajo, anotando una palabra tras otra, dile a cada uno de tus hijos lo que siempre has querido decirles, y que no has encontrado tiempo para hacerlo. Ahora es el momento.

Ciertamente ellos no dejarán de hacer sus cosas para leerte. Lo más probable es que guarden el papel en su bolsillo o bajo un libro de caricaturas o en un cartucho de videojuegos. Pero llegado el momento, tu hijo encontrará la carta en el fondo del cajón de los calcetines, dejará a un lado todo lo demás y leerá cada palabra. ¿Puedes pedir o imaginar otro regalo mejor para el día del padre?

## ESCRIBAN DESDE EL CORAZÓN

- No compares a este hijo con ningún otro miembro de la familia. Ni siquiera menciones nada que parezca una comparación.

- No digas "tu mamá y yo". Habla a nombre propio.

- No compenses una cosa positiva con una negativa ("todos sabemos que no tienes el mejor temperamento del mundo, pero me gusta la forma en que arreglas tu cama" o "aun cuando descompusiste mi taladro, estoy orgulloso por la jugada que hiciste contra aquellos condenados 'Gatos salvajes'").

- No te preocupes de que lo vayas a perjudicar, ni te importe la edad que tienen.

- No te preocupes de que la carta resulte emotiva. Si te gusta a ti, también le gustará a tu hijo.

- No te preocupes por la forma de expresarte, ni por la gramática, la puntuación o el vocabulario. Mira lo que hay más allá. Ellos también lo harán.

- No lo pospongas. "Ahora es el tiempo aceptable", dice el Señor. ¿Quieres que tu herencia sean solamente unos viejos calcetines tejidos?

*La comunicación eficaz dentro de cualquier tradición siempre está conectada con el hecho de que una generación le entrega su corazón a la siguiente.*

JOHN SHEA

# CAPÍTULO CUATRO

# Relaciones, mensajes e indicios

## *Recursos para transmitir una herencia*

Hace años aprendí una lección sobre cómo transmitir la fe religiosa, en ese entonces estábamos disfrutando unas vacaciones con la familia durante un verano fabuloso. Mis hijas eran todavía muy pequeñas, tenían entre tres y seis años de edad, estábamos en compañía de los parientes de mi esposa en una espaciosa casa de verano, a corta distancia de una hermosa orilla del lago Michigan. Los días transcurrían entre conversaciones entretenidas y relatos, comidas sencillas en las que sobresalían los alimentos sabrosos y una enorme alegría. Jugamos interminables juegos de cartas sobre la terraza durante las tardes soleadas, o durante las noches en la amplia mesa de la cocina. Por encima de todo, recuerdo las horas de ocio en que mi esposa y yo jugábamos con nuestras hijas en la arena, bajo el sol intenso.

Una tarde soleada fui a levantar a mis hijas de su breve siesta, para invitarlas a caminar un rato por la tarde en la playa, pero al llegar a su cuarto no las encontré. Tampoco estaban en la sala, ni en la cocina o la terraza. Empecé a preocuparme, sabiendo que el lago estaba a media cuadra de distancia. Estaba a punto de llamarles, cuando al pasar por el cuarto donde se alojaba la tía María, escuche un cuchicheo familiar y percibí un ligero movimiento, entonces me detuve y eché una mirada al cuarto.

La tía María estaba sentada en la orilla de la cama y Patti y Judy estaban acomodadas a cada lado. María tenía en sus manos un gastado libro de oraciones, atestado de estampas religiosas. Los ojos de las niñas estaban absortos por la curiosidad. Yo escuchaba en silencio sus cuchicheos. "Esa es de su tatarabuela", decía la tía María, sosteniendo en sus manos una estampa que contenía una oración. "Ella murió días antes de que Alicia se casara. Ella horneaba el mejor pan y las mejores galletas, y siempre ayudaba a los vecinos enfermos o a alguien que atravesara por una mala racha".

"Esta es una de las que pertenecieron a la Sra. Clancy. Ella fue una valiosa ayuda para nuestra madre, luego de que papá falleciera. Aquí esta una tarjeta para el padre Sheehy. Él fue un magnífico sacerdote que partió como misionero a Bolivia. Él siempre hablaba cariñosamente de las gentes de por allá".

Mientras hablaba, ponía una tarjeta en las manos de las niñas. Ellas la sostenían respetuosamente en sus delgadas manos, mirándola por el frente y el revés. "Y ahora vamos a orar por la gente a quien le prometí que rezaría por ellas", decía la tía María. Entonces las tres inclinaban sus cabezas y comenzaba una larga letanía que incluía a los vecinos, los parientes en apuros, las pobres ánimas del purgatorio, los tenderos, la congregación de monjas que hace años la habían educado, los parientes difuntos. Como siempre, ella terminaba su oración con la misma frase: "Dios ayude a los enfermos".

Yo las deje en sus oraciones y salí hacia la terraza para disfrutar del hermoso día. En pocos minutos las niñas salieron disparadas hacia la playa, con toalla en mano, ansiosas de llegar a la orilla. Nosotros formábamos una caravana multicolor que descendía penosamente hacia la playa con balsas de plástico, cámaras salvavidas, sillas de playas y mantas. Jóvenes y viejos salíamos hacia el agua.

Las olas eran altas en ese día y yo estaba sentado, observando cómo la tía María y el tío Johnny conducían a las niñas hacia el oleaje. Ellos estaban tomados de la mano, riéndose cada vez que las olas los arrastraban. Manteniéndose unidos, permanecían tomados de las manos, cuando la corriente los empujaba y los arrastraba. Ellos se sentían seguros, sosteniéndose uno a otro.

## RELACIONES DE GENERACIÓN EN GENERACIÓN

Estaba de vacaciones, así que no tenía que entregarme a razonamientos muy profundos. Sin embargo, la imagen de ellos, sosteniéndose uno a otro en el turbulento lago, permanecía dentro de mí, y permanece hasta ahora como un momento lleno de significado profundo. Comparto esto porque considero que contiene muchos elementos que son esenciales para transmitir una fe viva.

### Ambiente

La familia extendida es el lugar donde se vive plena y apasionadamente. Los niños frecuentemente adquieren el sentido de la vida a través de la interacción con la familia extendida. Estas son personas que mantienen contacto contigo, que tienen derechos sobre ti (y tú sobre ellos), que si fuera necesario darían la vida por ti. Tú mismo ocupas tu propio lugar en el contexto de esa amplia historia. "¿Cuál es el sentido de la vida?", "¿en qué creemos?", "¿cuáles son nuestros principios?", "¿quién soy?", todas esas preguntas pueden contestarse a partir del punto de vista que recibiste en tu familia extendida.

Es verdad que los hijos pueden escuchar y admitir de otras personas la verdad, de manera más natural que si la recibieran de sus padres. Como director empresarial, sé que esto funciona de igual manera en el ámbito del trabajo. He descubierto que es más sensato enviar a los empleados a que reciban un seminario, para que aprendan de otras personas, lo que yo podría decirles. Sin duda, son más receptivos para creer algo, cuando lo escuchan de labios de un "experto". De la misma manera, los padres de familia sabemos que las verdades dichas por un extraño a quien admiran, puede impresionar más a nuestras hijas hasta el punto que si las mismas verdades las recibieran de nosotros, las rechazarían. Los abuelos, los tíos, las tías, los padrinos y los amigos que la familia aprecia, pueden tener un impacto muy favorable sobre nuestros hijos. Estas son relaciones profundamente formativas.

Las relaciones cercanas con los miembros de la familia extendida son una de las mayores fuentes de fortaleza que se están perdiendo en la sociedad y en la cultura norteamericana. Cuando observo a los inmigrantes recién llegados —por ejemplo a las familias hispanas— descubro la enorme importancia de los abuelos, especialmente de las *abuelitas* en la educación en la fe de los más jóvenes. Esto puede hacerse directamente a través de la instrucción, pero también (y probablemente con más eficacia a largo plazo) a través del contacto diario y sutil entre los abuelos y los nietos.

Sé que uno de los momentos de aprendizaje más influyentes en mi vida era la fiesta de Acción de Gracias en casa de la abuela. Esta cena representa el día festivo más significativo —después de Navidad, para los norteamericanos. El último jueves de noviembre, hay una cena para dar gracias no sólo por las bendiciones del año, sino porque los nativos americanos, salvaron de la muerte por inanición y frío a los colonos que vivirían su primer invierno. Compartieron con ellos el pavo, el calor, y la hermandad. Hasta la fecha lo celebramos. Pues bien, en casa de mi abuelita, todo el día era agitado y dichosamente caótico. Ahí estábamos alrededor de cincuenta personas, hablando y riendo en la pequeña casa de la calle May. Sin embargo, cuando el pavo y las papas, el estofado, los camotes, las papas judías, los pasteles, y los moldes con gelatinas, los nabos (la lista podría continuar) estaban sobre la mesa, cesaba todo ruido y desorden. Un silencio caía sobre todo el grupo, aún entre los pequeños primos, que éramos enviados a sentarnos sobre el piso a un lado de la cama. Entonces orábamos. Todos conocíamos la misma oración: "Bendícenos Señor, y bendice estos alimentos que de tu generosa mano vamos a recibir. Dales pan a los que no lo tienen, y a nosotros que tenemos pan, danos hambre de ti". Era un día de grandes lecciones.

Más tarde, cuando los mayores jugaban baraja nos acercábamos a nuestros padres para apilar las monedas de cinco y diez centavos, y la conversación entre dientes se hacía más densa con el sabor de nuestra bebida tradicional, del café, el té, o de los mismos postres. Esto mismo incluía un diálogo natural acerca del trabajo en la proveedora de gas, o en las bodegas del ferrocarril; por nuestra parte, escuchábamos esa charla como si fueran retazos de un sermón importante que se predicara en la parroquia. Alrededor de la habitación, no sólo estaban nuestros abuelos, la tía Brígida y el tío Leo, también estaban mirándonos constantemente desde su sitio en las paredes del comedor, el Sagrado Corazón y la Bienaventurada Virgen María.

Si al momento que la familia extendida se reúne, dan gracias antes de los alimentos, o si alaban juntos a Dios de manera ordinaria, aun cuando sea discretamente, eso reforzará la dimensión religiosa del evento, y se aprenderá la lección. El mensaje es "esto es lo que hacemos. Para nosotros, los asuntos de la fe son cuestiones importantes. Hacemos que esto forme parte de nuestra vida".

Otro factor que hizo que el incidente del lago Michigan fuera tan eficaz e ilustrativo fue el hecho de que la lección transcurriera de forma natural. El que mi tía María orara mientras parecía estar hurgando algo en su libro era un evento ordinario. Fácilmente hacía que las niñas cayeran en la cuenta de que una actividad tan significativa formaba parte de la jornada. Esto no era algo fingido o una especie de exhibición. No era como si alguien dijera, "dejen inventarme una lección sobre la oración para estos niños". Más bien, las estaba invitando a que experimentaran algo de su vida diaria. Como es típico en las personas que han alcanzado una profunda vida espiritual, mi tía deseaba regalar gustosamente lo que le habían regalado y que ella conservaba como un tesoro. Parte de la lección que mis hijas aprendieron ese día fue que, es muy bueno orar diariamente por los demás; esto es algo que una persona respetable realiza con entusiasmo.

## Contenido

La lección fue transmitida en términos de relaciones, compromiso, amor y servicio. No era algo que hubiera que ensayar como el mejor acto para ser santo, al contrario, era algo que experimentaban algunas personas realmente vivas, y era la manera como la fe iluminaba sus vidas. No era nada grandioso o teórico. La lección era simple y sencilla.

No obstante, el contenido estaba lejos de ser o de abarcar todos los aspectos de la vida. Mi tía oraba por todos los que encontraba, desde el tendero hasta el Papa, desde el niño más pequeño de la familia, hasta la gente anciana que se acercaba lentamente a la muerte. Oraba por quienes iban a hacer un examen de manejo, por un sobrino que esperaba un ascenso, o por un vecino que estaba esperando los resultados de unos exámenes para el cáncer. No había lugar y no había parte de la vida que no fuera alcanzado por la gracia, o que no fuera presentado ante el poder sanador de Dios. No había un momento de la jornada de mi tía, ni había una parte de su corazón que estuviera apartada de la mirada de Dios. El contenido de la lección de la tía María era: "todo lo que nos pertenece está en manos de Dios".

## Método

Durante ese íntimo contacto las niñas estaban expuestas a numerosas lecciones. En primer lugar, mi tía María tenía su viejo libro de oraciones como compañero de toda la vida. Mis hijas se daban cuenta de que estaban caminando un camino que mi tía conocía a la perfección. Este tiempo de oración ocurría diariamente, del mismo modo que se come diariamente. Las estampas religiosas que sostenía en sus manos eran retratos vivos de María, Jesús, la Sagrada Familia, el arcángel Miguel venciendo a Satanás, san José, san Patricio, y por supuesto, san Judas. Las imágenes y las frases eran evocativas y variadas. El conjunto de oraciones se centraban sobre personas y eventos que eran concretos, específicos y reales.

La lección no era una conferencia; era una gozosa invitación al estilo "vengan y vean". A mis hijas no solamente les estaba ofreciendo información, sino un modo de vivir que conducía a la vida abundante prometida por Jesús. Su tía abuela les ofrecía una experiencia interactiva, les permitía que vieran, escucharan, y "tocaran la mercancía". Su propio entusiasmo y fe sincera era la lección más importante de todas. La fe se propaga a través de testigos, no de maestros.

## Refuerzo

Cuando descendíamos a la playa, las niñas recibían una lección adicional. Las olas eran altas y podrían ser peligrosas. Pero la tía María y el tío Juan estaban ahí para sostenerlas. De hecho, tomándose de las manos y sosteniéndose en ellas, podían caminar erguidas entre las olas, riendo y gozando. Sobrevivimos juntos. Hoy, luego de muchos años, mis tíos María y Juan caminan con sus pies trastabillantes. Fue el domingo pasado cuando mis hijas escoltaban a su tío abuelo y a su tía abuela, mientras subían por las escaleras, para participar en otra reunión familiar. Y esta vez, María y Juan se apoyaban en mis hijas. Por mi parte, me doy cuenta de que mis hijas se apoyarán sobre la fortaleza y el carácter de estos ancianos, a lo largo de toda su vida.

Me siento muy agradecido de que mis hijas hayan descubierto las lecciones de fe de tantos miembros de su parentela durante tantos años. Ocasionalmente escucharé a algunos jóvenes padres de familia que se lamentarán de tener que dedicar cierto tiempo para visitar a sus parientes. Ellos se refieren a esto como si fuera una carga pesada y no una valiosa oportunidad. No puedo juzgar desde lejos tal situación. Pero espero que no se apresuren a eliminar esas valiosas relaciones de la vida de sus hijos, puesto que puede ser algo decisivo para la futura fe de sus hijos.

Pudo haber sido algo fastidioso que en tiempos pasados las familias dedicaran todas las mañanas del domingo a las abuelas, pero, ¿no será que hemos eliminado un valioso elemento de nuestra propia vida y de la vida de nuestros hijos, al cortar todos los vínculos con los miembros de la familia extendida?

Casi todo mundo está de acuerdo en que la religión se asimila en casa. Pero frecuentemente también pensamos que necesitamos tomar prestados los métodos escolares para transmitir estas lecciones. Esto es extraño, porque los maestros están intentando aplicar las lecciones de la vida ordinaria en el salón de clases. Saben que tales lecciones de la vida real son las que pueden causar una impresión más duradera en los estudiantes.

## LECCIONES DE LA VIDA REAL

Mi esposa Kathleen, enseña matemáticas a alumnos de séptimo grado, lo cual me parece una vocación muy valiosa. Ella está tratando constantemente de elaborar ejemplos tomados de la vida real para introducir e ilustrar los principios matemáticos. Por ejemplo, hace que sus estudiantes trabajen en equipo sobre proyectos para invertir diez mil dólares (con dinero imaginario, por supuesto) en la bolsa. Juntos deciden cómo invertir, cómo calcular pérdidas y ganancias, como comparar los resultados con otras opciones, etcétera. Las lecciones se convierten en algo más que teoría abstracta. Partiendo de su propia experiencia y observación, los estudiantes están mejor preparados para asimilar la teoría y retenerla. Los niños comprometen toda su imaginación, su personalidad y toda su mente en el proyecto. Otra manera de aprender es utilizando bloques para calcular el área y el volumen de un cuerpo, y jugar juegos de azar para aprender acerca de las probabilidades. Kathleen no es la única que realiza esfuerzos para incorporar más activamente a las personas en su salón de clases. En todo el distrito y en todas las escuelas del condado, maestros de todas las áreas están trabajando para hacer su salón de clases más interactivo y más basado en la realidad.

Kathleen asistió a un seminario diseñado para ayudar a los estudiantes a retener mejor lo que aprenden. En él escribió la siguiente lista. Aunque no puedo garantizar la certeza de estos porcentes, sí puedo garantizar la seguridad de los principios.

Las personas retienen

- 10 % de lo que *leen*

- 20 % de lo que *escuchan*

- 30 % de lo que *ven*

- 50 % de lo que *ven y oyen*

- 70 % de lo que *dicen*

- 90 % de lo que *hacen y dicen*

Esta estadística contiene buenas noticias para los padres de familia que hacen un esfuerzo por introducir a sus hijos en la fe. Cualquier esfuerzo que hagan por comunicarles a sus hijos la fe está orientado a profundizar el propio proceso de su vida espiritual.

Tratar de entender la manera en que sus hijos aprenden a asimilar conceptos complejos los ayudará a promover el desarrollo de sus hijos en la fe. Los niños se mueven desde lo concreto y lo sencillo hasta lo más complejo y abstracto. Por ejemplo, solamente cuando un hijo siente lo que es "caer e ir rebotando" podrá seguir desarrollando una comprensión acerca del concepto de la gravedad. De igual manera, teniendo una experiencia de la comida familiar, puede ser el preludio para comprender la Eucaristía, solamente quien experimenta el perdón y la aceptación después de lastimar a otro miembro de la familia, puede despejar el camino para comprender la teología del arrepentimiento y la redención.

No comenzamos el estudio de la fe partiendo de cero. Llevamos nuestra propia experiencia de la vida como la materia prima para construir una fe humana en un Dios que se hizo humano. Los contactos primeros que tienen nuestros hijos con lo santo y lo sagrado, experimentados de forma normal en la vida diaria, se convierten en las piedras angulares para desarrollar una fe adulta.

En el libro *Magical Child* (Niño mágico, Pluma: 1992), un libro que ha abierto camino en lo referente al desarrollo del niño, Joseph Chilton Pearce estableció que los conocimientos superiores crecen y se profundizan a partir de las primeras experiencias. Escribió: "todo pensamiento brota de lo concreto, lo que significa que los patrones del cerebro surgen de los movimientos actuales de nuestro cuerpo que interactúa con objetos presentes".

Así, un hijo aprende que cuando mamá le dice: "no lo toques, está caliente", es un preludio para aprender las leyes de la termodinámica. De igual manera, un niño alcanza la clave sobre la fidelidad de Dios al experimentar la confiabilidad de sus padres, o aprende lo que es la misericordia de Dios cuando los padres se disponen a perdonar, cuando el hijo dice: "lo siento". Frecuentemente consideramos la educación religiosa como un proceso misterioso que tiene lugar en la iglesia o en etapas tardías de la vida. La verdad es que el fundamento de la fe adulta de nuestros hijos, se pone desde ahora, cuando compartimos con ellos la vida diaria. En la medida que seamos conscientes de esa verdad, podremos enriquecer su experiencia y señalarles pistas sobre la vida de Dios y sobre la bondad de todo lo que nos rodea.

## IMAGINACIÓN PARA EL QUEHACER COTIDIANO

Los cristianos aprenden a buscar los signos de Dios en el mundo en que habitan. Algunas confesiones religiosas creen que el mundo es malo, que deberemos tratar de purificar el espíritu y darle la espalda al mundo. Para los católicos esto es una herejía. Creemos que el mundo es bueno y que a través de nuestra interacción diaria en el mundo, podemos experimentar lo divino.

Ver los indicios de Dios en el mundo, es lo que los teólogos llaman imaginación analógica. Los creyentes que tienen imaginación analógica tienden a remarcar las semejanzas, más que las diferencias entre Dios y la creación. Todo lo que existe es una metáfora de Dios. Es la manera católica de mirar la vida y la creación. Hay un parentesco familiar entre el creador y la creación. Dios resplandece a través de todo lo que existe. San Buenaventura decía que "todas las cosas muestran los *vestigia Dei* —las huellas digitales y las pisadas de Dios".

Me agrada pensar que todas las cosas tienen sobre sí las huellas digitales de Dios. Aun tú y yo llevamos las huellas digitales de Dios. Dios está demasiado cercano a nosotros.

Jesús sabía que aprendemos a descubrir la realidad de Dios a través de analogías. Por esa razón usó las parábolas: "El Reino de los cielos es como un banquete", "es como una mujer que perdió una moneda y luego la encontró", "es una perla de gran valor que alguien encontró en un campo". El Nuevo Testamento está lleno de imágenes que apuntan a Dios, y que nos ayudan a educar nuestra perspectiva, para que podamos ver más claramente.

El padre Richard Rohr decía que esta visión —la imaginación analógica— profesa que no hay distinción absoluta entre lo sagrado y lo profano. No existe lo natural y lo sobrenatural. Existe un solo mundo y éste está plagado de lo sobrenatural. La imaginación analógica en la visión de Rohr, da un sentido de pertenencia al universo. Finalmente, Dios envió a su Hijo a convalidar que Dios está presente en medio de nosotros. Jesús es la experiencia más radical de que la creación revela a Dios.

Ahora entiendo por qué cuando era pequeño, muchas personas hacían altares a la Virgen María y tenían acetres de agua bendita en su casa. Nuestros vecinos polacos y eslavos llevaban sus canastas de pascua a la iglesia para que las bendijeran el Sábado Santo. Algo semejante se practica en las comunidades hispanas, pero ellas lo hacen durante el Jueves Santo. Para la Misa de institución, traen panes grandes, estos se bendicen luego de la comunión, y la gente los lleva a su casa para luego compartirlos. A esta tradición se le conoce como el "pan bendito". Por nuestra parte, teníamos una imagen del Sagrado Corazón en el tablero de nuestro carro, y hacíamos la señal de la cruz cuando escuchábamos el sonido de la sirena, y sabíamos que Dios vivía en nuestra casa –caminaba en nuestros pasillos, se sentaba en la mesa de nuestra cocina, y nos cuidaba mientras dormíamos. Mis huellas digitales pueden estar sobre la puerta del refrigerador, pero las pisadas de Dios estaban por toda la casa.

Como escribiera el poeta jesuita Gerard Manley Hopkins en el poema "La grandeza de Dios":

> El mundo está lleno de la grandeza de Dios:
> brillará como flama, como reluce la espada al agitarse;
> se reúne su grandeza, como resuma el aceite.
> Aplastado...

Así, nuestras experiencias dentro del hogar, durante nuestras relaciones primeras y más formativas, son las pistas principales para saber quién es Dios, quiénes somos nosotros, cuál es la naturaleza del mundo, y qué se espera de nosotros. En gran medida los padres de familia afectan a sus hijos en su capacidad de ver a Dios –para bien o para mal.

## LOS MENSAJES QUE TRANSMITIMOS A NUESTROS HIJOS

Un relato podría hacer que esta influencia paterna resulte más evidente. Fui maestro de religión en una escuela preparatoria durante algunos años. Realmente disfrutaba esa oportunidad y me esforzaba para hacer que los estudiantes aprendieran. Era un verdadero laboratorio en el cual se podía estudiar del desarrollo de la fe en los jóvenes. En razón de la variedad y la importancia de los asuntos que discutíamos en clases, llegué a conocer demasiado de la frescura y la delicadeza de la fe de esos jóvenes.

Probablemente parezca que los adolescentes no están interesados en la dimensión espiritual de su vida, pero me di cuenta que es todo lo contrario. No obstante que las muestras externas digan lo opuesto, la fe tiene un gran significado para estos muchachos que están tratando de comprender su mundo y quieren entender cómo Dios tiene cabida en él. Llegué a descubrir que, en el fondo, todos estamos interesados en las cuestiones básicas sobre la fe, sobre Dios y sobre el sentido moral de esta vida. Los muchachos frecuentemente se rebelan y se resisten ante las prácticas religiosas regulares, pero ellos estaban, cada uno a su manera, ocupados en la búsqueda de una relación con Dios. Yo creo que esto es verdad ahora, como lo era entonces.

Un día en mi clase sobre la Sagrada Escritura, nos ocupamos del capítulo sexto del evangelio de Mateo en el que Jesús instruye a sus discípulos para que oren el Padrenuestro. Estaba hablando muy entusiasmado (al menos así lo creía) sobre la sabiduría y la simplicidad de la oración, de cómo Jesús nos había facilitado orar, al incluir muchos de los intereses humanos en ese modelo de oración: el pan cotidiano, la gratitud, el perdón, la superación de la tentación. Destacaba cómo Jesús nos había ayudado con esa oración, haciendo que dirigiéramos nuestras palabras no a un Dios distante, omnipotente y oculto, sino a "nuestro Padre". Mientras tanto, continuaba explicando cómo era un concepto radical ver a Dios como nuestro Padre y cómo era una alegría acercarse a Dios de esa manera.

Y como ocurría usualmente mientras enseñaba, mis alumnos estaban haciendo garabatos o realizando apresuradamente las tareas de matemáticas, pasando recados sobre el próximo baile, o mirando a las nubes. En medio de todo, me di cuenta que María estaba desconcertada. Ella tenía el ceño fruncido sobre su hermoso rostro juvenil y estaba rayando con su lápiz a un lado y otro sobre su cuaderno, haciendo una gruesa marca negra sobre el margen.

Después de clases, traté de comunicarme con ella, pero ella miraba hacia el piso y siguió su camino, pasando junto a mí. Cuando se detuvo, le dije: "Hola, quisiera saber qué te está pasando. ¿Hay alguna cosa que te ha desconcertado? Ella continuó caminando. Me di cuenta que tenía que estar alerta ante sus próximas reacciones en clases. También me di cuenta de por qué las personas que realizan un trabajo pastoral por un largo período de tiempo, trabajan más desde el plano de la compasión, que a nivel del dogma. Frecuentemente algunos temas que exponía en clases y que podrían parecer inocuos, podrían liberar "una profunda carga" en algunos de los muchachos. En algunas ocasiones tenía el privilegio de escuchar lo que estaba pasando en su interior.

Tome conciencia que algo de lo dicho en clases había afectado profundamente a María. Era claro que estaba sufriendo, aun cuando no descubriera lo que estaba causando ese sufrimiento. Después de todo, había estado hablando de las novedades más conocidas acerca de Jesús: que todos nos podíamos acercar a Dios como un padre amoroso. ¿Qué podría haber de malo en esto?

Al terminar las clases, fui hacia María. Entré en su salón de clases y le dije: "Estás desconcertada. ¿Qué te está sucediendo?".

Se sentó un momento y continuó mirando el piso, las lágrimas empezaron a brotar de sus ojos. Entonces se soltó: "si tuvieras un padre como el mío, te aseguro que no querrías recitar el Padrenuestro".

Me senté en silencio, consciente de que comenzaba a abrirse ante mí. Me relató una historia de un hombre que había abusado emocionalmente de ella y de su mamá durante años. Al parecer él era un hombre lleno de miedo y de odio, que intentaba controlar todas las cosas y todas las personas en su vida. Era totalmente infiel a su esposa, y daba un trato grosero y degradante a su hija. Ridiculizaba todos sus logros, le decía que era horrible y que nadie jamás la amaría. Era sorprendente para mí, luego de haber escuchado todo eso, que ella llevara de buena manera las cosas en la escuela y en su vida. Era una jovencita muy agradable. Aún cuando podía ver el dolor en su interior, también veía el bloque de hielo sólido que estaba en su corazón. Me encolericé por todo lo que ese padre le había quitado a su hija: el sentido de su propio valer, su confianza y su habilidad para abrirse paso en la vida. Y sobre todo, estaba molesto porque le había quitado la capacidad de ver a Dios como alguien bueno y amoroso. En la mente de ella, Dios Padre, sería como todos los padres (o al menos como su padre): huraño, indigno de confianza, vengativo, agresivo y celoso.

## LAS PISTAS QUE LOS HIJOS NOS RECLAMAN

Como todos los seres humanos, María estaba buscando a Dios utilizando lo que tenía para lograrlo. Jesús lo entendió así. Él decía, "¿qué tan cercano estoy a ustedes?, ¿qué hay más cercano a ustedes que el pan que comen?" Dios, ¿a quién se parece? Dios es como el buen pastor que busca la oveja perdida. Dios es como un hombre que preparó un banquete e invitó a la gente de los caminos y las autopistas. Dios es como un padre que permanece sobre una colina esperando ansiosamente que su hijo errante regrese.

Sin embargo, estos señalamientos naturales, estos indicios que apuntan hacia lo divino aparecen torcidos. Haber escuchado la historia de María me ayudó a comprender la razón por la cual Jesús dijo que más valdría que una persona se atara una piedra de molino a su cuello y fuera arrojada al mar, que arruinar la capacidad de una persona joven para ver y comprender cómo es Dios y cuánto nos ama.

¿Qué tan importante es la vida familiar para preparar el terreno a fin que la fe se desarrolle? Victoria Lee Erickson, profesora en Drew University decía, "todo lo que podemos aprender en la vida, lo descubrimos en la familia antes de ir al jardín de niños". Esto es válido lo mismo para la fe, que para el aprendizaje de los números y los colores, o para aprender a pedir las cosas de favor o saber dar las gracias. Nosotros vamos descubriendo a Dios a través del trabajo de nuestra imaginación analógica. No vemos a Dios a través de teorías abstractas, sino por analogía en las huellas que encontramos aquí y ahora.

Los padres de familia tienen la gran oportunidad de ofrecer esos contactos y de crear el ambiente propicio. Podemos darles ciertas pistas, y a la vez y por medio del amor cariñoso que mostramos a nuestros hijos, ser de hecho las pistas de la identidad y la presencia de Dios.

No necesitamos fingir actitudes extremadamente piadosas para conseguirlo. Simplemente tenemos hacer lo que realiza un padre de familia cariñoso.

Nuestros hijos aprenden quién es Dios, cuando en medio de una enfermedad reciben un trato cariñoso. Descubren lo que es el amor de Dios cuando descubren en nuestros ojos, el regocijo que sentimos al mirarlos. Saborean la prodigiosa generosidad divina cuando despiertan y encuentran los regalos del Niño Jesús o los Reyes Magos junto al árbol de Navidad. Están preparados para confiar en la fidelidad de Dios, cuando somos dignos de confianza para ellos. Reconocen la sabiduría de Dios cuando mostramos prudencia al ponerle límites a sus acciones. A través de nuestras relaciones humanas de cada día, revelamos a Dios, o como en el caso de María, impedimos que nuestros hijos vean el rostro de Dios.

La tarea espiritual de los padres y madres de familia comienza cuando preparan un espacio para su hijo, no sólo en la casa o el departamento, sino principalmente en sus vidas. Empieza cuando una madre (como Isabel, madre de Juan Bautista) escuchó las noticias de que "estaba esperando un hijo" y cuando la alegría animó al niño dentro de su vientre.

La tarea espiritual de los padres de familia continúa desde los primeros días en que reciben y crean lazos, a través de la alimentación y las caricias, la enseñanza y la instrucción, los señalamientos y las exhortaciones, el consuelo y el contacto, o haciendo en cualquier circunstancia lo que haya que hacer. La clave es vivir plenamente en cada uno de esos escenarios, estando alerta, consciente o despierto, para que también su hijo esté alerta, consciente y despierto ante la presencia de Dios.

¿Cómo hacen para que a través de sus hábitos y tradiciones, y tomando las palabras de Robert Wuthnow, "el ciclo diario de las actividades familiares... los conduzcan a la presencia de Dios?". En este y en los próximos capítulos, aparecen algunas pistas que podrán tener en cuenta a fin de cultivar la fe de sus hijos y su propia imaginación analógica.

# Manos *a la obra* 3

## *Cómo descubrir la dimensión espiritual de su familia*

**Cultiven** relaciones con la familia extendida. Hagan que sus hijos interroguen a sus tíos abuelos y tías abuelas, a sus padrinos acerca de lo que la fe significa para ellos. Pueden hacerlo de manera discreta. Por ejemplo, pregúntenles si recuerdan dónde fueron bautizados o dónde recibieron la primera comunión. O si pensaron en ser sacerdotes o religiosas. Si emigraron de un país extranjero, ¿recuerdan todavía las memorias o costumbres que disfrutaban en su patria? ¿Quién es su santo favorito o por qué impusieron determinado nombre a sus hijos? Animen a las generaciones mayores a que practiquen sus costumbres con sus nietos o bisnietos.

**Compartan** sus propias prácticas religiosas con sus hijos de la forma más natural posible. Si tienen una devoción o una práctica religiosa que sea muy significativa para ustedes, hagan que sus hijos la conozcan. Invítenlos a que participen con ustedes. Mi esposa comienza cada día con un momento de meditación en silencio y escribiendo sus reflexiones en su diario personal. Nuestra hija Patti ha seguido su costumbre de escribir un diario, aunque el momento en que Patti hace las reflexiones es por la noche.

**Traten** todos los días los objetos de la casa como vasos sagrados. La hermana benedictina Joan Chittister escribió un gran libro titulado *Wisdom Distilled from the Daily* (Sabiduría destilada de lo ordinario), en el cual habla de las tradiciones monásticas y sobre la manera como éstas pueden aplicarse a la vida diaria de cualquier persona. Recomiendo ampliamente ese libro. Sin embargo ella se refirió en la obra, y ya lo había hecho antes en una entrevista con *U. S. Catholic*, a una práctica benedictina, que proviene de la época misma de su fundador, san Benito. Esa idea me impresionó demasiado. La tradición consiste en tratar todos los objetos de nuestra casa —platos, aparatos eléctricos, ropas— como si fueran los vasos sagrados usados para la sagrada Eucaristía. Piensen en esto la próxima vez que estén lavando los platos, o cuando dejen los calcetines en un rincón, o cuando tiren los discos compactos por todo el piso.

**Ejerciten** la conciencia y la imaginación. Thich Nhat Hanh, un budista vietnamés de vida ejemplar ofreció una forma para activar la imaginación analógica. Traten de practicarlo con sus hijos. "La siguiente vez que tengan que comer una mandarina, pónganla en la palma de su mano y mírenla de forma que la mandarina sea algo real". Él sugería que dos o tres segundos de toma de conciencia bastaban para hacer una gran diferencia. Decía que empezaran por darse cuenta de que dentro de la fruta estaban las flores hermosas, el brillo del sol, la tierra y la lluvia. Ustedes serían testigos de cómo una diminuta fruta se iba formando y desarrollando en la mandarina que estaba en su mano. Dicha conciencia abrirá sus ojos a los milagros comunes que los rodean.

**Tengan** presente a las personas que han estado cercanas a la vida de sus hijos. ¿Sus hijos están en contacto con la familia extendida? ¿Las personas que los visitan con frecuencia viven preocupados por su crecimiento espiritual?

**Conserven** vivas las tradiciones étnicas y religiosas. Al momento de crecer, ¿dejaron de realizar las prácticas que solían hacer cuando eran pequeños, —ciertas comidas que iban unidas a fiestas y épocas o ciertos adornos típicos para el hogar?

Esas tradiciones que una vez fueron significativas para ustedes, también podrán serlo ahora para sus hijos.

**Dejen** que la luz de la fe ilumine su vida. La luz de la fe va más allá de la práctica religiosa. Esta luz brota de su convicción de que Dios los ama. ¿Manifiestan ustedes esa fe y esa creencia de que Dios está presente en medio de su vida y de que la vida que viven es realmente sagrada? Esa luz iluminará a sus hijos y los atraerá mientras crecen y aprenden.

*Los objetos sagrados se convierten en el contacto principal entre lo divino y la experiencia viva de la vida ordinaria en la familia.*

ROBERT WUTHNOW

# CAPÍTULO CINCO

# Objetos, espacios y rituales

## *La santidad que mantiene unido al hogar*

De vez en cuando acostumbro pedir a las personas que me mencionen un objeto sagrado que esté en su casa. Les aclaro que el objeto no tiene que ser abiertamente religioso, como lo sería una imagen de un santo o un crucifijo. Si quieren, podrían pensarlo un momento y responder ahora misma esa cuestión. Cada vez que planteo esa pregunta, recopilo historias muy interesantes.

Una mujer identificó una tabla para cortar pan, que había pertenecido a su madre como el objeto sagrado que hay en su hogar. Dicho objeto colgaba de la cocina y lo utilizaba en ocasiones especiales. Cada cuchillo que hacía una hendidura en la gastada madera le hablaba del amor de su madre. Eso hacia que su memoria estuviera inundada con el olor del pan caliente que su madre horneaba diariamente y durante años para la familia.

He escuchado a gente que cita una hilera de objetos, desde un collar de esmeraldas que recibió en el aniversario de sus bodas de plata hasta unos palos de golf que pertenecieron al tío favorito, o una caja de herramientas que había sido transmitida de una generación a otra.

Los objetos que están en nuestras casas son testigos silenciosos de que hemos experimentado lo sagrado en la vida ordinaria. Aunque están mudos, hablan del amor que ha existido, o de la alegría que fue compartida, de los sacrificios hechos o de la ternura que manifiestan. En ocasiones, no logramos verlos en su momento, como cuando nuestros hijos están en casa y no les hacen el menor caso. Pero cuando llegan los días emotivos, ellos ven todas las cosas con ojos nuevos y azorados. Piensa un momento en la casa donde creciste. Estoy seguro que existen lugares y objetos que casi resplandecen en tu memoria, pero que difícilmente los percibías en el diario vivir.

## CONSERVANDO LO AUTÉNTICO

La razón por la cual le pido a la gente que se decida a realizar este ejercicio, es para que logren pensar y hablar acerca de lo sagrado de manera natural y no de forma forzada. Algunos amigos sacerdotes me dicen que siempre se tropiezan con personas que tienen un sentido de la santidad forzado y fingido. A menudo encuentran personas con las que platican con mucha naturalidad, frecuentemente con mucha profundidad, atención y humor, pero tan pronto como esas personas descubren que son sacerdotes, cambian de actitud. Se disculpan por la conversación anterior (aun cuando lo que platicaron no tuviera nada de malo). En seguida muestran una tensión nerviosa tratando de encontrar tópicos supuestamente "sagrados", como: "¿a dónde ha viajado el Papa últimamente?", "¿no habrá conocido a un primo tercero que estudió algún tiempo en el seminario?" o "¿Qué posibilidades tiene el equipo de Notre Dame de ganar el Tazón de las Rosas?". Esta reacción revela la ruptura que muchos de nosotros experimentamos entre lo que percibimos como sagrado y la forma en que normalmente vivimos.

Sin embargo, cuando las personas reflexionan sobre los objetos sagrados existentes en su hogar, entran en contacto con algo real y elemental. Logran descubrir que lo sagrado puede descubrirse de manera tangiblemente. Lo han experimentado. Lo han tocado. De repente todos se despojan del tono pseudoreligioso y ficticio que puede aparecer cuando las personas hablan de cosas espirituales. Cuando la gente habla de las cosas sagradas que encuentra en su vida diaria, las personas y las razones que proponen, suelen estar enraizadas en la vida diaria, en el lenguaje honesto y en las relaciones profundas. Por lo tanto, si tienen la mente ubicada correctamente para reflexionar en la espiritualidad que los conecta a la vida diaria pueden dejar atrás la espiritualidad del habla, que es simplemente palabrería o alienación. El ser padres de familia les da la oportunidad de experimentar la vida en su profunda sacralidad. Piensen en un padre de familia que conserva un pequeño osito de peluche que perteneció a un hijo que murió a temprana edad. Imaginen a un papá que toma el café a la hora del receso en un tazón con la leyenda "para el papá más grande del mundo", que recibiera del hijastro que hace años lo saludaba con recelo y hostilidad. Piensen en la mamá que arregla el cuarto de su hijo y le da un retoque especialmente cuidadoso al trofeo de oratoria, que ganó un hijo que encontró la gracia de superar su aterradora timidez.

Nuestras vidas están llenas de objetos sagrados. San Benito decía a sus monjes que trataran todos los objetos domésticos como si fueran los vasos sagrados del altar. Ellos nos traen a Cristo tan seguramente como la patena y el cáliz nos traen a Cristo cada vez que celebramos la Eucaristía.

## EL JUEGO SAGRADO DEL ROMPECABEZAS

En alguna ocasión se cambiaron los papeles y me pidieron que nombrara un objeto sagrado de mi propia casa. Yo pensé un momento, y una respuesta obvia vino a mi mente. En nuestra casa, un objeto sagrado es el rompecabezas circular. Compramos este rompecabezas redondo a través de un catálogo de la UNICEF. En el centro están las estrellas y los planetas flotando en el espacio exterior. En círculos concéntricos están los animales y los paisajes de todas las partes de la tierra. Rodeando todo el rompecabezas están las personas con sus vestidos autóctonos, representando todas las culturas del mundo, tomados de las manos. Yo siempre he apreciado el simbolismo de este rompecabezas: el mundo y las personas están vinculadas en un círculo que no tiene principio y final. Nadie reclama ser el número uno. Todos estamos conectados unos con otros, con nuestra geografía, con la vida salvaje que nos rodea. Y en el centro están los cielos. Todo eso es bueno y agradable.

Sin embargo lo que convierte a este rompecabezas en algo sagrado son las ocasiones en que, como familia nos pusimos juntos a armarlo. Lo compramos cuando nuestras hijas eran pequeñas, y entonces nos llevaba muchas horas poner todas las piezas en su lugar. Cuando las personas utilizan la ambigua frase *tiempo de calidad,* pienso de inmediato en el tiempo que dedicaba con mi familia a armar el rompecabezas. La TV debía estar apagada, tal vez tocaríamos algunos discos con alguna melodía suave y popular, y prepararíamos algunas bolsas de palomitas. Así pasábamos varias horas reunidos en nuestro círculo familiar, confundidos, tratando de poner todas las piezas del mundo en orden.

Hace un año me encontré con el rompecabezas en el cuarto de los tiliches. No lo habíamos vuelto a armar hacía muchos años. Nuestras hijas tienen una vida social muy cargada y frecuentemente están en la el umbral de la puerta, mientras Kathleen y yo estamos cabeceando en la cama. Sin embargo, esa noche permanecíamos en casa y otra vez armamos el rompecabezas. Me sorprendió la rapidez con la que pudimos armarlo. Mis hijas habían crecido. Conocían mucho mejor su camino alrededor del mundo. El rompecabezas a todos nos enseñó lecciones importantes acerca de la unidad y la cooperación, a fuerza de intentarlo, también sobre la geografía y las costumbres, y sobre la diversión.

Nuestro mundo es plenamente sacramental, está lleno de signos tangibles que nos muestran a Jesucristo y nos dan su gracia. En gran medida, transmitir una fe viva a nuestros hijos es ayudarlos a ver su mundo, nuestra casa común, como algo lleno de realidades que revelan a Dios en todas las manifestaciones divinas. En seguida, cuando van a la iglesia y el pan es sostenido en alto y el vino es servido, estarán acostumbrados a ver milagros delante de sus propios ojos.

Susan M. Bennet escribió sobre el vínculo entre la liturgia y la vida en enero de 1997 en *Liturgy 90.* En su artículo reflexionaba sobre las lecciones que había aprendido mientras cocinaba el pan para las celebraciones eucarísticas en su parroquia. Había horneado semanalmente dicho pan durante años, e invitaba a sus hijas a ayudarle (la más joven de las tres ahora era su asistente). Ella ponderaba el valor de dicha acción, pues así había logrado que ella y sus hijas participaran más profundamente en la Eucaristía. Y a propósito de que la receta para preparar el pan cumpliera con los requerimientos canónicos del rito latino de la Iglesia Católica Romana, escribía:

> Una última palabra sobre la receta: el pan es algo vivo. Hornear pan es un proceso vivo. Cada parroquia, cada panadero que hornea el pan, necesita experimentar con su receta para descubrir cómo hornearlo mejor. En vistas a preparar un pan digno de la Eucaristía, uno debe practicar con otro tipo de pan para otras fiestas. Y en vistas a partir y servir el pan de la Eucaristía dignamente cada domingo, uno debe aprender a partir y servir el pan en miles de formas de abnegación cada día de la semana.

Necesitamos practicar la Eucaristía a través de la semana, si queremos que tenga algún sentido la Eucaristía dominical. También necesitamos cultivar dentro de nuestros hijos y dentro de nosotros mismos, una experiencia de los elementos de la liturgia: la espera silenciosa, la escucha, el ofertorio, la comunión, la participación, la recepción, la apertura a la Palabra de Dios. Necesitamos desarrollar un aprecio innato para que los objetos ordinarios (como el pan y el vino) puedan tener un lugar más profundo dentro de nosotros. Es el lugar donde la ilusión de nuestra separación de Dios y de los demás desaparece y experimentamos la verdad de la cual hablara Jesús: "Yo soy la vid y ustedes los sarmientos".

Cultivamos la conciencia y la aptitud en nuestros hijos al exponerlos, es decir, al llenar la vida de nuestros hijos con símbolos plenos, relatos, música, imágenes y todo el amor abnegado que podemos reunir. El primer paso importante es acrecentar nuestra propia conciencia y sensibilidad sobre muchos tiempos, lugares, objetos y rituales. Estas son algunas ideas que yo he ido recogiendo a partir de mi propia experiencia y de lo que he escrito en el boletín de espiritualidad familiar para padres de familia.

## TIEMPO SAGRADO

Hay algo mágico en el tiempo. Cambia la forma y la experiencia a la velocidad de la luz. Cuando te encuentras cansado sientes un minuto como una eternidad, como si el tiempo caminara fatigosamente, como si marcharas con el fango a la altura de tus rodillas. El próximo minuto, el tiempo pasa corriendo, lleno de excitación. Algo nuevo e interesante está ocurriendo cada segundo. Y quizás la única cosa que ha cambiado es lo que está sucediendo en tu propia mente.

El tiempo es relativo. Una madre y un hijo viven el mismo período de tiempo entre el 20 de diciembre y la mañana del día de Navidad. Sin embargo el niño siente que el tiempo está arrastrándose y que la Navidad nunca llegará, mientras que la mamá siente pánico de que el tiempo vuele tan rápido, de modo que no alcance a terminar todo lo necesario antes del día de la Navidad. Y a pesar de todos los intentos que hagamos en nuestra vida mortal, nunca podremos capturar el tiempo, ni escapar a él.

"Ahora es el tiempo aceptable", dice el Señor. El tiempo aceptable, ¿para qué? Para vivir. Para existir. Para establecer contacto con el Dios que nos ama y que llena este momento con su vida divina. Nuestra lección es aprender a estar donde debemos estar y hacer lo que debemos hacer. Por esa razón la meditación es tan provechosa y difícil. En la meditación, tratamos de estar simplemente en la presencia del amor extraordinario de Dios. Cuando hicimos el primer intento, pronto nos dimos cuenta de que raramente vivimos el momento presente. Estamos preocupados por lo que va venir, las mensualidades del carro, o si el sistema de calefacción durará hasta el próximo invierno. Estamos preocupados de lo que irá a hacer Luis Alberto en la exposición de física y química del próximo mes, o pensando si Susana volverá a ser amiga de Beatriz. Sentimos como punzadas los recuerdos de nuestros errores garrafales, y de forma cruel e incesante los reproducimos en el teatro de nuestra mente. Estamos en todas partes, menos *aquí*.

Una ventaja que implica considerar la vida familiar como un camino espiritual es que es una invitación constante para vivir el presente, para ocuparnos del *ahora*, el *aquí* y el *presente*. La vida familiar puede ser una serie de distracciones interminables o puede ser una oportunidad constante para vivir el momento presente. Podemos responder a ese desafío −siendo conscientes de quiénes somos, dónde estamos, qué estamos haciendo y sobre todo, sabiendo que estamos abiertos a la presencia de Dios en el aquí y el ahora.

Existe una historia acerca de Buda que encaja dentro de cualquier tradición espiritual. Buda fue interrogado sobre si él era profeta.

"No, no soy profeta". Respondió.

"Entonces, ¿eres Dios?"

"No, no soy Dios".

"¿Eres un santo?"

"No, no soy un santo".

"Entonces, ¿quién eres?"

"Estoy despierto".

Nuestro objetivo principal es estar despiertos a la nueva realidad debajo de la realidad que estamos acostumbrados a percibir. Una vez que despertamos a la nueva realidad, entendemos que tenemos todo lo que necesitamos y que todo el tiempo que existe es para que nunca nos separemos del amor de Dios. Este despertar supone práctica. Podemos conseguirla en un momento y perderla en el siguiente. Así sucede. Esa es la vida de los seres humanos. Sin embargo, cuando la vida se despliega dentro de nuestra familia, podemos practicar el conocimiento y la toma de conciencia. Podemos poner atención y estar alertas a las pistas de la nueva realidad, y podemos estar despiertos para ver los milagros que acontecen.

# Manos *a la obra* 4

*Cómo lograr que su familia aprenda a descubrir el tiempo sagrado*

Enseñen a sus hijos a que comiencen el día con una oración. El ofrecimiento del día es una buena oración que podrían enseñarles. Yo aprendí esta oración en mis primeros años. Siempre había una copia de esa oración sobre el espejo del baño.

Oh Jesús, a través del inmaculado corazón de María, te ofrezco mis oraciones, trabajos, alegrías y sufrimientos del día por todas las intenciones del Sagrado Corazón, en unión con toda la Iglesia Católica, a través del mundo y en la comunión de los santos.

Otra oración que pueden tener en cuenta es la siguiente:

Jesús, hermano mío, te estoy agradecido por el regalo del día de hoy. Te ofrezco todo lo que haré en este día: mi trabajo y mis juegos, mis derrotas y mis triunfos, mis penas y alegrías. Todas te pertenecen. Ayúdame a vivir en paz con mis hermanos y hermanas aquí y en todo el mundo. Ayúdame a crecer más unido a ti y a darte gracias cuando llegue la tarde. Amén.

Coloquen un calendario con el santoral de cada día sobre la mesa donde desayunan. Podrían adquirir un bonito calendario, que tenga algún mensaje breve acerca del santo que se festeje ese día, o podrían conseguir *Una vida de los santos* para la familia. La lectura de un pasaje diario dará la oportunidad de enseñarle a sus hijos lecciones importantes acerca de los santos, cuyo ejemplo podrían imitar, y también les podría ayudar a descubrir el valor y el sentido que tienen los tiempos actuales.

Hagan de la noche del sábado algo especial. Como la semana pasa del trabajo acostumbrado a la experiencia del descanso prometido, en razón de la observancia del Sabbath, denle un sello especial a ese día, ayudando a sus hijos a cambiar de ritmo. Un amigo me decía, "Yo recuerdo que el sábado por la noche se convertía en algo especial, a partir de que nos invitaban a que dejáramos el juego y nos diéramos un baño. Cada uno nos bañábamos, y salíamos chorreando, para jugar un juego de mesa o ver una película familiar de la época. En esa noche teníamos permiso de beber refresco y comer palomitas de maíz. Parecía como si la semana hubiera cambiado repentinamente, el tiempo transcurría despacio y dejaba de existir el ruido del exterior, y todos disfrutábamos de él como de un tiempo especial para toda la familia. Y así cuando llegaba la mañana del domingo, parecía que nuestra mente estaba dispuesta para ir a la Iglesia. No siempre queríamos ir, pero nos parecía que era la continuación de la originalidad de la noche anterior.

Tal vez podrían preparar a su familia para que le resultara más natural la salida a la iglesia, haciendo que las horas previas transcurrieran de otra manera. Sus hábitos y tradiciones pueden crear un atmósfera, tratando de hacer de este tiempo algo especial, distinto del tiempo normal. No existe fórmula alguna. Descubran alguna rutina que les funcione y traten de ponerla en práctica de forma constante.

# Conviertan las celebraciones de cumpleaños en algo especial.

Una de las historias más tristes que jamás haya escuchado fue una ocasión en que mi amigo Kevin había cumplido sus 15 años y estaba terminando de preparar el pastel para el día de su cumpleaños. Todo mundo se había marchado o lo había olvidado. Celebrar el nacimiento de una persona es una forma básica de transmitir la sacralidad del tiempo. La vida puede ser caótica. Es comprensible que un padre de familia pueda estar tan abrumado por las exigencias de la vida que simplemente pase por alto el cumpleaños de su hijo. También puede ocurrir, que muchos padres de familia aprovechen la ocasión para competir "a ver quién es capaz de hacer la fiesta más emocionante y divertida", aprovechando el evento para acrecentar su propia imagen, en lugar de usarlo para expresar un aprecio cariñoso al hijo que nació ese día en sus vidas. Fíjense siempre en lo importante. El aspecto básico de la celebración es comunicarle a su hijo cuanto lo quieren, y en este caso, las cosas sencillas son mejores que las rebuscadas; esto, cuando se comunican por medio de "cosas".

Encuentren un momento en cada cumpleaños para sentarse en compañía de su hijo y compartirle un mensaje especial de parte suya. Podrían decirle algo sobre el día en que él o ella naciera, o decirle cuánto habían deseado que naciera. Podrían mencionarle dos o tres rasgos de su vida que los llenaron de alegría. Si hacen esto al comienzo del día, les aseguro que el resto del día transcurrirá de maravilla.

**Celebren** de alguna manera la noche previa al comienzo del período escolar. Cada que ocurran cambios de una estación a otra, de un estilo de vida a otro, es muy sabio resaltarlos con una celebración apropiada. Algunos eventos merecen una fiesta, para otros basta con estar juntos un momento. La noche anterior al comienzo del período escolar puede ser un momento de ansiedad, podrían ayudar a sus hijos a que estén mentalmente bien preparados, acompañándolos durante ese momento de transición.

Una familia que conozco dedicaba la noche previa al inicio de clases para contar historias. Cada persona tenía que referir al menos una historia acerca de lo que él o ella habían vivido el año anterior, o algo acerca de su familia. Algunas historias eran divertidas, otras conmovedoras. Pero es una oportunidad de consolidar las relaciones y mantenerse fuertes antes de comenzar la aventura de un nuevo año escolar. Permitan que todo mundo se tranquilice y que cambie de ritmo, dejando a un lado la forma de vivir propia del verano. El comienzo del período escolar es un asunto importante y si toman las medidas apropiadas, ayudarán a sus hijos a darse cuenta de que no están solos.

**Celebren** las festividades y festejos propios de cada comunidad étnica, aún cuando no pertenezcan a dicho grupo. Mi suegra es alemana y siempre hacía el trébol en forma de panqué para sus hijos el día de la fiesta de san Patricio. Toda la gente de mi vecindario iba a la comida del día de san José, aun cuando no fueran italianos o polacos. El creciente número de hispanos en USA está enriqueciendo nuestra cultura con las tradicionales fiestas de Nuestra Señora de Guadalupe, Nuestra Señora de la Caridad, las Posadas (una representación de José y María buscando dónde pasar la noche en Belén), y miles de personas la celebran a lo largo del año. Enciendan velas el día de santa Lucía (diciembre 13), patrona de la luz y la visión. Investiguen cuál el santo patrono de su profesión o de su país de origen y hagan una fiesta ese día. Existen incontables maneras de sazonar el calendario con celebraciones especiales. Esas celebraciones comunican, sin necesidad de palabras, que todos los días son especiales. Todo el año está bañado de santidad.

# Celebren el día de muertos.

En las comunidades hispanas, sobre todo las mexicanas, celebran con toda la Iglesia el Día de los muertos, pero lo hacen no sólo recordando a quienes ya son parte de la Iglesia triunfante o purgante, sino que continúan celebrando su presencia en medio de ellos. Por medio de altares decorados con imágenes de Cristo, y la Santísima Virgen María, los hispanos añaden a su altar la bebida favorita del difunto (a), así como algunas de sus comidas favoritas. Los adornos florales y de papel picado son sumamente hermosos, además de la vigilia de oración que pasan junto al altar para recordar la vida de sus muertos, cuya vida aun siguen celebrando.

# Aprovechen mejor

el tiempo que pasan juntos en el automóvil. En estos tiempos, tienen más oportunidad de ver a sus hijos en el auto que en la casa. Háganle a sus hijos un favor y a ustedes mismos, y absténgase de hacer preguntas en el carro. Cierto tipo de preguntas, como: "¿a qué horas estarás en casa?", "¿hiciste la tarea?", "¿te acordaste de recoger la forma que necesitas llenar?". En lugar de hacer ese cuestionario, siéntate y escucha. Tal vez tus hijos no hablen contigo, especialmente si en

el carro van también sus amigos. Sin embargo, algo podrás aprender de ellos. Simula que eres un chofer distraído y escucharás un montón de cosas.

Sin embargo, si estás a solas con tus hijos, deja que tomen la iniciativa. Ustedes podrían hacerle una pregunta general: ¿tienen en mente algunas preguntas acerca de la vida?, "¿hay algo que quisieran decirme, si les prometo que no haré un escándalo? En seguida, siéntense y escúchenlos. Su actitud receptiva hará que sus hijos se abran. Sus hijos necesitan y quieren controlar el flujo de información acerca de ellos. Todos lo hacemos. En la medida que sepan escuchar, más se podrán informar y estarán más cercanos a ellos.

De vez en cuando, ¿no sería conveniente que apagaran el radio y cantaran juntos en el carro? De pronto sus hijos podrán negarse, pero en cuanto comiencen a hacerlo lograrán divertirse. Canten melodías de algún programa conocido, canciones populares, cantos propios de los campamentos, o himnos que se usen en la liturgia dominical. Está garantizado que hasta un viaje al dentista resultará algo sencillo.

Y cuando dos o más estén reunidos, aunque sea un minuto, Cristo mismo podrá interrumpirlos.

## OBJETOS Y LUGARES SAGRADOS

Desde las más antiguas civilizaciones, los seres humanos han separado ciertos lugares como espacios sagrados. Las pirámides, las ruinas antiguas, los santuarios y catedrales conservan un lugar especial en nuestra mente. Los peregrinos viajan a Tierra Santa para caminar por donde Jesús caminó, para contemplar el sitio donde nació, para tocar con sus manos los árboles de olivo, que podrían estar en pie, cuando oraba en el jardín, y para visitar el Santo Sepulcro donde depositaron su cuerpo.

El visitar nuevamente tu antiguo barrio, te transporta a un tiempo, un lugar y una realidad diferente. En el presente tenemos lugares sagrados en nuestra casa. Puede que sea el pasillo, o bien, la terraza donde la familia se sienta durante las tardes a gozar de una taza de café o a dialogar sobre los eventos de la jornada, o bien, simplemente para sentirse cómodos en la unidad que les habla del amor de Dios. Tal vez es la mesa del comedor, donde se reúnen en las ocasiones especiales y en los días festivos, donde el abuelo y la abuela se sientan como huéspedes distinguidos y el cuarto está rodeado de tíos, tías, primos y parientes lejanos que se sienten en familia con ustedes.

En nuestra casa, es nuestra silla dorada. Es una silla gastada y maltratada, de la cual jamás nos separaremos. Kathleen y yo la compramos cuando estábamos recién casados y no teníamos un centavo a nuestro nombre. Si el manejo inteligente del dinero fuera el único criterio para comprar muebles, habría que decir que no la compramos por negocio. Sin embargo, la silla llegó a ser una inversión en nuestra vida familiar, se convirtió en una especie de ancla para nosotros, puesto que nos ha mantenido solidamente unidos a nuestros valores, y se ha convertido en algo muy significativo.

Es la silla que compramos para la casa de nuestras hijas, fue el lugar donde comieron, se balancearon, se sostuvieron, cuchichearon, se consolaron y jugaron. La conservamos no solamente por nuestras hijas, sino también para otras niñas que vendrán a visitarnos a nuestra casa. Se ha convertido en la silla donde sentamos al huésped distinguido. Y durante los años que nos reunimos con un grupo parroquial donde compartíamos la fe, tenía un carácter especial.

Después de que el grupo había celebrado varios encuentros durante meses, alguien comentó que parecía que cualquiera que se sentara en la silla dorada terminaría llorando o desahogándose totalmente ante el grupo. Se convirtió en una broma constante. Algunas ocasiones, cuando llegaban los invitados, alguien del grupo se iba directamente hacia la silla, comentando "tuve una semana infernal, me toca mi turno en la silla". La silla vino a simbolizar lo mejor para el grupo. En sus brazos confortables, las personas se sentían bastante libres para compartir sus preocupaciones, quejas y sus historias tristes, sabiendo que serían amablemente acogidas con compasión, fe, esperanza y amor.

Tener el sentido de lo sagrado va en contra de la obsesión actual de deshacerse de todas las cosas al momento que dan muestras de estar usadas, o cuando recibimos la primera noticia de que se está comprando un producto más nuevo.

## RITUALES SAGRADOS

No piensen que un ritual es necesariamente algo santo, solemne o formal. Los rituales pueden convertirse en las principales tradiciones familiares, o llegan a alcanzar el estatus de las "costumbres que nos identifican". Un ritual, puede ser algo tan sencillo, como salir a la misma ventana cada mañana y saludar a los pájaros reunidos en su comedero, o puede ser el compromiso de realizar de mejor manera la fiesta del Día de Acción de Gracias. Pueden parecer demasiado mundanos, sin embargo, los rituales son las acciones o hábitos a los que regresamos para que le den forma, sentido y razón de ser a nuestra vida.

# Manos *a la obra* <sup>5</sup>

## *Cómo acrecentar el sentido de lo sagrado en su familia*

Adornen la casa con objetos que reflejen sus creencias y valores tanto los estrictamente religiosos como los intrínsecos. Si personas extrañas caminan por su casa, ¿se darán cuenta de que ustedes son discípulos de Jesús? ¿Sabrán cuáles son los valores que tienen? A este propósito seleccionen obras de arte y adornos que comuniquen sus creencias y valores. Estos objetos hablaran claramente a sus hijos, y esos objetos conservarán su poder a través de la vida de sus hijos.

Ayuden a sus hijos a seleccionar los símbolos religiosos para su cuarto. Puede ser una imagen de su santo patrono, un banderín o un cartel con un mensaje entusiasta, una imagen de san Francisco de Asís, o una copia de la magnífica oración que se le atribuye. Cada niño deberá tener una copia de la Biblia propia para su edad. Jesús como buen pastor es alguien favorito para los niños más pequeños. Consigan un buen catálogo de arte religioso o visiten una tienda de artículos religiosos con cada hijo y seleccionen uno o dos para cada hijo. Arnold Schwarzenegger no es el único héroe de pacotilla al que le pertenecen las paredes del cuarto de sus hijos.

Creen un espacio tranquilo o escojan un cuarto de su casa, donde no existan las distracciones ni el ruido del televisor. Puede servir para que los hijos hagan su tarea, o puede funcionar como un sitio donde puedan sostener conversaciones importantes, simplemente para reflexionar o para soñar un poco. Un lugar relativamente tranquilo, en medio del ruido de la vida moderna bien puede funcionar como un lugar sagrado.

Dejen que la puerta del refrigerador les predique sus valores. Coloquen ahí retratos de sus hijos, de amigos de la familia, estampas religiosos que conmemoren a los parientes difuntos, fotos de los niños que apadrinan a través de instituciones caritativas, recortes de textos que consideren inspiradores, o un lema que quieran poner en practica, o la oración favorita de la familia. Todas las cosas que coloquen sobre la puerta del refrigerador tendrán un espacio en el subconsciente de su hijo. Utilicen sabiamente dicho espacio.

# Amplíen el sentido de

familia. En una ocasión ordenamos un calendario de la UNICEF que estaba enfocado en la presentación de fotografías imponentes de niños de todas partes del mundo. Cada mes nuestros hijos se encontraban a través de las fotos con niños de otras culturas. Podíamos hablar de aquel país, de sus características, de lo que conocíamos de su cultura y sus desafíos. Pienso que nuestras hijas desarrollaron un sentido de la hermandad con todas las personas del mundo. Frecuentemente nuestros hijos no tienen oportunidad de conocer directamente a personas de otras culturas. Es la única forma de suscitar en ellos la conciencia de todas las culturas que hay en el mundo.

Sus hijos se asomarán (en algunos casos lograrán conocer muy bien) a otras culturas, cuando invitan a personas de diferentes culturas o grupos étnicos a su casa. Uno de los mayores escándalos de nuestra época es la división entre los pueblos. Ustedes mismos pueden ser parte del problema o parte de la solución. En gran parte el problema se debe al aislamiento. Nuestros hijos se enfrentarán con desafíos crecientes y podrán encontrar una forma de vivir con diferentes culturas en un mundo que cada vez se hace más pequeño. Ellos saldrán adelante más fácilmente si desde temprana hora los ayudaron a descubrir todas las razas que formamos el género humano.

Uno de los valores de los rituales es que pueden ayudarnos a recuperar nuestra identidad cuando estamos a punto de extraviarnos. Un amigo me decía que él tenía un problema con su hija preadolescente. En los años anteriores habían estado muy unidos, pero últimamente ella parecía encontrar algún error en todo lo que él decía, y rara vez tenía tiempo para estar con él o para descansar con la familia. Se encontraba preocupado porque su hija se estaba retirándose y pensaba que la perdería. Extrañaba especialmente los momentos en que todos estaban fuera de casa, y ellos dos hacían palomitas de maíz y veían juntos los *"Los tres chiflados"*. Él se reía todavía cuando recordaba la manera en que imitaban a Curly y sus sonidos: nyuk, nyuk, nyuk.

Un día lluvioso el noticiero matutino anunciaba que a lo largo del día estarían transmitiendo exclusivamente películas protagonizadas por los "Los tres chiflados". Mi amigo estaba nervioso pero aun así aprovechó la oportunidad. Desde las escaleras llamó al cuarto de su hija y le dijo sobre el festival de cine. Tomó valor y añadió "Querida, me gustaría que pudiéramos verlas juntos nuevamente".

Sobrevino lo que consideró una enorme pausa. Entonces escuchó una voz muy madura que preguntaba, "¿a quién le toca preparar las palomitas, a ti o a mí?". El haber dedicado toda la tarde sentados en el sofá, viendo cómo los tres chiflados se daban de codazos, sirvió para que padre e hija descubrieran, luego de un largo tiempo, que los días difíciles de la adolescencia habían llegado.

Kathleen O'Connell-Chesto autora y experta en asuntos de la fe y la familia, dijo a los editores de *U.S. Catholic* acerca de la reciente investigación sobre el valor del ritual:

> Los esposos Wolins forman parte del equipo de la Universidad George Washington e hicieron un estudio sobre las familias alcohólicas, particularmente, sobre aquellas familias que consiguieron que el alcoholismo no se transmitiera a la tercera generación. La única explicación que encontraron para explicar el "éxito" de esas familias fue que todas tenían rituales en común —les recordaban que los rituales habían protegido a sus familias. Los Wolins sugieren que los rituales logran que las familias estén seguras y les dan un sentido de pertenencia e identidad.

¿Cuál ritual en particular? Decía Kathleen O'Connell-Chesto que "mencionaban de manera particular los rituales para la hora de dormir, de comer, y durante las vacaciones".

Tengo la experiencia de que algunos rituales pueden mantener conectada a la familia. Mis padres tenían una cabaña cerca de un pequeño lago en el Estado de Michigan. Nos encantaba ir para allá, y normalmente pasábamos una semana durante el verano. Hace años, cuando los niños eran más pequeños y jugábamos en la arena cerca de la orilla, los niños estaban cansados, así que nos inventamos un juego. Una persona tenía que pensar en una situación cómica de la TV y describir los personajes principales y su relación con la familia. Por ejemplo: "Hay un papá, una mamá, dos hermanas mayores, un hijo y dos hijas menores". Si es necesario, les dan más pistas. ¿Cuál es la respuesta? *El Show de Bill Cosby* (en su versión original). Quien adivine la pregunta, tiene la oportunidad de poner la siguiente adivinanza.

Efectivamente, el último verano estábamos allá flotando en medio del lago sobre las balsas y con las cámaras salvavidas, y sin ninguna advertencia previa, retomamos el juego donde lo habíamos dejado en el verano anterior —y todo mundo se unió sin ninguna dificultad.

Jugamos ese juego en el lago, y cada vez que estamos allá lo volvemos a jugar. Es nuestro juego, es algo especial para nosotros y los huéspedes que nos acompañan. ¿Es un juego tonto? Sí. Sin embargo, ¿es sagrado? Solamente si el contacto familiar es algo sagrado. Para responder esta pregunta, sólo necesito pensar en las horas doradas, bajo la luz del sol que transcurríamos con mis hijas, quienes estaban atravesando los vaivenes de la adolescencia, y trataban de encontrar su camino en la vida. Pienso que si jugáramos el juego que habíamos jugado hace años, seríamos capaces de regresar a un lugar donde nos sentíamos seguros y donde nos encontrábamos unos con otros. Sí, es algo sagrado.

# Manos *a la obra* 6

*Cómo construir a partir de los rituales existentes*

Hagan algo especial durante el Adviento. Celebren las Posadas, las Parrandas, los Pollos, rompan piñatas, canten sus propios villancicos según su tradición popular, celebren el Adviento con otros grupos étnicos. Inclusive, preparen una corona de Adviento, y únanse a los antiguos escandinavos que vieron en este símbolo no sólo la presencia de Cristo, sino también su victoria sobre la muerte. Esta es una práctica muy eficaz. En la oscuridad de diciembre, comenzarán el ritual, mientras oscurecen el interior de su casa, enciendan una vela y unan sus voces para cantar: "Ven Señor no tardes". Enciendan una vela por semana, y vean cómo la luz va extendiéndose alrededor de su mesa, y en su propia vida. ¡Sean transmisores de esa luz!

Consigan un calendario litúrgico de manera que sus hijos puedan concentrase en la preparación de los días previos a la venida de Jesús en Navidad. Los hay muy accesibles (algunos muy baratos) en la mayoría de las tiendas donde venden tarjetas, cadenas de farmacias o en las librerías religiosas. La apertura de una puerta aumenta la esperanza y la conciencia de que la vida es la búsqueda del misterio, o con palabras de Mary Jo Pedersen, "existe más vida que la que descubren los ojos".

Encarguen a sus hijos la preparación del nacimiento. Si presienten que van a reñir por ese motivo, cómprenle uno a cada hijo. Los conocedores dicen que San Francisco de Asís reevangelizó Europa al introducir la costumbre de los nacimientos, como una ayuda para el culto y un medio de enseñanza. Esto también puede funcionar con sus hijos. (Por otro lado no tienen qué preocuparse de que dichas representaciones vayan a llenar la mente de sus hijos con mensajes violentos o sexistas).

También pueden realizar algo semejante en otros momentos del año, como la Cuaresma, la Pascua y el día de Acción de Gracias, eso le dará plenitud a todo el año, y hará que la fe sea más significativa para nuestra época.

Den a cada hijo una gran despedida. Hagan que su familia se acostumbre a bendecir a sus hijos a lo hora de entrar o salir. Este ritual se practica en la mayoría de los hogares hispanos. Hagan un señal de la cruz sobre la frente de sus hijos cuando salgan a la escuela o a jugar, así le comunicarán su confianza en que permanecerá seguro durante todo el día bajo la mirada de Dios.

Hay evidencias de que tales saludos sirven para acrecentar la cercanía y la satisfacción en la familia. Al escribir Martín E. Marty en *Context,* un boletín sobre religión y cultura, historia de la Iglesia, reportaba acerca de un estudio que se le había aplicado a las parejas para preguntarles cuáles hábitos habían acrecentado su intimidad. "Entre todas las variables que arrojó el estudio en dichas parejas, sobresalían los rituales íntimos", escribía el Rev. Paul Bosch. "¿Acostumbraba la pareja abrasarse y besarse durante la mañana, al despedirse en la puerta, antes de separarse para ir al trabajo o no?". Las parejas que reportaban tener la costumbre de darse un beso, eran más felices, más estables y sus matrimonios eran más plenos que las parejas que no lo hacían.

Quizás no es sorprendente, como añadía Bosch, "que cualquier cosa que hagan repetidamente, una y otra vez, tendrá el poder de afectar su carácter. Sin embargo la verdadera sorpresa, era que parecía insignificante que la pareja tuviera o no esa intención.

"Un simple beso sobre la mejilla es suficiente para marcar una gran diferencia en la calidad de la relación".

Esto es algo que debe hacerlos reflexionar cuando sus hijos les dicen que no quieren ir a la iglesia, porque no les sirve de nada. O cuando dicen que no quieren unir sus manos para dar gracias antes de comer, o cuando quieren salir de casa furtivamente, para que no les den la bendición. La acción misma nos afecta y mejora la calidad de nuestras relaciones.

Los gestos tienen poder por sí mismos. Hagan el esfuerzo, y los rituales de su vida los modificarán, los cambiarán y transformarán. Y también modificarán a sus hijos.

Den las buenas noches a sus hijos e hijas. Los rituales para el momento de irse a dormir tienen una enorme importancia para mantener sanas las relaciones con sus hijos. Decir "te quiero" antes de que el hijo se vaya a la cama, calará hondamente en los niños pequeños, o pasar un momento en contacto con los hijos mayores, es uno de los rituales más fuertes que favorecen la sensación de bienestar en sus hijos.

Es muy importante que cuando crezcan sus hijos, sustituyan los viejos rituales por otros nuevos. Ciertamente su hijo no querrá que le sigan leyendo el cuento de pinocho o que le canten cada noche la misma canción. Sería mejor que dedicarán unos minutos para decirle, "Cuando termina el día, siempre

doy gracias a Dios por ser tu papá (o
tu mamá)", es una forma apropiada
a la edad, para allanar el paso de la
vigilia al sueño, y del día a la oscuridad
de la noche. Utilicen su imaginación
y su conocimiento de cada hijo en
particular, para que el ritual practicado
a la hora de acostarse, sea algo que
produzca confianza y cercanía.

## Compartan los alimentos

como familia. Tal vez no existe otro ritual
más fuerte y contundente en el desarrollo
de la capacidad espiritual de sus hijos
que las comidas familiares. "¿Cómo
enseñarles la naturaleza de la Eucaristía
como comida a unas familias que jamás
cenan juntas?", preguntaba el padre
Andrew Ciferni, O.Praem. Es tan sencillo
como esto: Hagan el compromiso de
sentarse para cenar juntos por lo menos
5 días a la semana. Habrá días en que
sus programas se compliquen, pero ¿qué
puede ser más importante en la vida
de sus hijos, que darles la seguridad
de que tienen un lugar en el mundo?

Los rituales no son mágicos, los
objetos sagrados no son un fin en sí
mismos. Quienes vivan en armonía con
los símbolos de la vida diaria, saben
que esos rituales y objetos representan
algo real: la profundidad del amor
de una persona por otra, el sentido
de comunidad, la presencia de Dios.
Estos funcionan como canales de
gracia. En la medida que nosotros y
nuestros hijos estemos en armonía con
ellos, más sensibles seremos a la vida
y el amor de Dios que nos rodean.

# Una mirada cercana

# La fuerza sorprendente
# de los rituales

Recibí una gran lección sobre los rituales en una Misa reciente el Jueves Santo. Después de que nuestro párroco lavó los pies de doce miembros de la parroquia de todas las edades, el resto de la comunidad fue invitada a pasar al altar. El pastor y los acompañantes estaban lavando las manos de cada uno de los feligreses con agua perfumada con unas gotitas del aceite usado para la unción bautismal. La iglesia estaba repleta, y lentamente las personas caminaban en fila hacia delante. Cuando llegabas al frente mojabas los dedos de tu mano en una honda taza de porcelana llena con agua fría. El sacerdote lavaba tus manos y te deseaba la paz. Luego de que tus manos eran lavadas, te volteabas hacia la persona que iba delante de ti, quien tomaba una suave toalla y secaba tus manos. En seguida, tomabas la toalla y esperabas para secar las manos de la persona que venía detrás de ti.

La amabilidad que mostraba la gente —un hombre secaba con enorme ternura las manos artríticas de su esposa— era suficiente para cambiar los corazones de piedra en corazones de carne. Una madre secaba las delgadas manos de su hija, las tiernas manos de la hija secaron con mucha seguridad las toscas manos de mecánico de su padre. Cuando estuve más cerca, me sentí bañado por la luz, la luz del amor de Dios. Me sorprendí por la larga procesión de personas dispuestas a dejarse querer de esa forma, a abrir sus vidas, aunque fuera de esa sencilla forma, a los demás. El coro cantaba alternadamente cantos en español y en inglés; todos buscábamos alguna manera de mejorar. Algunas veces las cosas funcionan bien, otras ocasiones somos malinterpretados y lastimamos a los demás. Esto no es novedad en las parroquias. Pero en esa fila vi a las personas que desde hacía tiempo eran los pilares de la iglesia, secando las manos de los recién llegados que decían su oración en una lengua extraña. Y vi a los inmigrantes recién venidos, secando las manos de mujeres cuyos rostros —casi siempre endurecidos por mantener el ceño fruncido— eran amables, y que daban gracias con sus labios y con sus ojos.

Esto no significa dejarse arrastrar por una emoción superficial. Aún cuando la experiencia comience de esa manera, se va transformando. El miedo es la primera víctima y pronto desaparece. La cautela también desaparece. La música nos invita y nos une. Unos ojos encuentran a otros, unas manos tocan otras manos. Por un momento tiramos nuestras fatigosas cargas y reconocemos nuestra mutua humanidad. El agua no solamente lava el polvo, sino también el recelo, la sospecha y todo lo que nos separa.

Una piedra de tropiezo para muchas gentes parece ser la incapacidad de imaginar que tales acciones mundanas –secar las manos de otros, cantar y orar en la lengua del extranjero, sonreír con calidez y apertura– puedan ser santas. Lo mismo sucede con las acciones diarias de nuestra vida familiar. La gente sospecha que si lo que hacen en su casa es sagrado, piensan incluso que están encontrándose realmente a Dios. Eso disminuye su sentido de santidad. No deben verlo de esa manera.

Sin embargo, viendo claramente las cosas, todas las actividades diarias se convierten en revelaciones. Recuerden la parábola donde la gente preguntaba, "¿Cuándo te vimos hambriento, Señor?", "¿cuándo te vimos sediento?".

Jesús replicaba, "cada vez que alimentaron al hambriento o dieron de beber al sediento, lo hicieron conmigo". Y ¿cuál padre de familia no ha alimentado al hambriento, vestido al desnudo, dado de beber al sediento? ¿Cuál mamá o papá no ha cuidado del enfermo, visitándolo aún en la prisión –yendo algunas veces a una cárcel verdadera, otras veces atrapados en la prisión del temor, la preocupación, la timidez, o las burlas de los compañeros de escuela, o algo parecido? ¿Cuándo te vimos Señor?

"Donde quiera que hayan hecho estas cosas por el menor de mis hermanos o hermanas, lo hicieron conmigo". ¡Ah! entonces, sí.

Y el asunto no es solamente hacer cosas difíciles para reunir puntos en nustro marcador celestial. Dentro de esas mismas actividades, encontramos la experiencia de alimentar a Jesús (lo cual es una gran ironía porque él fue quien se convirtió en alimento para ser así alimento para el mundo, y fue quien se dio a sí mismo para nosotros en la Eucaristía), de vestir a Jesús, de encontrar a Jesús.

Este es un misterio, esta es una paradoja. De eso hablaremos en el siguiente capítulo.

*Mi paz les dejo, mi paz les doy.*
*No se las doy como la da el mundo.*

JESUCRISTO (JUAN 14:27)

# CAPÍTULO SEIS

# Paraíso y paradoja

## *Ayudando a los hijos a asimilar las nociones de la fe*

Tenía cerca de once años cuando escuché por primera vez el hermoso himno usado para la conclusión del rito de funeral: "Puedan los ángeles conducirte al paraíso; puedan los mártires venir a recibirte y te conduzcan a la ciudad santa". Como acólito afrontaba la delicada tarea de ayudar en el rito del funeral, me consolé acariciando la idea que una guardia angélica escoltaba cariñosamente a quien había partido camino del cielo. Tomé prestada (y adapté) la frase para introducir este capítulo sobre la paradoja como parte del camino espiritual. Creo que esta es un área del desarrollo espiritual donde necesitamos ser guiados, en lugar de llevar audazmente la carga apoyados en nuestras propias fuerzas.

Cuando nuestros hijos dominan conceptos nuevos de Matemáticas, Historia o Geografía decimos que han captado el concepto. Sin embargo en el mundo del desarrollo espiritual, saben que no se trata de sujetar o aferrar algo. De hecho, el proceso de crecimiento en el Espíritu es algo que tiene que ver más con la apertura que con la cerrazón, se trata más bien de ser atrapado, que de atrapar. Si quieren que sus hijos desarrollen una vida espiritual, será bueno suscitarles el apetito del misterio y la paradoja.

Jesús dedicó buena parte de su tiempo y sus energías a tratar de ayudar a sus seguidores a descubrir la realidad más profunda que yacía bajo la superficie. Él realizó esto contando historias en las cuales las conclusiones obvias aparecían trastornadas: los primeros se convierten en últimos, los últimos son recibidos como los primeros. El odiado extranjero se convierte en el auténtico prójimo. Los importantes y poderosos no son admitidos a la fiesta, pero los pobres y marginados son acogidos gustosamente. El grano de trigo debe morir antes de que produzca fruto.

En la visión de Jesús, en vistas a conseguir cualquier progreso espiritualmente auténtico, necesitarán asumir la extraña lógica de la paradoja. Necesitan estar dispuestos y ser capaces de aceptar el misterio, sin tratar de forzar las cosas, para que surja una respuesta sencilla. Necesitan permanecer abiertos a la posibilidad de una nueva sabiduría. Quien, de frente a la paradoja, trata de ver las cosas en perspectiva de blanco y negro, puede caer en el fundamentalismo o el legalismo. La necesidad de conseguir una certeza, puede conducirnos a encerrar a Dios en un estereotipo (o a clavar a Jesús en la cruz).

El mensaje de Jesús tiene naturalmente más atractivo para los descastados y oprimidos que para los santurrones que se desviven por exhibir su bondad. Los que están en la cima de la escala social no están ansiosos de escuchar la verdad evangélica: hay que entregarse para alcanzar la victoria. O que es a partir del conocimiento de nuestra debilidad que quedamos fortificados con la fuerza que viene de lo alto.

Desde la pura visión humana, lo que ves es lo que ocurre. Existe cierta lógica obvia en eso. Si quieren ser financieramente exitosos, tendrán que acumular todo el dinero que puedan. Pero en el mundo del Espíritu, funciona una lógica diferente. "El que quiera ser el primero entre ustedes, deberá ser el último". En el mundo humano, quien tiene autoridad sobre los demás, utiliza el poder como un adorno. En el mundo del Espíritu, Jesús diseñó otro tipo de perfil para los líderes. Él se puso de rodillas y lavó los pies de sus seguidores, diciendo, "Esta es la manera como se servirán unos a otros".

La lista de paradojas en el evangelio es notable. Por ejemplo:

- El primero deberá ser último, el último deberá ser primero.

- Debemos rendirnos a fin de conseguir la victoria.
- Bienaventurados los que lloran (todas las bienaventuranzas son paradojas).
- Si el grano de trigo no cae en tierra, no producirá fruto.
- Para alcanzar la felicidad plena, debemos hacernos como niños.
- Para encontrarnos a nosotros mismos, debemos olvidarnos de nosotros.
- Alcanzaremos la felicidad personal cuando nos ocupemos del bienestar de los demás.
- Nuestra debilidad puede ser fuente de una gran fortaleza.
- Es a través de la muerte que nacemos a la vida eterna.

En el mundo del Espíritu, es el camino hacia el crecimiento. La paradoja no es tanto algo que tienes que aprender, sino algo a lo que tienes que ser introducido. Es como las habilidades más exquisitas para tallar la madera o para preparar unos sabrosos hojaldres; vivir con la paradoja no es una habilidad que hay que aprender de memoria. Aprendemos a vivir con la paradoja como si fuéramos aprendices que asimilamos lecciones.

Si nuestros hijos no asimilan el sentido de lo paradójico, solamente conocerán la vida de manera superficial. No apreciarán la profundidad y la paz que da Jesús, a lo sumo, solamente tendrán la experiencia de la tranquilidad evasiva que el mundo promete.

## LA CUARESMA: UN TIEMPO OPORTUNO PARA REVISAR SU PROPIA VISIÓN

Encontrarán numerosas oportunidades para iniciar a sus hijos en el mundo de la paradoja y el conocimiento espiritual a lo largo del año.

Tal vez uno de los momentos más apropiados y obvios es la Cuaresma, tiempo diseñado para enfrentarnos con la paradoja. Durante la Cuaresma practicamos el ayuno, tenemos la oportunidad de experimentar el vacío que nos permite descubrir de qué cosas estamos llenos. Abandonamos ciertos hábitos y ciertas prácticas –que circunscriben nuestra libertad– para experimentar la libertad de descubrir nuevas verdades acerca de nuestra vida. Celebramos y representamos eventos terribles durante los días de la Semana Santa, eventos que consideramos como Buenas Noticias.

## EL TIEMPO ORDINARIO TAMBIÉN ES ESPECIAL

La vida diaria ofrece muchas oportunidades de introducir a los hijos en la naturaleza paradójica de la fe. Piensen en las ocasiones en que sus hijos luchan por aprender nuevos conceptos en su escuela. La realidad es que logramos aprender cuando admitimos que no sabemos. Piensen también en las veces que sus hijos sienten el deseo de forzar a otra persona para que sea leal o amigable con ellos. La verdad es que cuando dejamos de tratar de poseer a otra persona, es cuando disfrutamos de su amistad. De la misma manera, cuando reconocemos nuestra necesidad, es cuando podemos ser colmados; alcanzamos la plenitud sólo cuando estamos dispuestos a experimentar nuestro vacío.

> *La Iglesia no es una comunidad de los convertidos. Es una comunidad donde toma lugar la conversión.*
>
> Anónimo

Estas son lecciones básicas que no se aprenden de golpe. Tiene su gracia descubrir la lógica de las leyes espirituales, las cuales son muy diferentes de las leyes físicas, que parecen tan obvias. Queremos aquello que podemos ver, oler, saborear y tocar. Implica una gran madurez espiritual confiar que es mucho más lo que se consigue cuando se deja al otro en libertad.

Hay una historia que conviene considerar acerca de la diferencia entre aferrarse y conseguir. Un hombre que amaba Irlanda de la misma forma que amaba su vida, murió agarrando un pedazo de césped de su amada tierra. Cuando se acercó a las puertas del cielo, le dijeron que solamente podría entrar con las manos vacías. El sufrió bastante para dejar ir el vínculo que lo ataba a su patria, pero finalmente aflojó el puño. Las puertas del cielo se abrieron, y he aquí, que delante de él yacía toda Irlanda.

# Manos *a la obra* 7

## *Cómo comprometer a sus hijos durante la Cuaresma*

**Practiquen** las tradiciones del ayuno, la oración y la caridad con el pobre. Estas son tradiciones cristianas, pero también son componentes importantes de otras visiones religiosas. Podrán animar a sus hijos para que se separen de su bocadillo favorito o del programa de la TV y pongan atención a lo que sienten ante esa privación. Podrán descubrir cierta ansiedad, hambre o egocentrismo. O tal vez experimentarán nuevas energías y curiosidad por otros proyectos y otras aventuras. Alcanzar dicho conocimiento es una experiencia espiritual valiosa.

**Animen** a sus hijos a orar por alguien que los haya ofendido. Es una forma de introducirlos al concepto del perdón cristiano. No exijan, ni demanden que sus hijos tengan que sentirse a gusto con quien los ofendió. Sin embargo, Jesús nos dice que hagamos cosas buenas a quien nos lastimó.

**Elijan** una obra misionera o caritativa adecuada para que tengan la oportunidad de donar algo como familia durante la Cuaresma. Algunas familias suelen colocar una alcancía pequeña sobre la mesa de la cocina, y a la hora de la cena los miembros de la familia depositan su aportación. Platiquen abiertamente acerca de la institución a la que le entregarán el dinero, eso abrirá los ojos de sus hijos a las necesidades de los demás y a la urgencia de actuar de acuerdo a la caridad y la justicia por el bien de los demás.

**Hagan** que sus hijos realicen discretamente un gesto de bondad con alguien que los haya ofendido. Este gesto no deberá ser hecho bajo presión o con la expectativa de conseguir un premio o un reconocimiento. Otra práctica que trato de recordar y que he compartido con mis hijas es reverenciar interiormente a las personas que encontramos. No tendrán que hacer algo abiertamente, basta que hagan un gesto de respeto en su interior. Esto es particularmente útil cuando enfrentan una situación difícil o cuando encuentran a alguien por primera vez; además les permite eliminar el temor y remplazarlo con el reconocimiento de que toda persona es hija de Dios.

**Animen** a sus hijos a que lean biografías espirituales. Llenen la imaginación de sus hijos con historias que vayan en sentido contrario a las típicas narraciones exitosas. Introduzcan a sus hijos al conocimiento de libros y videos sobre personas que eligieron vivir su vida con fe. Los católicos tienen la tradición de las *Vidas de santos*, esas están llenas de gente ordinaria que vivieron vidas extraordinarias. Sin embargo, todas las tradiciones religiosas continúan contando relatos de sus propios héroes, y la mayoría de las editoriales religiosas ofrecen una colección de libros para niños de diversas edades. Consulten a un vendedor en la librería religiosa de su localidad para que los oriente.

**Participen** junto con sus hijos en los servicios espirituales propios de Cuaresma. Por ejemplo, el Miércoles de ceniza, nos recuerda la paradoja de que somos polvo, pero que a la vez también somos "un poco menos que los ángeles". Somos polvo, y no obstante el Hijo de Dios se hizo carne y murió por nosotros. Confrontando nuestros límites y nuestra mortalidad, tal como nos invita la celebración del Miércoles de Ceniza, nos introduce al profundo misterio que late dentro de nosotros: "¿quién soy yo?, ¿quién me hizo?, ¿cuál es mi destino?".

**Inviten** a sus hijos a examinar su conciencia. Es importante que tengan una visión equilibrada de su propia pecaminosidad y de la entrañable misericordia de nuestro Dios. En la tradición católica, muchas parroquias realizan servicios de reconciliación que ayudan a dirigirnos a dos modelos malvados: la sensación de que nunca seré digno y el sentido contrario, que soy tan bueno, que me lo tienen que agradecer. El primer acercamiento nos dice que debemos luchar y volver a luchar continuamente antes de que podamos esperar o merecer el amor de Dios. El otro acercamiento nos dice que en realidad ni siquiera necesitamos el amor de Dios. Ambos son erróneos. Un sentido auténtico de contrición es el preludio de la misericordia. Nos hace caer en la cuenta que necesitamos el amor de Dios y que ese amor siempre está disponible, en cuanto dejamos de vernos a nosotros mismos como dioses. Algunos rituales, como sería encender una vela, o la lectura de algunos pasajes apropiados de la Escritura y rezar juntos el Padre Nuestro pueden ser una expresión de remordimiento o pueden ser un signo de la luz del amor de Dios siempre presente.

**Hagan** de la Semana Santa algo especial. Saquen provecho de las tradiciones que su denominación cristiana tiene para celebrar esta gran semana. Tomen algunas medidas para explicarles que esa no es la vida ordinaria, sino un tiempo especial que se separa del resto. Háganlo mientras comen, mientras disfrutan la tarde, mientras hablan acerca de lo que harán al despertar o al irse a la cama. Por ejemplo, podrían escoger una tarde para leer el relato de la pasión y muerte de Jesús. Animen a su parroquia local a que trate de involucrar a la gente joven en las celebraciones de la Semana Santa, y preparen a sus hijos para que participen, explíquenles lo que los símbolos y las lecturas significan para ustedes.

Si conocen algunas tradiciones de su propia tradición cultural acerca de la Pascua o la Semana Santa compártanselas a sus hijos. Muchas familias adornan huevos —símbolos de la resurrección— o ponen en común la canasta de pascua que será bendecida en la Iglesia. Sólo por citar un ejemplo. Algunas comunidades hispanas en el Suroeste de Estados Unidos de América adornan la cruz cada domingo con una gran multiplicidad de flores, celebrando así por cincuenta días consecutivos una "pascua florida". Muchas iglesias tienen celebraciones que están llenas de símbolos muy significativos —como la luz que brilla por encima de la tiniebla, que no la pudo vencer— y todos aquellos rituales que son muy llamativos al corazón de sus hijos. El relato del sufrimiento y muerte de Jesús son el corazón y el sentido de nuestra existencia cristiana. Es muy fácil decir que se está bastante ocupado o distraído como para participar en estos ritos y enseñanzas. Pero si así lo hiciéramos, privaríamos a nuestros hijos del sentido más profundo de la vida.

# Una mirada cercana

# ¿Cómo recuperar el asombro?

Trabajo en el centro de Chicago y cada mañana camino lentamente cruzando el área céntrica, lo que en inglés todos llaman el "*loop*". Frecuentemente realizo este viaje con la cabeza baja y con la mente llena de preocupaciones respecto al día que comienza. Un día gris, poco después de la fiesta de Acción de Gracias, estaba a punto de cruzar la calle State, "esa gran calle", cuando de repente un autobús se detuvo frente a mí y me vi en la necesidad de esperar. Me enojé mucho porque tenía mucha prisa por llegar. Aquella mañana tenía muchas cosas importantes para hacer.

Entonces descendió del autobús una mamá y su hijo pequeño, quien tendría unos cinco años de edad, pero su porte y su actitud lo hacían aparecer algo mayor. Al descender del autobús, permaneció en el borde de la acera con sus manos sobre la cintura. Miró a izquierda y derecha, observó la calle de arriba abajo y con una impresión sorprendente, gritó a todo mundo: ¿quién hizo todo esto? Y por primera vez durante esa estación, miré hacia arriba y abajo, y también a mi derredor y contemplé toda la maravillosa decoración navideña sobre el frente de los almacenes y en los postes de las lámparas, y los árboles recién puestos. Le sonreí al niño y le dije: "gracias, necesitaba algo así".

Deseaba tener más capacidad de asombro en mi vida. Creo que Jesús también lo quiere. Tenía más experiencia del asombro cuando era pequeño o cuando tenía un nuevo empleo, o cuando tomaba el tren hacia el centro durante las primeras cien veces, o cuando era capaz de tomar mi tiempo para realizar las tareas en el jardín o cuando me detenía a mediados de una tormenta de nieve y simplemente dejaba que los copos de nieve se me clavaran en las mejillas. Recuerdo el sentimiento de asombro mientras permanecía sobre una cumbre mirando montones de hectáreas de campos de maíz, uno detrás de otro, llenando la parte central de Illinois en un caluroso día de julio. Experimenté un gran asombro cuando vi nacer dos hijas, y cuando las aguas del bautismo fluyeron sobre su frente, y años más tarde, cuando sus rostros se iluminaban con la luz de las velas en la vigilia pascual.

¿Cualquier acontecimiento produce asombro? Pienso que para las personas que vivimos en un país de primer mundo puede resultar difícil permanecer conscientes y despiertos en nuestra vida diaria. Tenemos muchísimos estímulos y oportunidades para evadir el momento presente de nuestra vida. ¿Con cuánta frecuencia encendemos la TV solo para tener un ruido ambiental, como una forma de encubrir el silencio? ¿Con cuánta frecuencia comemos y no saboreamos, leemos y no asimilamos, tocamos y no sentimos? ¿Hemos ido manejando a través de atardeceres dorados y con la mente puesta en otra cosa? ¿Nos hemos sentado a lo largo de un sermón, sin escuchar una palabra —y no hemos escuchado la Palabra?

El problema no estriba en que existan pocos eventos asombrosos, invenciones, visiones, sonidos y experiencias en nuestro mundo. Es totalmente lo contrario. Mientras que en el pasado las personas se sorprendieron con el cine mudo y luego con las películas habladas, los adolescentes de hoy esperan las pantallas de 360 grados, sonido circundante, y efectos especiales que cuestan millones de dólares, y todavía salen aburridos. Las personas viajan fácilmente a tierras distantes o éstas llegan hasta sus casas a través de la televisión y las películas. Los enormes centros comerciales ofrecen cientos de tiendas y millones de productos comerciales (aunque extrañamente ninguna tenga el taladro o el estilo de monedero que has estado buscando durante años) y están equipadas con cascadas, pistas de hielo, y cajeros automáticos. De hecho, puede ocurrir que por la enorme cantidad de sucesos importantes a nuestro alcance, estemos sufriendo una especie de inflación de expectativas. Hace falta más "explosividad" para que alguien levante la vista.

Sé que después de un día con muchos mensajes, mucha estimulación y muchísima diversión, me siento como un niño el día de Navidad, que se sienta en medio de una pila de cajas de regalos rasgadas y paquetes regados, y experimenta una sensación de vacío y privación. ¿Qué hizo falta? Ciertamente no hicieron falta más cosas. Lo que está haciendo falta es el alimento nutritivo de la presencia de Dios. Es mi conciencia tranquila de la presencia de Dios lo que me provoca el asombro.

El remedio ante este moderno dilema parece ser una clase de renuncia. Silencia el ruido para que puedas escuchar. Apaga las luces brillantes para que puedas ver. Deja de mezclar los alimentos para que empieces a saborearlos. Dejen de ir de un lado para otro, para que puedan ocuparse de algún modo en su vida espiritual. "¡Estén tranquilos y sepan que yo soy Dios!".

¿Cuándo fue la última vez que experimentaron el asombro? ¿Qué hizo que los eventos resultaran diferentes de la rutina diaria? Sospecho que se debió a que pusieron atención. Y lograron poner atención porque cambiaron su rutina diaria.

Vean a Moisés. Este encontró la zarza ardiente solo después de que condujo a sus rebaños (o los rebaños lo condujeron a él) al oeste del desierto. Eso significa que viajo a través de tierras desconocidas y salvajes hasta llegar a un sitio desconocido, a un lugar tal vez aterrador. Cuando viajan "más allá del desierto", pueden estar seguros de que les va a suceder alguna cosa nueva. Algo sorprendente le sucedió a Moisés, y les puede suceder a ustedes. Anímense a salir de su rutina, y experimentarán una nueva conciencia de que verdaderamente están todos los días y cada día en las palmas de la mano de Dios.

Cuando cultivan el asombro al poner más atención, descubrirán en su momento, que Dios está observándolos con amor. Escuché una vez a un hombre describir su profunda vida de oración de esta forma: "Yo veo al buen Dios y él me mira a mí". ¡Esto es asombroso!

# Manos *a la obra* 8

## Cómo desarrollar el sentido del asombro en su familia

Quítense los zapatos. Antes de que Moisés pudiera acercarse a la zarza ardiente, le ordenaron que se quitara las sandalias. Al hacer esto, tomó una actitud de respeto. También se volvió más vulnerable y pudo sentir la tierra debajo de sus pies. Cuando realmente no necesiten de sus zapatos, darán una señal de respeto a Dios, doblando sus rodillas, orarán con los brazos abiertos, o podrán ir temprano a las celebraciones en la iglesia y hasta sentarse en silencio.

Sigan a un niño por donde quiera. Los niños pequeños no están tan hastiados como la mayoría de los adultos. Cuando están con un niño pequeño no gasten el tiempo callados y en silencio. Más bien observen la forma tan agradable en que el niño puede estar en el mundo. Vayan al zoológico, al parque o al museo, y observen el rostro del niño y aprendan a sentir otra vez el asombro.

Añadan algún momento de silencio a sus vidas. Escriban cotidianamente en un diario personal, si les atrae hacerlo. En un momento de silencio, dejen que se vayan sus quejas persistentes y sus temores. Contémplense cayendo ustedes mismos en el regazo de Dios. Dejen que el silencio restaure su capacidad de apreciar la bondad de la generosidad divina.

Pónganle un freno a su incredulidad. Frecuentemente sentimos que la experiencia del amor de Dios ocurría en los viejos tiempos y a gente muy especial. Esas expectativas bajas limitarán su capacidad de sentir maravilla y asombro. Comiencen el día diciendo: "Si creyera que Dios pudiera tocar mi vida de manera especial en este día, ¿cómo viviría?". Entonces vivan como si ocurriera, y se convertirá en realidad.

Deténganse un momento y contemplen a su hijo durmiendo. Al hacer esto me sentía sobrecogido de alegría, cuando mis hijas eran unas muñequitas frágiles, lo mismo sentí cuando crecieron y lo siento en el presente. Nuestros modelos diarios y las rutinas pueden ser tan fuertes que cuando los niños están despiertos nosotros ya estamos listos para meter a la fuerza nuestras preguntas: "¿hicieron su tarea?", "¿tienen por ahí sus llaves?", "¿por qué siempre hacen su desorden?". Al verlos mientras están durmiendo tenemos la oportunidad de verlos como Dios nos ve —con la ternura y bondad y esperando que sus mejores intereses broten ininterrumpidamente.

**Dense** tiempo para ustedes mismos. ¿Qué tan probable es que en su programa incluyan las siguientes anotaciones, "estar sentado 15 minutos y observar el resplandor del sol a través de una regadera" u "observar durante veinte minutos a los pájaros mientras construyen su nido en el árbol del vecino", o " dedicar ocho minutos para escuchar una pieza clásica que sea de su agrado, sentado en las escaleras y maravillado". Programamos nuestro trabajo, pero ¿qué tan frecuentemente separamos un espacio para la vida y el amor? El trabajo es sin duda una parte de nuestro camino espiritual. Sin embargo, en una retahíla de días ocupados, ¿no quisieras que tu vida cambiara constantemente de rumbo, si el trabajo fuera tú único quehacer? Como el adulto que está en problemas, ustedes son los únicos que podrán intervenir a favor de ustedes. Del modo que programen su tiempo, asegúrense de programar un tiempo para descubrir los pequeños regalos de la vida.

**Pongan** atención por favor. ¿Qué tan frecuentemente les dicen a sus hijos que pongan atención? Cuando atraviesan lentamente un piso limpio con los zapatos llenos de lodo, cuando toman la mostaza y la tiran encima de la leche, cuando escuchan que suena el timbre de la puerta y se sientan mirando tranquilamente como si observaran un video en la pantalla, probablemente les decimos, "¿no podrían poner más atención?".

**Salgan** de su rutina. Si normalmente cenan en la mesa de la cocina, cenen en el comedor, en lugar de irse en automóvil a la iglesia, váyanse caminando. Apaguen la TV y escuchen un programa de radio no muy popular.

**Entren** en contacto con la naturaleza. La naturaleza es otro lugar para poder conocer el modelo de la muerte y la resurrección. Salgan a acampar, emprendan caminatas al aire libre, o arreglen el jardín. No espero encontrar zarzas ardientes en mi vida, pero puedo observar las hojas de maple incendiarse cada otoño, y observar a los narcisos que regresan cada primavera. Si no puedo distraerme a mi mismo, puedo admitir que soy un pecador que ha sido redimido. ¡Esto es un milagro! Los milagros ocurren alrededor de mí si elijo estar consciente. Si abro mis ojos y mi corazón, descubriré que ocurrió algo asombroso.

*El reino de Dios es como una familia
saludable que está fundada en el amor.*

OBISPO MICHAEL PFEIFER, O.M.I.

# CAPÍTULO SIETE

# La familia intencional

## *La paternidad es un camino espiritual*

¿Puedes experimentar una comprensión nueva mientras estás limpiando el baño? Creo que sí. A mí me sucedió. Un día estaba cepillando la tina del baño y vi a mi esposa de una forma totalmente nueva.

Sucedió un sábado hace años. Estaba restregando y mientras soñaba despierto, un nuevo pensamiento vino a mi mente. Fue como si se encendiera una nueva luz. De repente me di cuenta que cepillar una tina de baño era un trabajo pesado. De hecho, toda mi vida como esposo, padre, y miembro de una familia extendida adquirió un nuevo brillo. Miraba cómo la espuma del jabón formaba un remolino y se iba por el resumidero y me di cuenta en ese momento que estaba respondiendo a una invitación para vivir con nuevos ojos la vida. Estaba atendiendo al llamado.

Me acordé de esto, un día en que estábamos muy atareados arreglando la casa para recibir unas visitas. Recibiríamos a unos miembros de la familia para una fiesta de cumpleaños y realicé un hallazgo inesperado. Me fije en todos los preparativos que estábamos haciendo –cocinar, limpiar, instalar las sillas, poner la mesa– como si fuera un quehacer sagrado. En un primer momento quise decir que estos preparativos eran como si estuviéramos preparando el altar para la Eucaristía. Pero en realidad parecía ser lo contrario. Era más apropiado decir que yo veía la preparación del altar para la Eucaristía, como algo parecido a estas actividades domésticas –cocinar, limpiar y acomodar– hechas como una anticipación amable de la comunión con aquellos que pronto llegarían a las puertas de nuestra casa.

Los rituales religiosos –que frecuentemente parecían estar divorciados de la vida real, algo que existía por encima de mí y de mi vida– adquirieron su verdadero sentido. La claridad de tomar el pan y el vino y compartirlos era bastante obvia. No se trata de que un pensamiento mágico se sobreponga a los quehaceres mundanos, en todo caso, es el misterio inherente a dichas actividades y lo que esas pueden representar: profundidad, sentido, vinculación y amor.

Podía imaginarme a Jesús sentado en la orilla de la bañera diciéndome: "Ustedes quieren mantenerse unidos a mí. ¿No se dan cuenta de que ya estoy muy cerca de ustedes?". No consiguen lo que quieren cuando transcurren muchas horas recitando oraciones de forma mecánica, como si fuera una prueba de resistencia. Sin embargo, cuando se arrodillan para restregar el piso, sepan que yo estoy ahí. Y también estoy con ustedes cuando observan junto con sus hijas las caricaturas el sábado por la mañana, y cuando procuran razonar honestamente las cosas con su esposa, o cuando se reconcilian entre sí. Estoy cercano a ustedes cuando todo el clan se reúne alrededor de la mesa para comer los alimentos preparados con amor". Esa es una forma nueva y emocionante de ver mi vida.

Este era un pensamiento emocionante, y sin embargo esta revelación no me tiró del caballo, ni me hizo resbalar en la tina del baño. Después de todo, dentro de pocas horas tendríamos a la visita y no tenía tiempo de sentarme a ponderar las verdades eternas. Pero ese fue el comienzo de un lento pero constante cambio en mi percepción, a partir del cual, he podido ver mi vida familiar y mis quehaceres como padre de familia bajo una luz nueva y más segura. Descubro que las acciones mundanas de nuestros días son reveladoras –revelan la naturaleza sagrada de nuestras vidas, nuestras relaciones, nuestro vivir cotidiano en el abrazo del amor de Dios.

Esta percepción me llevó a convencerme de que la *vida familiar puede ser un camino espiritual*. Normalmente cuando las personas piensan en un camino espiritual, imaginan que se trata de renunciar a la vida familiar para abrazar la vida monástica, o para vivir como miembro de una orden religiosa o una congregación. Sin embargo, las actividades propias de la vida familiar vividas a plenitud son valores tan espirituales como la regla de san Benito o la rutina de un monasterio. No es la ubicación o la situación lo que hace que la vida sea santa, es la apertura que mostremos. Y no se trata de imponernos una vida en régimen de silencio, ni de enviar a los hijos a un claustro (tal como quisiéramos hacerlo algunas veces) ni de rechazar el gozo y la intimidad de la vida familiar para poder conseguirlo. Todo lo contrario. Necesitamos encontrar a Dios en el gozo de la familia, en la intimidad, en el pequeño pedazo de cielo sobre la tierra que pueden ser nuestras familias cuando nos apreciamos unos a otros, cuando acogemos al extraño, cuando nos apoyamos, cuando sondeamos nuestros más profundos anhelos y reconocemos a Dios en nuestras alegrías y lágrimas cotidianas, lo mismo que en el momento de partir el pan en la mesa familiar.

## ADIESTRAMIENTO BÁSICO

Hay quienes ven la vida como si fuera un adiestramiento básico. Era común que antes la gente ponderaba las cuestiones familiares en términos de jerarquía, colocando a los padres de familia (normalmente al papá) en el papel de autoridad central, y poniendo a los hijos bajo una función de subordinados. Los padres de familia tenían la información; los hijos la aprendían de sus padres. Las relaciones se mantenían al nivel de distancia, dirección y control.

En esa perspectiva, la educación religiosa era un asunto que hacía que los padres de familia informaran: "esto es lo que deberán creer y esta es la forma como tendrán que conducirse". El tipo de cánticos que se acostumbraban era del tipo "Que viva mi Cristo, que viva mi Rey". En la práctica esta forma de suscitar la fe de tipo militar, era frecuentemente suavizada por la experiencia y el "estira y afloja" de la vida familiar. Pero la actitud fundamental consideraba la fe como un asunto de instrucción. Y en gran medida el desarrollo en la fe de los hijos era puesta en manos de la catequesis dominical o de la parroquia, donde los niños eran instruidos en el catecismo, de la misma forma que instruían a una unidad militar. La obediencia se daba como algo sobreentendido.

Sin embargo cuando la paternidad misma es vista como un camino espiritual, las reglas cambian. Seguramente un deber que tienen los padres de familia es el de transmitir la fe a sus hijos. Vistas las cosas en perspectiva espiritual, la cuestión que se plantea a los padres de familia es la siguiente, "¿dónde estaban ustedes cuando comenzaron esta tarea?". Cuando digo: "¿dónde estaban?", quiero decir: "¿dónde estaban espiritualmente?". ¿Estaban actuando movidos por el poder de la coacción? ¿Actuaban movidos por el temor? ¿Actuaban movidos pos una situación de confusión o hipocresía? ¿Estaban actuando por su propia conciencia?

Por ejemplo, un padre de familia puede estar actuando por vanidad cuando ordena a todos sus hijos que asistan a la iglesia regularmente. Como él mantiene ciertas relaciones públicas le gusta que lo vean rodeado de caras sonrientes cuando se sienta en un lugar prominente en la iglesia. Estoy seguro que no te sorprendería si te digo que esa actitud tiene poco valor espiritual, y que no será otra cosa sino una piedra de escándalo, que los hijos tendrán que enfrentar y superar.

Piensen también en una madre de familia que obliga a su hija a participar en un asociación religiosa para jóvenes, imaginando que tendrá más posibilidades de conseguirse un muchacho "simpático" en ese grupo, que si participa en los sitios regulares donde se reúne la juventud. Este acercamiento no dista mucho de ver lo espiritual como un desfile de modas. Esto no supone decir que todos estos motivos y acciones son totalmente erróneos. Somos humanos y nuestras motivaciones normalmente están mezcladas. Sin embargo, la primera pregunta que nos debemos plantear cuando queremos ver el quehacer de un padre de familia como un camino espiritual es: "¿de dónde vienes?, ¿cuáles son tus motivaciones?".

## REALMENTE SIMPLE O SIMPLEMENTE REAL

Las expectativas cambian cuando consideramos la educación de los hijos en la fe como un camino espiritual. La esperanza consiste en que permanezcamos la mayor parte de nuestro tiempo en el corazón de Dios. Dado que Dios es amor, esperamos estar actuando por amor y no por temor, vanidad, poder o superstición. Cuando empezamos a darnos cuenta que toda la vida, incluyendo los detalles mundanos de la vida familiar, son sagrados, no volvemos a tener problemas con nuestro ambiente circundante, ni tratamos de hacernos santos a la fuerza. Más bien nos convertimos en estudiantes humildes, en aprendices del amor, en discípulos de lo ordinario que buscan el rostro de Dios en su hogar.

¿Cómo le harán para lanzarse a vivir la paternidad como su camino espiritual? Dos cualidades son fundamentales: ser realista y mantener la sencillez. No lo cómodo, necesariamente, sino lo sencillo.

## GRANDES EXPECTATIVAS

Cuando un nuevo niño está en camino, decimos que estamos "esperando". Es una palabra muy profunda que transmite algo más que la espera del día de la liberación. Tenemos grandes expectativas para nosotros mismos, para nuestro hijo y para nuestra familia. Una expectativa implica apertura ante cualquier cosa que se coloque frente a nosotros, sea cuando encontramos a esta nueva persona que llega a nuestra casa como un extraño y que se desarrollará de ahora en adelante, como una persona única.

Cuando pienso en las expectativas, pienso en los pastores y reyes que vienen al pesebre. ¿Qué es lo que esperaban ver? Un rey, una corte real, alguien rodeado de poder y circunstancia. ¿Qué otra cosa podían haber esperado, sino lo que encontraron? Tal vez el verdadero milagro de navidad es que estos pastores y magos no se retiraron decepcionados ante lo que habían encontrado —un pareja empobrecida en un ambiente sombrío, que no tuvo otro sitio para colocar al recién nacido sino un pesebre donde comían los asnos. De hecho, los visitantes del niño se marcharon con fe.

Como padres de familia necesitamos estar abiertos a la posibilidad de que nuestros propios "momentos en el pesebre" puedan traer a Cristo a nuestra vida. Necesitamos cultivar la apertura que abra espacio para que el amor y la misericordia de Dios trabajen en nuestra vida. Necesitamos una apertura que no pase por alto las fuentes de fortaleza que están disponibles ante nosotros. Necesitamos una apertura que esté dispuesta a sentarse a contemplar y luchar con las contrariedades que ofrece el mensaje de Jesús —un mensaje que en la superficie aparece como insensato, poco atractivo, improductivo y difícil.

Estar abiertos a que nuestros hijos —sin encasillarlos y sin sofocar su verdadero ser— pueden señalar el camino al crecimiento espiritual. Cuando estamos abiertos a ellos, ellos a su vez se abren ante nosotros con confianza, una confianza que revela a Dios.

# Manos *a la obra* <sup>9</sup>

## *Cómo ser un padre espiritual auténtico*

**Practiquen** la aceptación. Una buena parte de la vida moderna está conducida por la creciente expectativa de que ustedes deberán "poseer todo". Normalmente se pone el acento en tener posesiones, prestigio, lujos, viajes, libertad, descanso, y aventuras. Comparen esto con lo que un padre de familia que tiene un bebé de seis semanas de edad podría esperar de la vida: alimentar, cambiar pañales, hacer que el niño expulse el aire, cambiar pañales, limpiar, alimentar, cambiar el pañal y así todo el día mientras no se duerma. Si son afortunados, podrán darse un regaderazo a la hora de la cena. Si desde la época en que eran jóvenes, los grandes motores de persuasión e información de la sociedad (televisión, radio, películas, revistas) estaban preparando que "tuviera de todo en su vida", a la hora de tomar la responsabilidad de cuidar y tener a su cargo a alguien vulnerable, sucio y exigente, podrán sentir que se sacude todo el sistema. La aceptación es un acto de la voluntad. Dicen: "asumiré todas las exigencias y alegrías de esta vida con todo mi corazón, con toda mi mente y mi alma".

La aceptación no es resignación, no se trata tampoco de "aventar la toalla". No es hacer las cosas de mala gana, como el dependiente de una tienda quien, poniendo los ojos en blanco, se comunica por teléfono, llama y se mantiene en espera, y con gran desdén te ayuda a ti que eres el cliente. La aceptación supone tomar la vida como venga. Es decidir que la vida tiene mucho más qué ofrecerte, que lo que tus infantiles y cortos deseos consiguen cuando y como tú lo quieres. La aceptación es reconocer con toda franqueza que están a gusto donde Dios quiere que estén y que hacen todas las cosas necesarias para vivir en paz. El resultado de dicha aceptación es sorprendente. Como escribe David Thomas en *Family Perspectives Journal* (Boletín de perspectivas familiares) "En la audaz convicción de que la presencia de Dios permanece con nosotros, podemos hacer locuras de amor, como sería el dar nuestra vida por los demás. Y todo este loco amor ocurre diariamente en la intimidad de la vida familiar".

Déjense ver ante sus hijos.
La educación de los hijos no es para
quienes anhelan una gratificación
inmediata. Para que la paternidad
sea un camino espiritual, deben estar
preparados para un largo trecho.
Seguramente, existen los momentos
dorados cuando la vida es dulce y
plena y la familia está en armonía. Estos
son los regalos grandes y exquisitos
que necesitan saborearse como las
cerezas dulces de la temporada.
Pero educar a los hijos no es un
proceso de la noche a la mañana.

Necesitan de nuestra presencia física.
Necesitan de nuestra capacidad de
observación, necesitan que tengamos
nuestros ojos en ellos. Necesitan nuestra
presencia moral para moldear sus vidas.
Necesitan de nuestro conocimiento
para responder a la pregunta: "¿cómo
funciona el mundo?, o de nuestra
sabiduría para responder a la pregunta:
"¿por qué estamos aquí?". Nuestra
presencia durante esos años es lo
que más necesitan nuestros hijos, y
es lo que necesitamos para nuestro
desarrollo y crecimiento espiritual.

Cuando nos manifestamos en la vida,
permitimos que también nuestros hijos
se manifiesten. Este compromiso no
supone que tengan que vivir una vida
unidimensional, viviendo solo para sus
hijos. Cuando se dejan ver, se logra que
todo funcione perfectamente, como un
adulto bien realizado, que tiene amigos,
que se compromete con la comunidad,
que sabe divertirse, y que además de
eso, busca lograr sus propias metas. Esta
es la persona que dejan ver. No tienen
que estar con sus hijos a todas horas y
cada día. Pero déjense ver regularmente
y en los momentos importantes,
como lo es la hora de la cena.

# Manos *a la obra* 10

*Cómo vivir la apertura recíproca en la familia*

**Pidan** ayuda a Dios y a las demás personas. Otras personas son frecuentemente el conducto de los mensajes divinos y de la ayuda inmediata de Dios. Estos nos ofrecen la oportunidad de amar a los demás y de aprender algo acerca de las manías que nos impiden recibir libremente el flujo del amor de Dios. Otras personas nos ofrecen la oportunidad de recibir el amor, la misericordia, el consuelo y la sabiduría. Esto es algo especialmente verdadero en aquellas personas que admiran y que han conseguido educar sanamente a sus hijos. Acérquense a ellos y aprendan de ellas aunque sea por ósmosis. Acepten ayuda aunque venga de alguien inesperado o indeseable.

Necesitan realizar su propio trabajo interior a fin de que sean libres, firmes y capaces de estar junto a sus hijos cuando los requieran. Además de presentarse regularmente para pedir la gracia de Dios, tal vez podrán requerir algún tipo de ayuda profesional.

Cuando pidan ayuda a Dios, prepárense a hacer lo que les toca. Yo acostumbraba orar y esperar a que Dios manejara mi vida como si fueran piezas en un juego de ajedrez. Ahora, me doy cuenta que necesito orar sinceramente, armarme de buena voluntad para aceptar la ayuda, venga de donde venga, y en seguida ponerme en acción. Entonces comienzo a hacer la primera cosa correcta que aparece frente a mí. Si hay varias cosas que pueda hacer, escucho la voz suave y pequeña de mi interior que me señala el camino. Trato de dejar ir las preocupaciones y actúo como si tuviera clara la respuesta. Cada que creo un espacio en mi vida para la ayuda de Dios, siempre llega y la reconozco.

**Descubran** el lado chistoso y humorístico. Este buen elemento es crucial para la vida espiritual de una familia. Sea por las dudas que tienen acerca de sus capacidades como padres de familia, o porque están preocupados por su autoridad, o porque les asusta el bienestar de sus hijos, o sencillamente por exceso de trabajo, el hecho es que muchos padres de familia viven tristes. Las relaciones con sus hijos, especialmente cuando están cursando la escuela secundaria, son ingratas.

Hagan espacio para el humor, dejando que sus hijos expresen sus boberías o haciéndolas ustedes mismos. Dense cuenta que una buena risa es un magnífico lubricante social, terminen con los malos ratos en la familia y tranquilicen los sentimientos negativos con bromas de buen gusto.

El humor puede dispersar la ansiedad y el rencor y dejar que la luz de la felicidad entre a sus relaciones. Ser capaces de ver el lado divertido de la vida familiar es algo saludable, especialmente cuando somos capaces de reírnos de nosotros mismos. Una buena risa en un momento de tensión, nos permite descubrir que, si bien la vida en común es importante, no necesariamente tiene que ser siempre algo muy formal.

Asegúrense solamente de que la risa no se consiga a expensas de uno de los miembros. El humor deberá ayudar a unirnos, no es útil cuando algunos queremos conspirar contra alguien del grupo.

> *No hay entendimiento fuera de la vida diaria.*
>
> Thich Nhat Hanh

*Sabiduría es saber lo que hay que hacer
en seguida, habilidad es saber cómo hacerlo,
y la virtud es hacerlo.*

DAVID STARR JORDAN

# CAPÍTULO OCHO

# De la paciencia a la esperanza

## *Las virtudes espirituales que todo padre de familia necesita*

Un día que me encontraba en el zoológico con mis hijas fui testigo de un acontecimiento que reflejaba la quintaesencia de lo que significa ser padre de familia. Observaba a una mujer que estaba tratando de cruzar la calle, llevaba a un pequeño en una carreola, y a la vez, trataba de contener a dos pequeños que ya caminaban por sí mismos. Un niño permanecía ahí lloriqueando, mientras que el otro se dirigía hacia la jaula de la pantera; el niño que estaba en la carreola había lanzado al suelo su biberón y lo había enlodado. La madre se detuvo un instante y levantó sus ojos al cielo diciendo: "Señor, dame fuerza", antes de volverse para ocuparse otra vez de sus hijos.

Los padres de familia necesitan fuerza. La palabra latina para fuerza es *virtus,* de ahí viene la palabra *virtud.* Los teólogos definen la virtud como un hábito o capacidad establecida para ejecutar buenas acciones. Santo Tomás de Aquino dividía la virtud en dos grupos: naturales (conseguidas y acrecentadas a través de la repetición de actos buenos) y sobrenaturales (dadas por la gracia de Dios). Los padres de familia necesitamos de ambas.

## ESTOY CANSADO DE SER EL ADULTO

Sospecho que los padres y madres de familia se dicen a sí mismos de vez en cuando: "Estoy cansado de ser el adulto". Yo mismo me he sentido cansado de serlo. Recuerdo un sábado por la mañana cuando era un joven padre de familia y nuestro sótano se inundó luego de una fuerte tormenta. Me encontraba de mala gana en el sótano húmedo, limpiando y desinfectando, moviendo los muebles, arrastrando los tapetes para que se secaran, decidiendo si debía tirar algún utensilio que había quedado empapado o si debía conservarlo. Mientras trabajaba comencé a pensar en otros trabajos que parecían interminables: nuestras cunetas y aleros necesitaban pintarse, el jardín reclamaba una escardada; había dejado a medio terminar una casa de muñecas armable, y mi hija ya no quería seguir jugando con ella; el desagüe de la tina de baño estaba próximo a taparse, y por si fuera poco, necesitaba poner aislamiento térmico en el ático. En ese momento, sintiendo pena de mí mismo, decidía que no quería seguir siendo adulto. Mis hijas estaban arriba mirando las caricaturas y comiendo galletitas sabor canela. Ese sonido me atraía demasiado. Después de concederme un momento para disfrutar aquel ensueño, ponía más detergente en la cubeta y continuaba echando agua en el piso, pidiendo a Dios perseverancia.

Es trabajo de un padre de familia mantener unida a la familia. Esto supone fortaleza. Trabajé durante varios años como encargado del cuidado de los niños, y como tal, mi trabajo era cuidar de algunos niños que estaban bajo la custodia del Estado. Cuando leía sus archivos, rápidamente me daba cuenta que la razón más común por la cual se habían separado sus familias era la carencia de fortaleza interior por parte de los adultos. No pretendo dar lecciones de moral a los desafortunados papás, cuyos hijos atendía, pero la verdad es que a pesar de sus buenas intenciones, sus padres no fueron lo suficientemente fuertes —no tenían la virtud— para crear un espacio seguro en el cual sus hijos pudieran vivir y crecer. Frecuentemente su fortaleza disminuía a causa del alcohol o las drogas. Muchos de ellos habían vivido sumidos durante mucho tiempo en la pobreza, lo cual se había complicado, como es común, con otro problema familiar, como podría ser una muerte repentina o el comienzo de una fuerte depresión. Cuando digo que carecían de fortaleza, no quiero decir que se manifestara una ausencia de poder. Frecuentemente se constataba la presencia de numerosos castigos corporales. Con frecuencia, cuando hay ausencia de una fortaleza interior auténtica, el típico macho exhibe un poder brutal sustituto. Sin embargo, donde quiera que la fuerza no se ponga al servicio de la familia, el resultado será la separación familiar.

Al observar una familia surgen enseñanzas y magníficas lecciones sobre la necesidad de virtudes tan prácticas como la confiabilidad, la perseverancia, la prudencia y la constancia.

La mayoría de las familias no están sometidas a una tensión tan severa, como las familias que conocí durante el tiempo que trabajé atendiendo niños. Sin embargo, todos enfrentamos apuros y aflicciones. Aun así, las virtudes son los pilares que sostienen en pie nuestros hogares.

Santo Tomás de Aquino enseñaba que los humanos tienen una inclinación natural a la justicia, la templanza y la valentía, sin embargo, necesitamos empezar a actuar de manera correcta, moderada, y valiente si realmente queremos que estas inclinaciones se conviertan en virtudes. En otras palabras, cuando viene a nosotros una buena inclinación, la utilizamos o la perdemos. ¿Cuáles son las virtudes que los padres necesitan practicar para educar a sus hijos con fe? Estas son cuatro virtudes cristianas fundamentales y algunas ideas sobre cómo podrían aplicarse de manera particular a los padres de familia.

## DAME PACIENCIA AHORA MISMO

Un muchacho que conocía tenía dificultades para ser paciente. De hecho su incapacidad para ser paciente, lo convirtió en un paciente —fue sometido a tres cirugías para colocarle un marcapasos. Los doctores le dijeron que sus malos hábitos alimenticios no le ayudaban, pero que lo que causó más problemas a su corazón fue su tipo de personalidad. Continuamente regañaba a los demás, o al menos, solía hacerlo.

Las cosas están cambiando de manera significativa para Roberto desde que realizó un paseo muy importante en taxi. Se dirigía a su clase sobre "manejo de la ira" (y no estoy bromeando con esto) cuando el taxista se equivocó al darle el cambio de manera apresurada. Él comentó, crudamente, que el taxista no realizaba de manera competente su trabajo. El taxista gruñó y redujo la velocidad más adelante. Esto empujó a Roberto a comentar algo acerca del parentesco y el país de origen del taxista. A partir de ahí, las cosas empeoraron. "Creo que cuando estaba inclinándome por encima del asiento delantero, tratando de recoger el cambio de las manos del sujeto, me di cuenta que íbamos a terminar dándonos una golpiza con ese fulano, en ese momento fui bendecido con una experiencia extraordinaria. Yo me veía a mi mismo, como si estuviera a 20 pies de altura y miraba abajo al imbécil (yo mismo) y pensaba: '¿cómo va terminar este asunto?' Ahora pienso, que para mí fue el comienzo de una nueva forma de ver la vida. Aun tengo un enorme camino por recorrer, pero ya no soy el maniático que una vez fui. Me fue dada la gracia de tener más paciencia de la que jamás hubiera esperado tener.

Ser padre de familia puede ser una prueba para tu paciencia. Si en alguna ocasión han tomado un paseo con un niño de año y medio de edad, pensando que lograrían algún progreso, entonces conocen el significado de la palabra *impaciencia*. Si alguna vez han cambiado sus planes, solamente para complacer a su hijo, dándole un día y unos regalos especiales y él grita pidiendo más, ustedes conocen el significado de la palabra *impaciencia*. (En una ocasión, a la salida de una función de cine para niños, vi cómo un niño de cuatro años de edad gritaba y apuntaba a la vitrina de los dulces, mientras que la joven mamá gritaba desesperada: "No me importa, a mi no me importa". Precisamente la película que habíamos visto se llamaba *The Care Bear Movie* (La osa cuidadosa). Aun así, creo que ese día la mamá fue una osa gruñona. Si han trabajado arduamente para enseñarles a sus hijos buenos modales y luego observan cómo ellos y sus amigos agarran la comida a puños en un gran buffet, saben lo que significa la palabra *impaciencia*. El primer instinto natural es pedir a Dios que quienes están alrededor de nosotros cambien, que el niño de año y medio no siga embobado con cada flor o con cada objeto brilloso que encuentre en su camino; que el niño se vuelva agradecido y diga: "Mamá, tú ya me has dado demasiado", y que el adolescente actúe como un graduado con magna cum laude de una bonita escuela. Sin embargo, no ocurrirá nada de esto. La situación inmediata no va a cambiar, pero nosotros sí podemos cambiar.

Mi esposa en una ocasión expresó en voz alta su admiración: "¿por qué cada vez que pido paciencia, Dios continúa enviándome oportunidades para ser paciente?". Se necesita práctica para desarrollar la paciencia. Y esto no es como un callejón sin salida para la gente impaciente: "¡Señor, dame paciencia y dámela en este mismo instante!".

La *Nueva Enciclopedia Católica* dice acerca de la paciencia: "La acción primera que brota de esta virtud es el aguante. Así la paciencia está acompañada de la virtud de la fortaleza". Dense cuenta de que esto no quiere decir que la paciencia haga que la vida sea conforme a sus deseos. La llegada de la paciencia te permite que soportes lo que te parece insoportable. Algunas veces es lo mejor que un padre de familia puede hacer. Cuando, están a punto re romper la cuerda, la paciencia les ayuda a colgarla. La Nueva Enciclopedia Católica continúa diciendo que el vicio contrario a la paciencia incluye la insensibilidad. En la vida familiar, el verdadero límite de la impaciencia es que un padre de familia se hace insensible ante los dramas ajenos. Tal caso se ve claramente cuando le grito a mi hija que está lloriqueando, sólo para darme cuenta unas horas más tarde que estaba llorando a causa de un fuerte resfriado. O cuando hago unas observaciones crueles sobre el enorme tiempo que emplea mi hija para salir al baile, no sabiendo que ha tenido un día horrible y que su autoestima ha sido lastimada. O cuando no puedo esperar un minuto extra para terminar un proyecto que ha estado pendiente en mi cabeza, y así soy insensible a las señales que me indican que mi hija necesita desahogarse con alguien o que necesita escuchar el parecer de alguien.

Un ataque de impaciencia me dice que no estoy viviendo el presente. Al contrario, estoy pensado en mi porvenir. Quiero conseguir ahora, lo que solo podrá conseguirse en otro momento, si es que se consigue. Estoy divorciado de mis sentidos, solo estoy viviendo en mi propia cabeza. Esto no ayuda a nadie.

# Manos *a la obra*

# 11

## *Cómo ser paciente y rápido*

# Reconsideren las

cosas, tomen una visión más amplia. La mayoría de las situaciones que provocan nuestra impaciencia no tienen consecuencias importantes. Pregúntense a ustedes mismos: ¿realmente será esto importante dentro de diez años? Es una magnífica forma de poner las cosas en perspectiva. O pueden tomar la visión divina y decir: "A la luz de la eternidad, ¿qué tan importante es esto?".

# Despersonalicen la

situación. Deténganse y reflexionen cuáles son las probabilidades de que las cosas que les fastidian hayan sido planeadas pensando en ustedes. Si tu computadora se congela, no eligió hacerlo pensando en ti propiamente. Lo que paso es que eras el único "imbécil" que estaba a la mano queriendo que funcionara.

Los hijos tienden a personalizar sus quejas, cuando están cansados, frustrados o cuando se sienten impotentes. Pueden realmente sentir que les dicen "te odio", pero es raro que dirijan tales comentarios a los padres de familia. Somos simplemente el único blanco a la mano de la frustración de nuestros hijos. Sería mejor que dejaras que el comentario rebotara y que, movidos por la curiosidad (pierdan su insensibilidad)

se pregunten: "estoy sorprendido, ¿por qué habrá dicho ella tal cosa?". Rematen en seguida con una maravillosa lección que no parezca un desquite. Tal oportunidad la tuve al alcance de la mano cuando mi hija menor tenía unas cuantas semanas. Mientras sufría de cólicos, y nos pasamos toda la noche yendo y viniendo por los cuartos de nuestra pequeña casa, ocasionalmente se tranquilizaba mientras caminábamos sosteniéndola cerca de nosotros. Sin embargo, la mayor parte del tiempo gritaba. Era un grito de dolor, y era un dolor escucharla. Kathleen y yo estábamos cansados y ansiosos. Era sencillo tomar sus gritos como un reclamo personal, como si nos estuviera diciendo que podíamos hacer algo, pero no lográbamos hacerlo. Aprendimos algo acerca del cólico, de los espasmos estomacales y de los calambres, y pudimos entender la causa física de esos dolorosos síntomas. Resultó más fácil aguantar las largas sesiones de sufrimiento con compasión que con impaciencia.

# Reconozcan la validez

del argumento. Tener que defender constantemente sus decisiones ante sus hijos puede ser la mayor fuente de impaciencia. Dolores Curran, una experta en vida familiar, ofrece consejos valiosos para los padres cuya paciencia se agota con aquellos hijos que quieren que sus padres les expliquen cada punto de la política familiar. Cuando mi hijo me dice: "¡eso no es correcto!". Simplemente le digo: "tienes razón. Ahora ve y haz lo que te digo". Algunas ocasiones, alegar no sirve de nada, así que mejor pásenlo por alto.

# Concédanse un

descanso. Mark Twain dijo una vez: "he conocido muchos problemas en esta vida, la mayoría de los cuales nunca sucedieron". ¿Cuando hablan de sí mismos tienden a usar un lenguaje catastrófico y se inclinan a vivir preocupados? ¿Se regañan a sí mismos sin compasión por algún error humano normal e insignificante? ¿Su diálogo interior suena como un locutor que sin tener pelos en la lengua critica en las emisiones de patinaje artístico el más mínimo error (y eso que se trata de los 5 ó 6 mejores patinadores del mundo)? ¿Por qué no se quitan ese pendiente? ¡Bájense de la nube! De otra manera, empezarán a tratar a los demás tan vilmente como se tratan a sí mismos, aún cuando no lo merezcan.

# Acentúen lo positivo. Todas

las faltas que hacemos tienen otra dimensión que las convierte en una fuerza positiva. Sí, en ocasiones has sido una persona impaciente, pero también es muy posible que seas una persona sumamente tenaz en la promoción de la justicia, en la protección del indefenso, y en asuntos de interés comunitario. Sospecho que cuando ejercitan el lado positivo de la ambivalente realidad, tendrán menos problemas para afrontar el lado negativo. Mientras intentan moderar su impaciencia, recuerden que ese es el pequeño precio que hay que pagar por todas las cosas buenas que brotan de la fortaleza.

# Sean pacientes con ustedes

mismos. La única forma de adquirir paciencia es practicando dicha virtud. Háganlo conscientemente y sin obsesionarse. Tomen su tiempo. Ejerciten amablemente su curiosidad. Tomen conciencia de las emociones que experimentan cuando se exigen ser pacientes. Esas pueden ser buenas pistas para descubrir lo que le está faltando a su vida —las cuales motivan su impaciencia. El llevar esas motivaciones interiores ante la luz de la mirada divina podrá ayudarles a sanar y a disminuir el poder que éstas ejercen en ustedes.

## EL TEMOR DEL SEÑOR REQUIERE VALENTÍA

El Antiguo Testamento considera al temor de Dios como el principio de la sabiduría. La palabra *temor* no es utilizada aquí para referirse a algo que fomenta la sospecha de que Dios te va a quitar algo o que si haces un movimiento errado estarás perdido. El término temor se utiliza aquí para referirnos a un llamado que invita a despertar, un evento anticipado que nos revela a Dios como alguien asombroso, alguien que es digno de asombro. Más que considerar a Dios como un tirano mezquino, el verdadero temor de Dios abre nuestros ojos y nuestros corazones a la realidad de un Dios que es majestuosamente bueno —que está más allá de nuestra plena comprensión, pero que es digno de toda nuestra adoración y todos nuestros anhelos. Experimentar el temor de Dios cambia nuestro enfoque y eleva nuestra visión. Luego de semejante experiencia, no estamos satisfechos de vivir una vida superficial, sino que queremos vivirla a profundidad y buscamos comprometerla con en el nivel en el que podamos encontrar a Dios, y que al mismo tiempo nos humanice aun más. El temor de Dios nos permite descubrir que cuando nos acercamos a Dios, encontramos un poder mayor que nosotros mismos, cuyos procedimientos no son idénticos a los nuestros, pero que dichos caminos siempre conducen a la vida eterna. Es una invitación a vivir la vida que fuimos llamados a vivir.

La Biblia nos presenta muchas imágenes de Dios que reflejan diversas experiencias humanas de Dios. Algunas son confortantes, como la del padre solícito que acoge al hijo pródigo, o la gallina que se preocupa de sus polluelos, o el buen pastor que busca la oveja perdida. Las imágenes de Dios conectadas con la experiencia del temor de Dios están más próximas a la zarza ardiente, a la voz del relámpago que suena desde la nube, o al que camina en el jardín y pregunta a Adán y Eva "¿Quién les dijo que estaban desnudos?". El Dios que inspira tal temor es el Dios de *La creación y del juicio final* de Miguel Ángel.

Es el Dios que contesta a los gritos estentóreos y lastimeros de Job, diciendo: "¿dónde estabas cuando creaba los mares y los cielos, las montañas y llanuras?" Antes de escuchar esta pregunta, Job se estaba quejando. Luego de oírla, se sentó en silencio y tuvo la oportunidad de crecer en sabiduría. Job pudo no haber recibido las respuestas directas a las preguntas que estaba formulando, pero se dio cuenta que había otras cuestiones más importantes que considerar. El temor de Dios le dio la oportunidad de descubrir algo importante: "He estado viviendo mi vida sin darme cuenta de la enorme realidad que ahora descubro".

Cuando pienso en el temor de Dios, recuerdo un incidente que me sucedió mientras era consejero y colaborador a cargo de los niños en la academia Maryville, un orfanato ubicado en el noroeste de Chicago. Uno de los niños que tenía a mi cargo —llamémosle Jaimito, era un niño de cinco años con cara de ángel quien profería insultos como si fuera un arriero gritándole a las bestias de carga, y al mismo tiempo se resistía a todos los intentos de civilizarlo. Un día que me acerqué a él en el jardín, tuve problemas para manifestarle mi punto de vista. De hecho, estaba emberrinchado y profiriendo un montón de groserías. Cuando le pedí que se sentara a mi lado, gritó alguna grosería y se alejó, escapando hacia el rincón del patio de las niñas. Sucedió algo que parecía propio de las caricaturas, puesto que enseguida vi cómo Jaimito, tieso como un bastón, volvía sobre sus pasos hacia el jardín de los niños. En frente de él, siguiendo paso a paso, estaba el padre John Smyth, el superintendente de la casa.

Smyth había sido un basquetbolista de primer nivel en el equipo de la Universidad de Notre Dame y había sido reclutado por el equipo profesional de San Luis antes de ingresar al Seminario. Medía casi dos metros de estatura, sus manos eran como las garras de un oso gigante, y sus ojos al mirar, parecían atravesarte. No había alguien más dedicado al bienestar de los niños de Maryville o que los quisiera más que él. Tampoco puedo pensar que exista alguien más capaz para convencer a un incorregible niño de cinco años, para que repiense las cosas. Esa pantomima cómica —el sacerdote gigantón que caminaba pesadamente paso a paso hacia el niño que parecía un delgado diablillo— casi me hacía reírme a carcajadas.

Entonces Smyth sentó a Jaimito y tuvieron una plática pequeña de corazón a corazón. Jaimito recibió algunas ideas nuevas, empezó a darse cuenta que en el mundo había otros intereses distintos de los suyos. Había cosas más importantes y fundamentales qué tratar, además de sus transitorios deseos. Jaimito y el padre Smyth pudieron haber hablado sobre cómo escuchar al consejero o sobre la manera de comportarse en el patio de recreo, pero el verdadero asunto era que Jaimito necesitaba reconocer que había un poder más grande que el suyo. Smith se ganó su atención y su respeto. Pudo haber estado de por medio el temor, pero el temor era simplemente el comienzo de una forma menos egoísta de ver la vida. Jaimito estaba empezando a descubrir el principio de la sabiduría.

Muchos eventos familiares pueden suscitar la conciencia de esta virtud. Frecuentemente ocurre que al nacer un nuevo hijo parece algo asombroso. También ocurre en la inexplicable muerte de un ser amado, de manera especial cuando muere siendo muy joven. Puede ocurrir en momentos de intimidad o cuando la vida parece poco prometedora. El temor del Señor puede brotar cuando dejamos de preocuparnos acerca de las palabras que deseamos se escriban sobre nuestra tumba. Cuando la ilusión de que somos criaturas autosuficientes y autónomas se viene abajo, se hace posible el temor de Dios. "Dios está cercano a los corazones quebrantados".

El temor de Dios es un gran antídoto al síndrome de "lo que sea". (La mamá le dice a su hijo adolescente: debes aprender a tomar una actitud conforme a lo que crees". El adolescente responde: "lo que sea"). El temor de Dios nos ayuda a conservar en alto nuestras prioridades: "Busquen primero el Reino de Dios". Esto nos ayuda a despojarnos de las cuestiones intranscendentes y periféricas y a experimentar profundamente las cuestiones fundamentales de la existencia: "¿por qué estoy aquí y qué quieres de mí?". El temor de Dios no significa que no puedan permanecer en íntima cercanía con él, pidiendo encontrar la plenitud de Dios. Cuando sentimos la grandeza de Dios, también crece nuestra vida. La escena de *Forrest Gump* cuando Daniel, el lugarteniente desmoralizado, deprimido y lisiado se golpea a sí mismo con el palo, agitando el puño airadamente hacia Dios, durante una horrible tormenta en el mar, trae a su mente el temor del Señor. Esta pelea violenta con este asombroso Dios, fue el primer paso en la recuperación de la vida y la alegría del lugarteniente Daniel. Es la expresión de la realidad de que nuestro Dios es un Dios a quien no se puede descartar.

Esta actitud de sostener un recuento encarnizado ante la enormidad de Dios es captado en una historia de Miron Cohen, un gran cómico judío. Una abuela estaba caminando en la playa en un hermoso día con su nieto. De repente, una enorme ola llegó y arrastró al pequeño niño arrojándolo al mar. La abuela judía puso una mano sobre sus caderas y con la otra señaló con su dedo hacia el cielo, mientras le informaba a Dios: "Quiero que este hijo regrese aquí inmediatamente".

En otra ocasión, aparece de repente, una ola gigante estrellándose contra la playa, y ahí de pie, húmedo y empapado, pero sin ningún raspón, estaba el pequeño nieto. La anciana mujer lo revisó de arriba abajo. Ella tomó otra vez su temible pose y gritó al cielo: "él tenía un sombrero".

La dinámica básica que está detrás del temor de Dios llega a nosotros para que reconozcamos cuál es nuestro sitio. Es el reconocimiento de que somos criaturas maravillosas, y que Dios es el Creador. En un artículo en la revista *Commonweal*, Patrick O'Boyle recordaba los últimos años de la década de los cuarenta cuando apareció Frank Sheed, un autor y editor católico, quien al estilo de "los predicadores en las esquinas", tomó las calles para predicar las maravillas del catolicismo a quien lo quisiera escuchar. O'Boyle relataba que "Sheed podía ser devastador con quienes lo interrumpían. Una vez que describía el extraordinario orden y armonía que podía descubrirse en el universo, un persistente interlocutor le cuestionaba hablándole de los males del mundo, y terminaba diciendo: "Yo podía hacer un mundo mejor que el que hizo tu Dios". "No me gustaría pedirte que hicieras el universo", le contestó Sheed. "Pero podrías hacer un conejo, para irte ganando mi confianza".

# 12

# Manos *a la obra*

## *Cómo infundir un sano temor de Dios*

**Dejen** que sus hijos enfrenten las consecuencias. Darse cuenta que existen consecuencias por tomar a Dios y nuestra propia vida espiritual de manera muy ligera puede ayudarnos a ser más firmes a la hora de prever las consecuencias de las acciones de nuestros hijos. Si constantemente amortiguamos sus caídas, los perjudicamos severamente.

**Ayuden** a sus hijos a examinar y reordenar sus prioridades. Hay toda una serie de presiones que hacen que sus hijos realicen ciertas cosas a fin de ser populares, de estar en el ambiente, y vivir despreocupadamente. No estoy tratando de convencerlos para que eviten esas cosas a sus hijos, sino que necesitamos darnos cuenta de la importancia relativa de la popularidad, el compromiso y la libertad de hacer lo que uno quiera. Muy frecuentemente se buscan estos rasgos a expensas de la integridad, el carácter, la compasión y el conocimiento de uno mismo.

**Muestren** respeto y animen a respetar. Ustedes pueden hablar sin rodeos si tienen sentido del asombro en relación a Dios. ¿Sus hijos los ven orar?

¿A ustedes les impresiona una actitud respetuosa, no fingida, ni estudiada, sino sincera? ¿Se arrodillan delante del altar, hacen genuflexión cuando van a la Iglesia? ¿Se santiguan sabiendo lo que están haciendo o manotean con los brazos como si estuvieran aplastando una mosca? Es lógico el que no estén conscientes de la majestad de Dios a cada minuto, sin embargo, ¿se manifiesta esa conciencia en su vida? Si es así, sus hijos cosecharán los frutos.

Existe una historia de George Dosis, arquitecto y escritor, la cual fue relatada por Robert Bly en su obra *Little Book on the Human Shadow* (Un pequeño libro a la sombra humana, disponible sólo en inglés).

Cuando era un niño pequeño y vivía en Hungría me gustaba cenar. Me encantaba ir al comedor y sentarme en frente de los enormes platos y tener un sirviente que viniera y me sirviera la sopa. Cuando una tarde baje al comedor, éste estaba en desorden. Una persecución encarnizada había ocurrido en Rusia y muchos judíos habían huido a la orilla de nuestro pueblo. Mi abuelo había ido a la estación del ferrocarril y había traído a casa a los judíos que había encontrado.

No sabía lo que sucedía, pero veía a hombres ancianos con solideos en la sala, madres atendiendo a sus niños en las esquinas de la sala y grité como enloquecido y dije: "¡quiero mi cena, yo quiero mi cena!". Una de las sirvientas me ofreció un pedazo de pan, yo lo arrojé al piso y grité: "¡yo quiero mi cena!". Mi abuelo acababa de entrar al cuarto y alcanzó a escucharme. El se inclinó y recogió el pedazo de pan, lo besó y me lo dio. Y me lo comí.

En un gesto cargado de significado el abuelo invitó al joven a levantarse desde un comprensible pero cómodo sitio hacia un espacio sagrado. Bly comentaba: "Besar un pan es muy hermoso, aun cuando no conozco la razón". ¿Qué le responderían ustedes a Bly?

**Respondan** a las preguntas relativas a la otra vida y al final del mundo con un concepto que tenga algo que ver con su estilo de vida. En ciertas edades los niños están muy interesados en la muerte y en lo que pasa después. Es una buena oportunidad para explicarles amablemente que si bien no debemos preocuparnos de todo pecado, la forma en que vivamos nos servirá de prueba en el juicio. Los padres de familia actuales consideran que esto es complicado y frecuentemente lo evitan. No quieren asustar a sus hijos con la amenaza del infierno, los padres de familia en ocasiones no insisten lo suficiente en el hecho de que nuestras acciones y nuestra forma de vivir tiene consecuencias a largo plazo. Necesitamos encontrar formas de comunicarles a nuestros hijos que la vida tiene un objetivo y que existe una forma de vida que nos conducirá a la vida eterna.

## LA PRUDENCIA REQUIERE PASIÓN

La prudencia tiene problema de imagen. Tiene la fama de ser la debilucha de 98 libras en medio de las virtudes. El padre James F. Keenan, S. J., es contundente al afirmar que en nuestros días, "ser prudente" significa "no dejarse atrapar". Frecuentemente las personas piensan que la prudencia es la cautela alentada por la timidez o el autocontrol. Probablemente se acordaran de la sátira *Saturday Night Live* contra el cauteloso George Bush: "No, eso no sería prudente". Pero Keenan añadía "en la tradición creyente, la prudencia significa encontrar el curso de la acción que guíe al crecimiento moral."

La prudencia es la sabiduría práctica y el juicio. La prudencia es hacer el bien a través de los mejores medios y elecciones. Es una de las cuatro virtudes cardinales. De hecho, la prudencia es la sabiduría aplicada que acompaña a las otras virtudes.

Los padres de familia necesitan prudencia. Necesitan tener no una idea directa de que la acción virtuosa que está desarrollándose esté en orden, sino que necesitan tener un conocimiento y una comprensión de cada uno de los hijos que tienen a su cuidado. "Es obvio que si un padre de familia trata a cada hijo de la misma forma, entonces sólo uno de ellos crecerá adecuadamente", decía Keenan. "Respetar la unicidad de la persona es una preocupación fundamental de la prudencia. No podemos dar consejos prudentes a menos que tengamos una idea clara de quién los va a aplicar. Se podría decir, que una virtud debería corresponder a una persona, como un guante ajusta a la mano. Existe una sensación de la virtud muy a propósito y que apuntara Tomás de Aquino al designar a la virtud como "nuestra segunda naturaleza".

La prudencia es capaz de decir las palabras justas en el momento oportuno —ni ir demasiado aprisa, pero tampoco abstenerse o retractarse. La prudencia no es hacer las cosas en lugar del hijo, es encontrar la manera de potenciarlos para que sean virtuosos por sí mismos. La prudencia es buscar la ayuda que necesitamos y estar seguros de que carecemos de algo importante y necesario para funcionar bien.

Como padre de familia te corresponde tener la capacidad de mirar las cosas en amplia perspectiva y hacer lo que sea necesario para mantenerlos unidos. Algunas veces, supondrá aligerar la tensión por medio de una broma, otras veces supondrá dar la seguridad, para que una inquietud dicha de manera velada, se exprese clara y cabalmente. En ocasiones, implicará saber cuándo conviene dejar que llegue el momento oportuno. Isabel, mi joven sobrina, nos contaba una situación que vivía con su papá Martín, quien era capaz de leer correctamente la situación y ser lo bastante creativo para hacer las cosas correctas —que a veces equivalía a no hacer nada. La historia tuvo lugar hace varios años cuando Sheila, la mamá de Isabel estaba esperando su cuarto hijo. El embarazo había sido difícil, y la salud de Sheila estaba en riesgo. Martín había iniciado un nuevo empleo y estaba a la mitad en su programa de maestría. Los miembros de la familia colaboraban en el cuidado de los niños, ese fue un período extenso de presión y desajuste para la rutina familiar.

Entonces llegaron las buenas noticias: Meghan Grace había nacido. Todos estábamos emocionados. Pero no todo marchaba bien. Sheila tenía complicaciones. Era el tiempo de la incertidumbre y la preocupación. Martín trató de continuar la vida tan normalmente como fuera posible para sus tres hijos mayores. Pero sin mamá en casa las cosas no eran iguales.

Las preguntas estaban latentes en el ambiente: "¿cuándo va a regresar a casa?, ¿podemos ir a verla ahora?, ¿cuándo traerán al niño a la casa?, y sobre todo, la pregunta implícita y más angustiante: "¿saldrá bien mamá?

Los días continuaban y la tensión crecía. Martín llevó a los niños para que visitaran a Sheila y a Meghan Grace. La visita resultó agradable, pero no había respuestas seguras y resultaba difícil dejarlos ahí y regresar a una casa que parecía vacía sin ellos. Tomaron el camino a casa con muchos encargos. Martín estaba preocupado por todos los detalles necesarios para que la casa funcionara, seguir al pendiente de su trabajo, y arreglar todo lo necesario para el cuidado de los hijos. Sin embargo, en la última etapa de la jornada, se concentraría en sus hijos y trataría de estar presente ante ellos, sus preocupaciones y cuidados.

Hablaban un rato, entraban en contacto, y en seguida se escuchó una canción en la radio. Era una canción que había sido muy popular cuando su mamá estaba en casa y estaban todos unidos. Ahora evocaba el recuerdo de cuando la vida transcurría con normalidad. Isabel,

Bridget y Brian se sentaban normalmente en sus asientos, escuchaban y tal vez tarareaban las palabras de "Colors of the Wind" (los colores del viento).

Entraron en la cochera, y Martín se dispuso a apagar el carro. Pero percibió lo decisivo del momento y se detuvo. Miró los ojos de sus hijos a través del retrovisor y suspiró. Durante un minuto el también descargó sus preocupaciones y se unió al ensueño. Las palabras y la música habían llenado la camioneta y habían levantado sus corazones. Los ojos podían haberse empañado, y una lágrima pudo haber mojado una o dos jóvenes mejillas. Pero la estructura de la familia estaba fortalecida y el pequeño desgarrón comenzaba a repararse.

Dos años más tarde, esa misma canción se escuchó en el radio del carro cuando Meghan, sus hermanas y su hermano estaban pasando la noche en casa. En esa ocasión fue cuando Isabel, la hermana mayor nos contó la historia. Habló del viaje de regreso del hospital y de cómo se sentaron en la cochera. "Papá no apagó la música. Dejó que tocara. Dejo que nos sentáramos en la camioneta y que la escucháramos hasta el final." La luz de sus ojos y el tono de su voz dijeron toda la historia –de una familia que sintió que sus lazos se rompían y del momento especial de gracia cuando revivió la esperanza y la valentía fue compartida. Esa es la prudencia.

## LA VIGILANCIA ES UN ARTE

Conozco a un golfista profesional que era muy exitoso, dedicaba la mayor parte de su tiempo a observar. Entendía a cada jugador tan claramente que más que tratar a todos sus alumnos en forma estereotipada, era capaz de hacer pequeñas sugerencias personalizadas que despertaran lo mejor de cada jugador. El meollo no está en cambiar a las personas, sino en comprender sus fortalezas y debilidades, y darles la palabra que sea más oportuna.

Los padres deben tomar la parte del juramento hipocrático que dice: "No hagas daño". Algunas veces nos conviene más estar en silencio, especialmente cuando nuestros hijos son preadolescentes o adolescentes. En ese momento es muy importante, que los hijos sientan que tienen el control del flujo de la información. Es la forma de ir estableciendo su propia identidad. En ese momento cualquier cuestión sencilla la convierte en un gran problema. Ellos los trataran a ustedes como si fueran la GESTAPO que los golpea para sacarles alguna información. Controlen su lengua, esperen, cuenten hasta diez, recen el Ave María o tararecen el tema musical de algún programa favorito, inclusive el tema de una película, antes de formularles la pregunta que pondrá sus nervios de punta.

Pidan permiso antes de ofrecerles su opinión. Esto podrá parecerles exagerado, pero funciona. Piensen en un compañero de trabajo y en lo que harían si viniera hacia ustedes y viera que tienen problemas con algún equipo de la oficina o con alguna máquina, y les dijera: "Ahora, permíteme decirte que lo estamos haciendo mal, y lo que debes hacer para que funcione correctamente". ¿No quisieran que un compañero de oficina los tratara de ese modo? ¿Por qué no dar a nuestros hijos el mismo respeto que damos a los compañeros de trabajo, o a los extraños que encontramos en la calle?

## LA VERDADERA ESPERANZA, AYUDA VERDADERAMENTE

La desesperación se siente como si estuvieras en un cuarto cerrado: cuatro áridas paredes y ninguna salida. La desesperación es un fracaso de la imaginación. Es la incapacidad de imaginar que Dios puede hacer por nosotros lo que nosotros mismos no somos capaces de hacer. Es como el hombre que está colgando de una rama delgada sobre un escarpado acantilado, el cual necesita imaginarse por anticipado cómo los rescatistas podrían salvarlo, antes de disponerse a que lo salven. Si no lo puede imaginar, entonces no será posible. Algunas veces deberíamos desentendernos del asunto y dejar que Dios haga lo demás.

Tener esperanza no es lo mismo que ser un optimista despistado, estos son incapaces de ver las dificultades y las tragedias de la vida. La verdadera esperanza es consciente de las cosas horribles que pueden ocurrir, pero mantiene la confianza de que Dios puede redimirnos aún de nuestros momentos más oscuros.

Los padres de familia necesitan la esperanza. Nuestros hijos representan nuestro futuro y sin esperanza nos sentiremos abandonados para enfrentar el futuro con temor. Si estamos limitados en nuestra capacidad de diseñar un futuro para nuestros hijos, el futuro podrá verse incierto. La esperanza nos dice que aun cuando no podamos ver lo que aparecerá en el futuro, nuestros hijos tendrán todas las cosas que realmente necesitarán.

Los hijos vendrán frecuentemente hacia sus padres en momentos de desesperación. El muchacho que intenta una y otra vez y no asimila las lecciones de ciencias. La hija que quiere formar parte del equipo de basketball pero que es enclenque y debilucha. El hijo que se ha enamorado locamente de una niña que ni siquiera sabe que existe. La candidata a la presidencia del grupo escolar que descubre que un antiguo amigo está haciendo campaña contra ella. Ese tipo de desafíos suelen ser extremamente traumáticos para la gente joven. No saben demasiado acerca de la vida y no saben que el sol volverá a brillar el día de mañana. Es en estas ocasiones los padres de familia necesitan estar saturados de esperanza. ¿Podemos contener sus preocupaciones sin dejarnos atrapar por ellas? Sólo si tenemos esperanza. ¿Podemos reconocer y recibir sus preocupaciones y encontrar juntos una salida positiva? Sólo si tenemos esperanza. ¿Podemos acercarnos a la vida desde una perspectiva optimista, de manera que nuestros temores y ansiedades no lleguen a ser el pan de cada día de nuestros hijos? Sólo si tenemos esperanza.

Es obvio que fácilmente nos preocupamos por el tipo de mundo que encontrarán nuestros hijos. Conocemos sus puntos flacos (aun los hijos que parecen tan fuertes e impermeables a la inseguridad, tienen sus puntos vulnerables) y sabemos que el mundo querrá comérselos. El hijo que tartamudea, la hija de sexto año que todavía se chupa el dedo cuando está a solas en su cuarto, el hijo que tiene un aspecto tosco, y un carecer demasiado fuerte, y que a pesar de sus esfuerzos por cambiar, le cuesta muchísimo decir: "lo siento"; el hijo o hija que es simplemente distinto a los demás. Sin una base firme de esperanza para sostenernos, estaremos consumidos por nuestra propia ansiedad acerca de nuestros hijos, debilitaremos su fortaleza y sus tiernos brotes de esperanza. Necesitamos un envase suficiente para contener todas esas preocupaciones y seguir abiertos a la bondad de la vida. Ese envase es la esperanza.

La esperanza no supone tener un pie en el cielo, o ser idealista. Aun cuando no seamos capaces de contemplar las oportunidades que nos esperan a nosotros y a nuestros hijos, la esperanza es la decisión bien fundada de no ponerle límites al poder de Dios por medio de las restricciones de nuestra propia imaginación.

La esperanza sirve para sacarnos de la rutina. Algunos definirán la locura como "hacer la misma cosa una y otra vez, esperando los mismos resultados". Como padres de familia frecuentemente nos encontramos atrapados en esta clase de demencia, repitiendo ciertas conductas paternas, sin fijarnos en que no han estado funcionando. La esperanza nos da espacio para dejar ir el modelo que, siendo familiar, no nos conduce a ninguna parte. Es invitar a Dios a actuar en nuestras vidas.

Los padres de familia practicamos la esperanza cuando tomamos una visión amplia de la situación. Practicamos la esperanza cuando recordamos las fortalezas de nuestros hijos, lo mismo que sus temores normales o su fragilidad. Practicamos la esperanza cuando admitimos honestamente que no sabemos cómo funcionará la situación, o cómo Dios se hará presente, pero nos aferramos confiadamente a nuestra fe, que Dios actuará a nuestro favor en esa situación.

Tengo un ejercicio que ayuda a construir la esperanza. Al final del día, luego de que he estado preocupado por montones de cosas a la vez, o que me encuentro sorprendido por cada nueva situación que me aterra, debido a que hay un plazo corto para solucionarla, o simplemente cuando tengo docenas de llamadas telefónicas por contestar, trato de realizar el siguiente ejercicio. He aquí cómo funciona: imagino a Dios, a Jesús y a María sentados a mi lado tranquilamente. Esto me ayuda a pensar que Dios es demasiado grande. Cada vez que una preocupación lastima mi mente, me imagino colocando plácidamente esta preocupación en el regazo de Dios o en el regazo de María. Este ejercicio de imaginación me ayuda a encontrar un descanso del temor paralizante. No es un mero escape, puesto que me ayuda a poner las cosas en perspectiva, de manera que pueda realizar cualquier acción útil, sin echarle el problema a Dios.

Una noche cuando mi hija Judy se sentía acosada porque estaba a la mitad de los exámenes finales y debía entregar varios trabajos de investigación, fue entonces cuando le sugerí que practicara este ejercicio. Y esto supone práctica. Dijo que lo haría, pero no volvimos a hablar posteriormente del asunto. Entonces durante este verano cuando tenía muchos compromisos enfrente, los miembros de la familia estaban enfermos, y sentía que había muchas presiones sobre mí, más de las que podía asumir, Judy me dio un paquete y me advirtió "ábrelo cuidadosamente".

Dentro de la caja había una imagen que Judy había hecho. Era una imagen de María sentada, sus brazos en curva y sus manos encima de las rodillas. Su regazo era una especie de hueco. En la caja también se encontraba un envase circular con piedritas. "Esto es algo como tú me dijiste, papá. Las piedras son tus preocupaciones. Cuando llegue una, ponla en el regazo de María y déjala ir". Esa imagen está en mi escritorio y la tengo frente a mí siempre que me encuentro trabajando. En los días duros, María se sienta ahí tranquilamente llevándose cuatro o cinco piedras. Ella es un signo visible de mi fe, mi certeza de que no estoy solo con mis problemas y preocupaciones. Ella es un símbolo de que verdaderamente la esperanza es preferible al temor. Y estoy contento por haber aprendido esta lección de parte de mi propia hija.

# Manos *a la obra* 13

## *Cómo manejar la esperanza*

**Estén** abiertos a la esperanza. Dado que la esperanza es una de las virtudes que Dios regala, no pueden fabricarla por ustedes mismos. A pesar de eso, pueden ayudarse y ayudar a sus hijos a estar disponibles, abiertos, y a aceptar este regalo cuando venga. Pueden hacer esto utilizando un lenguaje esperanzador, pidiendo fortaleza para confiar, concentrándose en las promesas de Dios y estando dispuestos a aceptar las sorpresas, más que "las cosas seguras".

**Dividan** el trabajo entre ustedes y Dios. Esto significa que hacen su esfuerzo y dejan el resultado a Dios. Frecuentemente hay situaciones que nos paralizan porque nos preocupamos demasiado por el resultado. Podemos darnos cuenta de lo que debemos hacer, pero el temor de cómo saldrán las cosas nos inmoviliza. O puedo actuar con precipitación, seguro de que mis acciones tendrán resultados seguros. Pero entonces las cosas no resultan como las había planeado. Me enojo porque Dios no cumplió mis expectativas.

En situaciones como estas es mejor recordar lo de la división del trabajo: ustedes son responsables de sus acciones; Dios es responsable del resultado final. Empiecen haciendo oración, pídanle a Dios su auxilio. En seguida, simplemente hagan lo que vaya de acuerdo con su conciencia.

Esta no es una disciplina fácil. Supone mucha práctica lograr que nuestros deseos no traten de controlar el resultado de nuestros planes y acciones. Implica apertura y confianza. Pero es fuertemente liberador el dejar de querer controlar lo que no podemos controlar –el resultado–, simplemente realicen aquella acción que les parezca mejor. Significa dejar el asiento del chofer y dejar que Dios sea Dios.

**Ejerciten** la esperanza como puedan. Mientras más practiquen la esperanza, se hará más fuerte dentro de ustedes. Dejen que su lenguaje, sus actitudes y acciones reflejen esa actitud fundamental de la esperanza. Y si no sienten esperanza, es bueno que actúen como si la tuvieran. En cierto sentido, están tomando prestada la esperanza futura, como si la tuvieran en el momento presente.

**Asuman** una perspectiva amplia. A veces queremos que suceda lo que ocurrió en cierta ocasión. Si podemos mirar más allá de los intereses del momento inmediato, podremos ver una historia más grande de esperanza desplegándose en nuestras vidas. Ese es el ímpetu que está detrás de los libros populares que nos dicen, "no se preocupen por pequeñas tonterías (y todo es una pequeña tontería)".

**Estén** de forma despreocupada en presencia de sus hijos. Escuchen sus problemas y preguntas sin dejar que la ansiedad se adueñe de ustedes. Deténganse un minuto antes de que llegue la ansiedad y díganse a sí mismos: "todo está bien". Esta es la virtud de la esperanza que se propaga en su vida como una vid fecunda. La Psicología popular ha propagado la idea de que la enfermedad mental puede ser transmitida a través de la familia. Lo mismo pasa con la virtud. Si afrontamos los momentos de ansiedad de nuestros hijos con esperanza, estarán en mayor armonía con la virtud que Dios está plantando en sus corazones y en sus almas.

**Practiquen** la apertura a la acción de Dios en su vida. En tranquila meditación ejerciten sus poderes de observación. Busquen las huellas de Dios en los eventos de su vida. Dios puede estar actuando a través de sus propios impulsos y deseos, a través de las relaciones que mantienen con los demás, a través de los asuntos inspiradores del periódico, en una situación de una novela o un drama

*La esperanza viene suavemente y sin anunciarse. No hace anuncios grandes, aunque todo lo cambia. La esperanza es uno de los dones más tiernos de Dios... la esperanza sabe que hay un terreno sólido sobre el cual podemos asentar nuestros pies, unir nuestras manos, un amor que está presente aun cuando parece que todo lo bueno se ha esfumado. Tengan confianza. Dejen sus miedos, preocupaciones, e incluso su desasosiego ante la mirada de Dios. Abran sus corazones a la esperanza.*

de la TV, y especialmente a través de su interacción con sus hijos. Mientras más reconozcan la acción de Dios en su vida, eso los guiará a un amor y una sabiduría más profunda, mientras más esperen, más serán sostenidos.

**Ayuden** a sus hijos a desarrollar habilidades que anticipen la esperanza, de igual forma, ayúdenlos a evitar expectativas irrealizables. Frecuentemente los caminos de Dios son sorprendentes y sutiles. Recuerdo una vez que hablaba con estudiantes de segundo año acerca de la oración. Uno de los alumnos me dijo: "Esto no me interesa de ninguna forma".

"¿Por qué no Gary?", le pregunté.

"Oré insistentemente para que Dios no permitiera que muriera mi abuelo y murió. Yo no creo en la oración". Era claro que Gary no tenía esperanza. Es una situación difícil de responder. No hay una forma lógica de convencer a Gary de lo contrario. La única forma de cambiar su percepción es haciéndolo que entrara en armonía con la manera en que Dios trabaja en el mundo para su beneficio. Dios trabaja en el mundo a favor nuestro. La oración no es una máquina expendedora de servicios divinos. No podemos depositar nuestras oraciones en la ranura, apretar un botón y ver que nuestros deseos se cumplen casi de inmediato. Es una relación más sutil que esta, y debemos ayudar a los niños a comprender tales sutilezas. Ante todo, esto supone estar abierto, compartir sus propias experiencia de

cómo opera Dios, e invitar a sus hijos a que estén atentos a las formas en que Dios actúa en sus vidas. Polly Berrien Berends enseñaba a sus hijos que: "cuando oramos, estamos tratando de dejar que Dios nos hable y que nos de una buena idea". Esta es la fuente de nuestra esperanza. Dios está tratando constantemente de comunicar su ser divino a nosotros. Ejercitamos nuestra esperanza al hacer lo que sea necesario para estar a tono con ese mensaje, el cual es la vida misma.

**Lean** historias esperanzadoras para ustedes y para sus hijos. Expongan ante ellos los mensajes esperanzadores que se encuentran en la Biblia. Una buena manera de comenzar es con la carta de san Pablo a los Romanos en el capítulo 8, versículo 31 y siguientes.

*Es un hecho poco conocido que el verdadero negocio de la paternidad es la educación de los padres de familia.*

POLLY BERRIEN BERENDS

# CAPÍTULO NUEVE

# De la acogida al perdón

## La disciplina espiritual que todo padre de familia necesita

Los hijos necesitan mucha disciplina, los padres de familia, por su parte necesitan la autodisciplina. Si ejercemos la autodisciplina, ésta no sólo modelará en nuestros hijos los buenos hábitos de la honestidad, la confiabilidad, y la cortesía que podamos mostrarles, sino que además tendrán un entorno emocional estable. Aprenderán a confiar en nosotros y así podrán vivir bajo nuestra responsabilidad, lograrán entender que los cuidaremos y les marcaremos límites y expectativas, del mismo modo que nos los fijamos a nosotros mismos.

Cuando se trata de la disciplina, muchos padres de familia piensan en la conducta de sus hijos, sin embargo, también deben pensar en su propia conducta. Después de todo, los hijos que viven en un ambiente familiar caótico tienen más probabilidades de ser indisciplinados, sin importar cuánto los apoyen sus padres. Los hijos vivirán de acuerdo a lo que los vean hacer.

Y por eso vale la pena revisar gustosamente nuestra propia conducta y valorar nuestra autodisciplina. A continuación le presento una lista breve de conductas que convendría revisar:

- Háganse presentes cuando prometan que lo harán.

- Sean honrados.

- No sean tramposos.

- No mientan ni sean chismosos.

- Ejerciten su autoridad con justicia y constancia.

- No hagan berrinches.

- Conózcanse a sí mismos.

- Hagan servicios a los demás personas sin segundas intenciones.

- Admitan sus errores, no traten de encontrar excusas.

- Ocúpense de su crecimiento espiritual.

Si sienten que quieren mejorar, es mejor que continúen haciéndolo. Es como quien se resuelve "a estar en forma". Si salen el primer día y corren 5 kilómetros, hay probabilidades de que será el principio y el fin de un régimen saludable. Piensen en alguna área de su vida familiar que ciertamente mejoraría si tuvieran más autodisciplina y se mantuvieran así durante los próximos tres o cuatro meses. Busquen el progreso, no la perfección.

Ejercitarse positivamente sobre tareas pequeñas los preparará para afrontar desafíos mayores en los años futuros cuando el principal trabajo de sus hijos será darse cuenta de los límites que tienen. Mientras más orden y paz lleven a su propia vida, más orden y paz (probablemente) irradiarán en su vida familiar.

He aquí algunas disciplinas sobre las que conviene reflexionar.

## LA ACOGIDA: "NOS ALEGRA QUE ESTÉN AQUÍ"

El trabajo principal de un padre de familia es introducir a su hijo al mundo y traer el mundo ante sus hijos. La disciplina espiritual de la acogida comienza aún antes de que escuchen la noticia de que están esperando un nuevo hijo. Para muchos, comienza cuando se comprometen y dialogan sobre su deseo de traer una nueva vida al mundo. Empieza cuando tomaban un paseo bajo la luz de la luna y platicaban de sus sueños comunes, cuando en tiempos de su noviazgo practicaban

Newhope Library Learning Center
07/31/2018 6:07:33 PM    714-647-6992

Title:      Super Diaper Baby 2 .
Item ID:    31994015201053
Due:        08/14/2018

Title:
Bad kitty meets the baby /
Item ID:    31994015168120
Due:        08/14/2018

Title:      Watch your tail! /
Item ID:    31994015209569
Due:        08/14/2018

Visit the
Internship & Job Web Portal
https://opportunitysa.org

el arte de anteponer el interés del otro. Comienza cuando crean un espacio físico y emocional en sus vidas para cada hijo que Dios les envía. Este es un lenguaje figurado −"enviado a ustedes por Dios"− pero que es verdadero. Esos hijos no nos pertenecen, son confiados por el amor de Dios a nuestro cuidado.

Necesitamos acoger a nuestros hijos en cada momento de su vida, y necesitamos acogerlos tal como son: con sus fortalezas y debilidades, con su personalidad rara y sus manías, sus rasgos encantadores y sus gestos toscos. Necesitamos aceptar el paquete completo. Esto significa que si ansiaban de todo corazón educar un mariscal de campo y su hijo prefiere coleccionar estampillas, tienen que decirle adiós a sus sueños de tener en casa un futbolista estelar y acoger al coleccionista de estampillas. O si siempre habían estado esperando a una pequeña barbie que pudieran vestir de manera exquisita y a su hija le gusta la ropa holgada y oscura, tendrán que abandonar sus sueños y acoger a la hija que en realidad les envió Dios.

No basta con tolerar, se trata de acoger a nuestros hijos con sus intereses y sus deseos, sus defectos y sus fortalezas, sus ambiciones, su temperamento y su sexualidad, con su deseo de amar y ser amados.

Necesitan acogerlos cuando lleguen a la edad y el momento de enamorarse locamente. Eso puede ser diferente para padres de familia diferentes. Algunos gozan esos momentos, otros consideran que ese momento es una tortura. Algunos consideran que el momento más difícil de aceptar es el de la adolescencia, mientras que otros disfrutaron haber pasado juntos esos años. Solamente dense cuenta que cualquier estadio de la vida que les resulte difícil habla más de ustedes mismos que de sus propios hijos. Esto no es malo. Es una oportunidad para que acepten a sus hijos y aprendan más de sí mismos.

Necesitamos acoger a nuestros hijos cuando llegue ese momento en que no quieren saber nada de sus padres, y cuando se muestran orgullosos, antisociales, y hasta detestables. En todas esas fases los acogemos a ellos a fin de poder decir las palabras de *Los Miserables*, "llévalos a la luz".

> *Los hijos pequeños y los perros viejos saben si realmente se alegran de verlos llegar.*
>
> Anónimo

155

Ahora bien, la acogida no significa aceptación ciega. Si sus hijos tienden a actuar de manera egoísta, colérica o mezquina, ustedes no deben permanecer mudos ante estas conductas (para ustedes y para el hijo) preocupantes. Sin embargo, no deben tratar de erradicar esas conductas como si no existieran. Nuestros hijos son nuestro propio camino espiritual. Esos problemas son su tarea, no su vergüenza. Les podemos ayudar al compartirles las estrategias para superar conductas que más que acercarnos, nos alejan de Dios.

Nuestra tarea principal es acoger también a otros niños, que bien podrían ser los niños de la cuadra, los amigos de nuestros hijos, o aún los niños que parecen ser una amenaza. Mi esposa y yo solemos salir a caminar después de la cena. Vivimos cerca de una zona donde se encuentra una enorme escuela preparatoria, es frecuente que encontremos muchachos que fácilmente podrán ser vistos como "miembros de alguna pandilla peligrosa". Todos visten de negro, tienen tatuajes e incontables perforaciones, pareciera que quirúrgicamente les implantaron un ceño fruncido en sus caras. Cuando encontramos a muchachos adolescentes les sonreímos ampliamente y los saludamos. En ocasiones no obtenemos respuesta, pero lo más común es que suavicen su apariencia hosca y el gesto temible desaparezca, mostrando una cara fresca y sonriente que devuelve el saludo "Hola". Y enseguida, estoy seguro, que de inmediato retorna la actitud hosca y defensiva al lugar.

Nuestros adolescentes necesitan descubrir que son acogidos, no importa que traten de aparecer como antisociales. Cuando dicen que se necesita un pueblo para educar un hijo, no quieren decir que todo mundo debe estar corrigiendo a todos y cada unos de los niños. Creo más bien que lo que intentan decir es que todo mundo en el pueblo debe ver a este hijo y reconocer su existencia y pertenencia a la comunidad, al mismo pueblo. Los adultos deben formar una especie de círculo alrededor de la gente joven para que no se sientan excluidos, marginados y desconocidos. Mi esposa enseña a alumnos de séptimo grado y reconoce lo importante que es para ellos experimentar los límites. Dice: "me imagino que parte de mi trabajo es ser la muralla. Necesitan estrellarse contra los límites para que se den cuenta al lugar al que pertenecen. Si no hay un muro, correrán ininterrumpidamente y es probable que nunca los volvamos a ver. Acoger a nuestros hijos no es solamente dejarlos estar donde les pertenece, sino también mantenerlos unidos al lugar que pertenecen".

Para una noche de halloween, lo vi de esa manera:

Un maniático vino a mi puerta con una pequeña hacha en su cabeza, la sangre le escurría en el rostro.

Yo me reí sonoramente y le di la calificación máxima, levanté mi mano para que hiciéramos chocar las palmas, y además de un fuerte saludo de afirmación, dejé caer un buen puño de chocolates sobre su bolsa.

La siguiente vez llegó una hermosa princesa con un brillo que combinaba con su capa y sus párpados. Me incliné delante de ella mientras dejaba caer unas barras de chocolate en su bolsa de plástico fosforescente. Por su parte, le ofreció una sonrisa a su humilde siervo y tocó levemente mi cabeza con su plateada varita mágica. Un grupo mezclado de vagabundos y bailarinas se paseó ante nosotros. Futbolistas famosos y fantasmas, vampiros y Pocahontas, y hasta unos porristas muy animados pasaron por nuestra casa.

Todos se llevaron algo de lo que teníamos para ellos. Un bailarín de danza hawaiana, los tres cochinitos, el Zorro, y un niño que parecía ser víctima de un tornado (sin embargo, sería muy hermoso mirar a este enfermo durante el resto del año) llegó hacia el final de la tarde y se sacó la lotería, llevándose de golpe todos los dulces, que de otra manera permanecerían en el armario de la cocina como ocasión de pecado. ¡Qué regalo!

Dios mío, ayúdame a acoger a estos niños con gran corazón y noble esperanza, sin fijarme en los aterradores disfraces que traen, al momento en que cruzan mi camino sin sol, precisamente cuando los días más fríos están aun por venir.

## FACILITANDO LA PARTIDA: LAS SEPARACIONES SON DIFÍCILES DE AFRONTAR

Hace varios meses mi hija mayor me anunció que planeaba ir a Ecuador para pasar allá su primer año de Universidad. Pienso que es una gran idea −¡para la hija de otra persona!

> *¿Es esta la niña que cargaba?*
>
> *¿Es este el niñito que jugaba?*
>
> Teyve en *Violinista en el tejado*

Es claro que estábamos emocionados con su deseo de conocer otras culturas, aprender de otras gentes, perfeccionar su español (el cual ya era muy bueno) en vistas al trabajo que pensaba realizar con hijos de emigrantes como terapeuta por medio del arte. Pero también era obvio que estábamos aterrorizados con la idea de dejarla marchar a ese lugar tan lejano. ¿Quién la cobijaría cuando sintiera un resfriado? Es claro que ahora debería estar dispuesto a esto. Estaba angustiado cuando ella dio sus primeros pasos y cuando salió al parque por su propio pie. Estaba angustiado cuando se montó en su bicicleta y cruzó calles transitadas por primera vez para ir a casa de sus amigos, cuando pasó la noche en la residencia escolar por primera vez, cuando manejó por primera el auto familiar, y cuando la llevamos a la Universidad por primera vez.

Dejar partir es un suceso que ocurre diariamente cuando se tiene hijos. Sé que parece una locura estar diciendo a cada momento: "cuídate", antes de que mis hijos dejen la casa. Mis palabras les resultan gastadas, y no escuchan mis advertencias. El problema es que los padres de familia sabemos las cosas horribles que pueden pasar, y que le pueden ocurrir a nuestros hijos. Mientras tanto, nuestros hijos parecen estar felizmente inconscientes de los peligros que los acechan, y están seguros de que nunca les pasará algo malo. Estoy feliz de que Dios haya plantado esa certeza en los jóvenes. Les dio el vigor de salir y tomar el mundo con fe y entusiasmo. Pero a mi me queda la necesidad de practicar la disciplina espiritual para dejarlos partir.

Wendy Wright, autor de un libro magistral *Sacred Dwelling: A Sprirituality of Family Life* (Permanencia sagrada: una espiritualidad de la vida familiar, disponible sólo en inglés) analizó lo que supone para los padres dejar partir a sus hijos.

Las dos disciplinas principales de la familia son acoger y dejar partir... Dejar ir supone una fe radical. Significa confiar lo que más amas al extenso cuidado y protección de Dios. Pero esto no significa que si oran intensamente, Dios hará algo para impedir que esas cosas horribles le sucedan su hijo. Ni significa que todo mal, aún el mal perpetrado contra un inocente, esté de alguna manera dentro de "todo el plan de Dios". Pero de algún modo, la presencia de Dios está disponible ante nosotros aún en el misterio del sufrimiento humano y la muerte... Esta clase de confianza radical en un Dios que acompaña es lo que nos permite dejarlos ir.

Cada día ofrece nuevas oportunidades y nuevos desafíos para que los padres aprendan a dejar marchar a sus hijos. Cada partida representa una pérdida para nosotros, es una pequeña muerte, que resulta dolorosa, pero que constituye un regalo para nuestros hijos. Y finalmente, el objetivo de nuestra jornada espiritual es un abandono total en el abundante amor de Dios. Practicamos esto diariamente en pequeña escala.

# Manos *a la obra* 14

## *Cómo dejarlos partir gustosamente*

**No esperen** demasiado para dejarlos ir, ni tampoco los liberen demasiado pronto. Porque el acto de dejarlos ir es un desafío espiritual y una tarea de los padres de familia, tendrán que proveerse de la fortaleza espiritual y de las habilidades y destrezas para educar a los hijos, que les permitan encontrar un prudente término medio para sus hijos. Se requiere una cierta dosis de fortaleza interior para seguir luchando con estas preguntas durante los años en que cada hijo va creciendo. No es posible que decidan a la edad de tres años cuáles son las reglas y que imaginen que dichas reglas funcionarán para los próximos veinte años. Es una negociación constante.

Recuerdo que miraba a mis hijas cuando tenían cinco y dos años respectivamente y les decía: "no crezcan jamás, permanezcan para siempre en esa edad". Pero ellas no me hicieron caso. Cada edad implica nuevas reglas, nuevas sugerencias, nuevos permisos y nuevas restricciones. Es agotador. Existe la tentación de contestarles siempre con negativas, marcándoles a los hijos unos límites muy estrechos, dentro de los cuales deberían vivir. La otra tentación es abdicar de la responsabilidad y dejar que "las cosas sigan su camino".

He visto lo que ha ocurrido cuando los bebés están pedaleando su triciclo, para arriba y para abajo, en una cuadra sin vigilancia, y a todas horas del día y de la noche. O a los adolescentes que están todo el día tirados en el parque, sin que a nadie en la casa sepa o le interese saber dónde se encuentran. Por supuesto que no es bueno educar a nuestros hijos como si estuvieran en un invernadero de jitomates, pero es peor dejar que se eduquen a sí mismos.

El término medio es el camino más duro, pero es el adecuado. Los desafíos son:

- Usar el buen juicio
- Aceptar que sus hijos frecuentemente se enfurecerán con ustedes cuando les impongan cualquier tipo de restricción
- Aceptar que van a cometer algunos errores a lo largo del camino

**Inviten** a sus hijos a que tomen sus decisiones. Sé que mis hijas parecen enloquecer cuando les digo que piensen un poco y que decidan, cuando lo que ellas quieren es una simple respuesta. Creo que también aprecian el respeto y confianza que les tengo. Cuando se enfrentan con una nueva decisión "límite", acerca de si pueden ir y con quién, quién puede manejar, cuánto tiempo necesitan para regresar a casa, y si pueden ir a cualquier sitio, normalmente me gusta invitarlas a que dialoguemos. "¿qué piensas que sea lo razonable?, ese es un buen comienzo. En un momento dado un día tendrán que tomar todas sus decisiones, ¿por qué no ayudarles a que vayan practicando desde ahora?

En la siguiente conversación puedo darles la oportunidad de explicar los valores que yacen detrás de mis deliberaciones y de mi última decisión. Deben escuchar mis inquietudes y responderlas. Algunas veces mis temores están fuera de lugar (normalmente se trata de un tipo de prejuicio contra muchachos a quienes todavía no conozco bien). Pero algunas ocasiones dan en el blanco. Normalmente me encuentro mucho más tranquilo y confiado acerca de mi decisión, si hemos sostenido un diálogo profundo antes de que yo transmita mi decisión.

**Apelen** a la experiencia de otros padres de familia. Es difícil decidir cuándo es prudente dejarlos partir. Pienso que debe ser particularmente difícil para padres solteros el saber cómo manejar la situación sin tener a una persona confiable para pedir su opinión. Es obvio, sin embargo, que si a la persona que le van a consultar tiene valores totalmente diferentes, aquello será un desastre, aun así, el compartir ambos argumentos les ayudará a concentrarse en sus pensamientos y creencias antes de tomar una decisión. Busquen a otros padres de familia a quienes admiren o que puedan ayudarles a revisar sus ideas. Observen y platiquen con padres de familia que hayan educado a hijos mayores que los suyos. A ellos frecuentemente les agrada compartir los beneficios de sus experiencias. Cuando experimenten una de esas "pequeñas muertes" al moverse a una nueva fase o etapa de la vida, platiquen con otros que compartan sus valores, a fin de que logren poner la situación en el contexto correcto —eso es parte de su sagrado quehacer como padres de familia.

Estoy absolutamente convencido que los padres de familia deben hablar más entre ellos, acerca de cuestiones como, cuándo dar permiso de asistir a los bailes escolares, cuándo permitir que sus hijas usen maquillaje, y respecto a lo que ocurre en las fiestas a donde invitan a sus hijos adolescentes. Desde el momento en que sus hijos son pequeños, conviene mantener abiertas las líneas de comunicación con las familias que visitan. Leí una historia acerca de unos padres de familia de unos adolescentes que redactaron y firmaron un pacto con los siguientes acuerdos: no permitir que los hijos bebieran en sus casas, no permitir que los hijos estuvieran sin un acompañante cuando se reúnan más de tres (o cuando se reúnan personas de distintos sexos), y la vigilancia respecto a la manera en que los huéspedes se divierten.

Frecuentemente los adolescentes responden con mucha elegancia a las preguntas de sus padres, cuando les interrogan acerca de sus planes para la noche, diciendo: "No te preocupes, sus papás están de acuerdo con este plan". Si ustedes y los otros papás mantienen una comunicación frecuente, podrán apoyarse y sostenerse mutuamente. Y esto funciona mucho mejor si ese contacto comienza desde que los niños viven sus primeros años. Entonces podrán sentirse más seguros al concederles un permiso, entonces estarán actuando sabiamente y no estarán renunciando a su responsabilidad.

**Pidan** la ayuda de Dios. Me parece muy útil orar a Dios Padre como padre de familia. Sé perfectamente que Dios está más allá del género, pero la imagen de Dios como un padre amoroso me inspira para vivir mi rol como papá. Pienso que el nacimiento, la vida, el sufrimiento y la muerte de su Hijo fueron el supremo acto de dejar partir, para bien de todos. Dejó que Jesús fuera lo que él fue –verdaderamente Dios y verdaderamente humano– y que fue bueno. Y a través de la vida redentora de Jesús, se nos mostró a nosotros nuestra verdadera naturaleza como hijos e hijas de Dios y fuimos liberados de la esclavitud del pecado. Necesitamos meditar y orar a Dios, quien constantemente derrama vida para nuestro beneficio. Si queremos ser como Dios, debemos aprender la lección de dejar partir. Dios nos ayudará.

## PERDONANDO: "PERDÓNANOS ASÍ COMO NOSOTROS PERDONAMOS"

¿Qué es lo que hace funcionar la vida familiar? Votaría por el perdón. Los malentendidos ocurren fácilmente; entender al otro es una tarea difícil. Y a la hora de los malentendidos, debido a nuestro orgullo y a la multitud de fragilidades humanas que heredamos, lastimamos frecuentemente a quienes están más cerca de nosotros.

Quizás la función más importante de la familia es servir como una escuela de perdón −ofrecer la misericordia, y aún más, aprender a buscarla, a recibirla y a aceptarla. El perdón está en el corazón mismo de quien vive un camino espiritual. El perdón es esencial si queremos despedir las ilusiones que nos creamos acerca de nosotros. Todos queremos ser los héroes de nuestra propia historia. Es muy humano querer evitar la culpa y asumir una especie de perfección. Nos creamos una falsa imagen de nosotros mismos. Pero al construir esta falsa imagen, creamos una gran distancia entre nosotros y el Dios que anhela estar cerca de nosotros. Necesitamos revertir el proceso; dejar de maquillar nuestra imagen y empezar a revelar la verdadera imagen —con todo y cicatrices. Sólo la verdadera imagen puede conocer toda la fuerza del amor de Dios, y que ese amor llega frecuentemente inundando todo de misericordia y perdón.

Para que la fórmula funcione "perdona nuestras ofensas *como nosotros perdonamos a los que nos ofenden*", no empiecen preguntándose cómo perdonar a sus hijos, o cómo enseñar a sus hijos a pedir perdón, sino que primero examinen si como padres de familia esperan o necesitan ser perdonados. Les puedo asegurar que todos los padres de familia necesitan perdón.

> *¿Han resbalado? Levántense. ¿Han pecado? Deténganse. No permanezcan en medio de los pecadores, háganse a un lado. Porque que cuando regresen y lloren, serán salvados.*
>
> San Basilio Magno (330–379), obispo de Cesarea

Podemos aprender de san Pedro muchas lecciones acerca del perdón. Una lección es que él no estaba seguro de que debamos entusiasmarnos con el perdón para que se nos escape de la mano. Pedro le preguntó a Jesús, "¿cuántas veces debemos perdonar a alguien?". Y para mostrarse generoso, pensó él, añadió una sugerencia: "¿siete veces?". Con esto, Pedro pensó que había sido muy generoso. Jesús lo desaprobó. Jesús le dijo en esencia: "no se trata de jugar un juego. Debes asombrarte de la manera en que debes vivir en el campo de la misericordia, antes que puedas regresar a los viejos tiempos en que establecías marcadores. De hecho, quieres conservar un marcador como siempre lo has hecho. No. Nosotros perdonamos un infinito número de veces porque es lo que Dios hace. Dios perdona".

Un poco después, Pedro debió estar contento por esta lección, porque se encontró necesitado de misericordia. Pedro había sido amigo y seguidor de Jesús. Durante tres años habían viajado y enseñado juntos, y Jesús se había revelado a Pedro, más que a cualquier otra persona. Sin embargo, la noche anterior a la muerte de Jesús, Pedro abandonó y traicionó a su amigo, negando conocerlo, además de todo. Dándose cuenta de lo que había hecho, Pedro lloró de todo corazón. En ese acto de arrepentimiento, Pedro comenzó el proceso de perdón que lo condujo a una nueva vida de coraje y fidelidad.

Resulta muy contrastante la historia de Judas, quien también traicionó a Jesús, pero no pudo aceptar su perdón. En cambio, Judas pensó que su pecado era el fin de la historia, y en efecto, así fue.

Si necesitan ser perdonados, recuerden a Pedro y a Judas. No existe algo tan horrible que Dios no pueda perdonar. A los ojos de Dios, somos más valiosos que las peores cosas que podamos haber hecho. Ser perdonado no equivale a ser disculpados por nuestros errores. El perdón es don puro, regalo total, y la respuesta no es la auto justificación, sino la gratitud.

## COMETIENDO ERRORES: "APRENDAMOS UNO DE OTRO"

Para plantear la pregunta, permítanme revivir una antigua broma que en lo particular me resulta muy significativa. La historia comienza con un carpintero que fue a confesarse y le dijo al sacerdote que había estado robando madera de los sitios de trabajo. El sacerdote le recomendó al trabajador el sentido de la contrición y le dijo: "De penitencia, haz una novena".

El carpintero no iba frecuentemente a la iglesia, y le contestó, "Padre, no estoy seguro de lo que es una novena, pero si usted tiene el proyecto, yo pongo la madera".

Lo que me agrada de esta historia es que plantea la cuestión "¿qué haremos con nuestra culpa cuando hacemos algo equivocado?". Cuando te sientes culpable, tienes una elección. ¿Construirás una casa de la pena y vivirás en medio de las cenizas? O ¿Trabajarás para construir a partir de tus errores, una casa donde puedas vivir con Dios?

Dios está ansioso por perdonar ("Yo quiero misericordia y no sacrificio" Mateo 9:13). Frecuentemente los que nos aman, también están dispuestos a perdonarnos. Y mientras que el perdón es un don, es un don que demanda algo del receptor, si quiere ser auténtico. Si necesitan ser perdonados, pueden expresar su voluntad de recibir tal regalo, siguiendo el triple camino de confesión (o reconocimiento), arrepentimiento y penitencia.

El perdón verdadero no es un incidente aislado que ocurre y desaparece. Cuando necesitan ser perdonados, no se tiene control sobre el resultado. Lo único que controlan son sus propias acciones y el primer paso que deben hacer es realizar un reconocimiento honesto y pleno de todos sus pecados.

### Admite la verdad

Admitir el fracaso es un asunto difícil. Cuando aparece la culpa y la percepción de nuestros fracasos, nuestros mecanismos de defensa emocionales pueden ponernos una trampa. Por ejemplo, algunas personas experimentan rápidamente el remordimiento, aun cuando no hayan hecho nada malo. Pueden transformar errores excusables y deslices insignificantes en pecados formales que exigen un perdón verdadero.

"Otros ocultan su vergüenza ante sus propios ojos, aunque difícilmente la podrán ocultar a su corazón. Aun cuando nuestras defensas internas traten de hacer que nos veamos a nosotros mismos bajo una luz halagüeña, nuestro cuerpo y nuestra alma encontrarán maneras de decirnos que estamos viviendo de una manera contraria a nuestros valores. Me parece muy útil hablar de estas cosas con otra persona a quien le tengo confianza, a alguien que tiene una espiritualidad fuerte y bien fundada. Este amigo me ayudará a descubrir cuando estoy culpabilizándome más de lo necesario. Asimismo me ayudará para darme cuenta cuando estoy minimizando, racionalizando o encubriendo situaciones de verdadera culpa. Puede ser duro y doloroso mirar mi propia verdad y más duro aún externarla. Pero si continúo ocultando mis secretos en la oscuridad, no puedo entregarme por completo a Dios, que es lo que Dios desea.

## Sé responsable

Después de decirle a Dios y a otra persona (tal vez un confesor, un director espiritual, un consejero o un amigo) la verdad acerca de lo que hiciste, debes hacerte plenamente responsable de las consecuencias de dichas acciones. Necesitamos valorar el verdadero daño que causamos a los demás. Como una piedra arrojada en un estanque, nuestras acciones tienen consecuencias que actúan como ondas que se propagan hasta la orilla. Necesitamos aceptar que una vez que arrojamos la piedra no hay forma de detener las ondas. No obstante, como dice el Reverendo Paul Waddell, C.P., profesor de Ética en Catholic Theological Union, "Irónicamente, el perdón trae libertad solo cuando reconocemos que nuestras acciones no son retractables. El auténtico perdón no es un arreglo rápido; más bien es un don liberador que espera algo de nosotros". Es el momento de disculparse, de enmendar todo lo que sea posible, y de hacer que las cosas vuelvan a funcionar correctamente. Es el momento de darnos cuenta de que hay cosas que nunca serán reparadas. Dicha aceptación solo será posible cuando tengamos confianza en el perdón divino. Como el salmista escribió, "límpiame de mi pecado. Yo reconozco mis culpas, tengo siempre presente mi pecado" (Salmo 51:2–3).

¿Cómo pueden estar seguros de que Dios los perdona? Jesús describió el deseo que el Padre tiene de perdonarnos en la parábola del hijo pródigo. Aunque este hijo actuó de manera vergonzosa hacia él, su padre permanecía todas las noches sobre la colina esperando el regreso de su hijo. El perdón siempre estaba disponible, el proceso del perdón comenzó en el mismo momento en que el hijo regresó a casa.

## Empezar de nuevo

Ahora que tenemos conciencia de las consecuencias de nuestras acciones. ¿Cómo podemos continuar viviendo? El siguiente paso responsable es el arrepentimiento, lo cual significa aceptar la disciplina de comenzar un nuevo estilo de vida. "Esto nunca volverá a ocurrir" es una frase vana a menos que hagamos el difícil trabajo de ocuparnos, en primerísimo lugar, de las circunstancias que causaron nuestro pecado. Si nada cambia, entonces nada cambia. Necesitamos desmontar las "formas de ser" que en un primer momento nos orillaron a pecar. Muchas personas se resisten a la idea del arrepentimiento, pensando que es un castigo. No es un castigo. Es en palabras de Waddell "la reconstrucción de la vida de alguien, no desde la culpa, sino desde la gratitud". Necesitamos remplazar las faltas que nos preocupan, con virtudes tales como la verdad, la fidelidad, la compasión y la alegría.

Muchos bienes pueden venir de nuestras faltas y fracasos en la medida que no los ocultemos ni los engrandezcamos. Somos criaturas falibles de un Dios amoroso que busca la reconciliación y no el castigo. Las Escrituras están llenas de un Dios que está ansioso por perdonar: la oveja perdida, la mujer samaritana, el hijo pródigo, la mujer sorprendida en adulterio, y muchas más.

Si necesitan ser perdonados, háganlo de corazón. Reconozcan sus equivocaciones, acepten las consecuencias y decídanse a enmendar su vida. Haciendo eso, se darán cuenta de lo que significa ser abrazado por los brazos de Dios.

## Enseñen también a sus hijos

Es fundamental que también enseñemos las lecciones del perdón a nuestros hijos, a través del ejemplo y la instrucción. Cuando sus hijos se equivocan, no los castiguen precipitadamente. Más bien, comiencen a enseñarles el camino para conseguir el perdón y hacer la enmienda. Si los padres aprenden a estar verdaderamente arrepentidos y a dar los pasos para evitar que ese error en particular, vuelva a repetirse, sus hijos estarán en camino de vivir una vida íntegra, serena, y de paz verdadera.

Intencionalmente comencé este capítulo sobre el perdón, hablando acerca de la necesidad de perdón que tienen los padres de familia. Si no podemos tratar nuestra propia fragilidad, nos resultará mucho más difícil ayudar a los hijos a que traten agraciadamente la suya. Algunos padres de familia reaccionan exageradamente ante las faltas y errores de sus hijos. Si los padres de familia no pueden aceptar tranquilamente sus propios errores, cualquier fracaso de parte de sus hijos lo verán como si se tratara de sus propios desechos tóxicos, un montón de pecados impenitentes, y de culpas no asimiladas. Otros padres de familia no responden de manera suficiente, quieren espantar el problema como si nada hubiera ocurrido. Una pena no debe tratarse con tanta caballerosidad. Necesitamos respetar el dolor, lo mismo cuando los demás sufran alguna pérdida o cuando nosotros mismos perdamos nuestra inocencia e integridad.

El papel del padre de familia es crear un lugar seguro en el cual los hijos puedan realizar el difícil trabajo de apropiarse del pecado, aprender a arrepentirse de corazón, y hacer las obras de reparación necesarias para lograr la reconciliación. No servirá de nada que vociferen ante su hijo diciendo "¿cómo pudiste hacer esto?" o peor aun, "¿cómo pudiste hacerme eso? Como si el hijo nunca antes hubiera roto una ventana, faltado a clases, hubiera hurtado algo o no hubiera ocultado una revista de *Playboy* bajo su colchón. Tampoco es muy útil que se apresuren a decirle "Hola, esto no es nada serio. Estoy seguro que no tuviste intención de hacerlo; además, estoy igualmente seguro de que Lucía te perdonará". Los padres de familia deben dejar que sus hijos experimenten su propia experiencia de remordimiento. Pueden ser una compañía tranquila y siempre disponible. Su papel es ser un guía espiritual o un entrenador, no un camión de volteo listo para amontonar culpa o perdón barato sobre los que se equivocan.

Revisen las mismas tres fases del proceso con sus hijos: decir la verdad, aceptar las consecuencias, y cambiar sus procedimientos.

## DICIENDO LA VERDAD: "DEJEN QUE LOS PROBLEMAS SE ARREGLEN"

El primer paso, decir la verdad, no es algo que los hijos harán automáticamente y con facilidad. De manera especial los hijos menores experimentan un período en que les resulta difícil separar los hechos actuales de sus deseos e intenciones. El asunto no es que sus hijos deberán ser siempre irreprochables, lo que se trata es que comiencen a aprender cómo manejar sabiamente las consecuencias de sus inevitables errores. En ese sentido, los errores y equivocaciones pueden ser formas para acercarnos más a Dios. Y el objetivo último es que sus hijos realicen este proceso por sí mismos y que lo apliquen a lo largo de su vida.

Eviten por igual las dos posturas extremas de la indiferencia o la exageración. Traten las equivocaciones de sus hijos con seriedad, pero sin dramatismo. El primer paso es ayudarlos a reconocer por sí mismos lo que hicieron. Es una habilidad difícil de conseguir. Sean pacientes mientras sus hijos crecen en la toma de conciencia. Ayúdelos amablemente a que reconozcan la verdad. No dejen pasar el asunto, pero tampoco conviertan el asunto en un delito federal. Reconocer la verdad impide que los hijos se vuelvan irresponsables; saber que existe una forma de superar la culpa y las equivocaciones los aparta de la desesperación. Todos somos falibles. Jesús siempre está dispuesto a tratarnos con misericordia. *Es más importante para sus hijos aprender a asimilar honestamente el pecado y la culpa que asumir la imposible tarea de ser perfectos.*

Pregunten a su hijo, "¿te das cuenta que hiciste algo equivocado? Hagan que les explique las cosas como mejor pueda. Esto les podrá ayudar a aclarar un montón de malentendidos. Algunas veces él no se habrá dado cuenta de que actuó equivocadamente, solamente se dio cuenta que logró que ustedes se molestaran. Cuando llegue el momento su hijo deberá distinguir entre "por qué tal o cual cosa hizo que mamá se molestara" y "por qué tomé alguna cosa que no me pertenecía".

Nuevamente, no conviertan este primer paso en un interrogatorio severo contra su hijo. Reconozcan positivamente los progresos que su conciencia va logrando y su habilidad para comprender la causa, el efecto y la culpabilidad. Y por encima de todo, reconozcan que un error, no importa cuan grave sea, no es el final de la historia.

El Jesuita Anthony de Mello contaba una historia imaginaria que sugiere que aquellos que pecamos más frecuentemente estamos más cerca de Dios que quienes pecan menos. Decía que cada uno de está conectado con Dios por un cordel. Cuando pecamos, cortamos el cordel. Al arrepentirnos, regresamos hacia Dios, quien gustosamente vuelve a amarrar la cuerda. Pero cada vez que la cuerda es atada, el cordel se acorta, acercándonos más a Dios. Me gusta esa idea. Creo verdaderamente que nuestros pecados son una oportunidad de acercarnos a Dios, solamente cuando sabemos alcanzar un auténtico arrepentimiento.

La segunda fase en la búsqueda del perdón es experimentar el arrepentimiento como un remordimiento apropiado para que se transformen nuestras acciones. Para vivir una vida moral, los hijos necesitan ser capaces de comprender los efectos (consecuencias) de sus acciones. Mucho depende de la manera en que los formen. Si actúan exageradamente, su intensidad acrecentará la situación y hará que el dolor por el pecado parezca imposible de manejar.

Les pueden ayudar planteándoles preguntas de manera tranquila: "¿qué pensaste que hizo que Kevin se molestará cuando tomaste su juguete?, ¿qué puedes hacer para realizar las cosas de mejor manera? Es mejor si el hijo encuentra la manera de pedir disculpas, si hace alguna cosa que ha estado pensando, para demostrar externamente su arrepentimiento interior. Déjenlos que lo intenten por sí solos, no los ayuden. Les pueden dar consejos y ayudarles con sugerencias. El propósito de este paso es conseguir la reconciliación, lograr que la situación retorne a la forma original.

La fase final es otra lección vital: la penitencia. Es muy probable que el hijo se apresure a decir: "esto nunca volverá a ocurrir". Y podrá decirlo sinceramente. Pero aquí yace una lección espiritual (y humana) que es crucial. Las intenciones pueden ser infructuosas si no las acompañamos de acciones sabias y apropiadas. En primer lugar, hay que poner atención a las razones por las cuales ocurrió dicho error.

Podemos ayudar enormemente a nuestros hijos si los preparamos para que manejen los hábitos y prácticas que los hacen extraviarse. Por ejemplo, si son propensos a la codicia, aliéntelos a que practiquen la gratitud. Si tienden a ser egoístas, anímenlos a que practiquen la generosidad. Algunas veces basta con traer a colación su situación −no de forma humillante− y decirles que Dios quiere ayudarles por medio de ese gesto o hábito para obtener resultados grandes y transformadores.

Polly Berrien Berends en su maravilloso libro *Gentle Lead: How to Teach Your Children about God While Finding Out for Yourself,* (Una guía gentil: cómo enseñar a sus hijos acerca de Dios mientras lo averigua por usted mismo, disponible sólo en inglés) describía una vez en que ayudó a que su hijo reconociera y prestara atención a sus sentimientos de envidia. La interacción tuvo lugar después de varios días. Ella no reprendió a su hijo ni lo presionó a fin de que cambiara. Con la paz interior y con la confianza nacida de su propia lucha previa para liberarse de la envidia, simplemente le ofreció una forma de escapar a ese horrible sentimiento. Al principio, él se aferró al dolor y al sentimiento de que la vida era injusta. Después de un tiempo, mostró curiosidad acerca de cuál era "el camino alternativo" para liberarse de las cadenas de la envidia. Oraron juntos pidiendo la capacidad de liberarse del dolor y esperaron pacientemente "la buena idea que Dios había tenido para él".

La clave para los padres de familia consiste en ofrecer un acompañamiento tranquilo a la manera de un guía que ha viajado previamente por ese desierto y que conoce la manera de encontrar el camino verdadero. Para poder acompañar gustosamente a nuestros hijos, necesitamos haber caminado ese camino nosotros mismos, confiando en la guía de Dios.

La vida familiar se destroza sin el perdón. Necesitamos ofrecer y solicitar el perdón de los miembros de nuestra familia. El perdón toma lo que se ha roto o ha estado torcido y lo recompone, lo hace más fuerte.

Permití que mi hija cayera de un columpio un día de primavera. Era una inquieta niña de dos años que quería columpiarse sobre "un columpio para niños grandes" (así les llamaba ella). La dejé. Al principio la observaba de cerca, pero cuando el zumbido monótono de estarla empujando sobre el columpio me cansó, me distraje. Justo en ese momento, empuje un poco más bajo y más fuerte, y ella voló por el aire y cayo sobre el asfalto dándose un porrazo en la cabeza. Me sentía desolado. ¿Cómo un padre de familia podía haber permitido que eso pasara? Me imaginaba a todos los cuidadosos padres de familia mirándome en el patio de recreo con desprecio. Mi hija gritaba escandalizada porque su papá la había dejado caer.

La recogí, la levanté y la abracé. Le froté su cabeza y la besé. Susurré algunas disculpas y unas palabras suaves. En mi interior me regañaba y estaba muy preocupado −demasiado en serio− por los errores paternos que estaba seguro ocurrirían en los próximos años. Me sentía indigno.

En ese momento mi hija me consoló. Sus ojos estaban húmedos, pero sonrientes. Me miró y me preguntó si estaba mejor. *"Te chentes mejor papi"*, dijo sonriendo y tratando de alentarse a sí misma a subir al columpio.

No había sido el padre perfecto. Aunque el error fue breve y mínimo, permaneció en mi mente e imaginé todos los errores que había cometido hasta la fecha y los que aun me faltaban de cometer. Sin embargo, como mi hija había conocido el amor y la misericordia en su corta vida, era capaz de mostrarme misericordia también a mí. Dios obró a través de ella en ese instante y me di cuenta de ello.

Sospecho que en muchas familias, el perdón y la misericordia pueden ser una provisión escasa. Es difícil dar lo que no recibimos. Una razón más para afirmar que la vida familiar puede ofrecer muchos progresos para el camino espiritual, es que proporciona muchas oportunidades de dar y recibir perdón.

# Manos *a la obra* 15

*Cómo cultivar el espíritu de perdón
en el hogar*

**Lean** y mediten sobre el relato del hijo pródigo. Imagínense a ustedes mismos en cada uno de los roles: el padre compasivo, el hijo rebelde, el hijo que permaneció en casa (ambos hijos están necesitados de perdón, pero sólo el rebelde pudo conseguirlo).

**Asistan** como familia a los servicios de reconciliación. Dejen en claro que el esfuerzo del perdón, aunque es algo duro y confuso, es parte de cualquier hogar cristiano. Busquen la ayuda de Dios y el apoyo de toda la comunidad.

**Expliquen** lo que significa examinar la conciencia. Comenzamos la Misa reconociendo nuestras faltas y pidiendo la misericordia de Dios. Es fácil reunirnos en asamblea eclesial como extraños, desconectados unos de otros. Este rito al inicio de la Misa es un paso para convertirnos en algo más que un grupo faccioso. Expliquen esta parte de la Misa a sus hijos. Invítenlos a hacer un breve examen de conciencia en ese momento de la liturgia.

**Promuevan** un acompañamiento espiritual con una o dos personas con quienes puedan hablar honestamente acerca de sus altibajos como padres de familia. Les ayudará recibir la sabiduría de las personas sabias, que consideren que han realizado un buen trabajo como educadores de sus hijos. Ellos mismos les pueden ayudar a mirar su propia lucha en perspectiva y a ofrecerles el beneficio de las lecciones que aprendieron en su duro camino.

# Una mirada cercana

# ¿Cansados y aburridos? ¡Díganselo al hombre invisible!

Hace poco regresaba a casa, luego de un penoso día de trabajo, y escuché que alguien gritó una frase que levantó mi espíritu y me transportó a los placenteros días de mi juventud. "Hombre invisible por un segundo", gritaba uno de los niños del vecindario.

Para el no iniciado: el corredor invisible es un instrumento usado en los juegos de béisbol donde hay menos de cuatro jugadores de un lado, y se usa al momento que a tu equipo le toca el turno de batear, y tienes muy pocos jugadores para "cubrir todas tus bases".

Recuerdo que cada juego exigía una renegociación de las reglas acerca de cuántas bases podía avanzar un corredor invisible luego de una caída; cuántos jugadores invisibles podías usar en una entrada, y cómo debías manejar los complicados detalles de las reglas para meterlos y sacarlos del campo. No es sorprendente que tantos miembros de mi generación se hicieran abogados.

Me detuve un momento a escuchar a los niños mientras jugaban. Estaba divertido al escuchar las bromas, la argumentación, los comentarios que surgían mientras jugaban. De hecho, parecía que se estaban jugando dos juegos al mismo tiempo: el juego de béisbol y el de la negociación de las reglas a fin que el juego de béisbol fuera justo, equilibrado e interesante.

Me acordé de lo que dijo en una plática, una mujer sabia y experta en vida familiar, Kathleen O'Connell-Chesto una vez que estuvo como conferencista en el Congreso de Educación Religiosa que se celebra cada año en la Arquidiócesis de Los Ángeles, California. En su ponencia, Kathleen lamentó el hecho que los niños tengan tan poco tiempo libre para practicar la negociación de las reglas entre ellos. Muy frecuentemente los padres de familia diseñan los juegos e imponen las reglas. Los niños deben hacerse presentes para que les digan cómo jugar.

Sabía de lo que estaba hablando. Mientras crecíamos en el vecindario, teníamos la regla de la carnicería, esto es, el que hiciera el que ganara la última ronda de competencias ganaba el juego entero, aun cuando se iba ganando con una ventaja insuperable. Para los juegos con escasez de jardineros, teníamos la regla de "solo a la segunda vez queda fuera", con una adaptación para los bateadores zurdos. Para mover el juego un poco antes de la cena, teníamos la regla de "cinco faltas y estás fuera". Y para lograr que las personas sufrieran las consecuencias de sus propias acciones, teníamos la regla: "el que aviente la pelota al jardín del vecino, pide permiso y va por ella".

No quiero pintar de manera brillante o nostálgica las cosas del pasado. Seguramente muchos juegos terminaron, como las pláticas de paz en el Cercano Oriente, con un contingente u otro retirándose en medio de injurias −especialmente a finales de agosto cuando estábamos enfermos o cansados de los demás y mirábamos con ansia el comienzo del nuevo período escolar. Aun así, parecía que el sistema de vida de aquellos días era que los niños tenían reglas estrictas que les transmitían en casa y tenían así la oportunidad de crear sus propias reglas en el patio de recreo.

Posteriormente las formas de recreación de los niños se han vuelto altamente estructuradas. Me he enteradlo de que las ligas menores tienen una pretemporada para reclutar talentos. Ligas de fútbol soccer que reparten programas para designar cuáles familias son responsables de llevar las naranjas y el agua fresca para los jugadores. Y así las estadísticas de toda una vida se centran en niños de doce años de edad.

Peor todavía, los niños se las tienen que arreglar a solas cuando regresan a su casa vacía, a su condominio o departamento. Ahora verdaderamente el hombre invisible está en casa. No tengo nada contra las ligas infantiles o contra los padres que trabajan fuera de casa. Pero los adultos podemos estar dirigiendo equivocadamente nuestros esfuerzos a favor de nuestros hijos. Ellos necesitan experimentar las reglas claras y sus consecuencias en la casa, así como una buena dosis de libertad para experimentar y crear sus propias reglas fuera de casa.

Nuestros hijos necesitan tiempo que no esté programado –de ese modo podrán estar preparados para poder usarlo. Muy frecuentemente, los padres de familia se preocupan en cuanto notan que sus hijos no hayan qué hacer. Pero O'Connell-Chesto dice: "Si tus hijos dicen que están cansados, denles una palmada en la espalda y díganles: 'buen trabajo'. Los niños necesitan un poco de aburrimiento para dejarse llevar por su propia imaginación, aprovechando sus propios recursos interiores, y para descubrir quiénes son ellos cuando no tienen delante de sí un programa a realizar".

Cuando sus hijos les digan que están cansados, díganles que hay alguien esperándolos en el patio trasero: el hombre invisible de la segunda base.

*Oración del verano*
*Porque he atrapado un cangrejo,*
    *en el riachuelo a lo largo de la vía del ferrocarril*
*y porque me he recostado en una hamaca después del almuerzo,*
    *leyendo un libro de caricaturas de Acuaman,*
*esperando una hora entera antes de regresar a la alberca del patio trasero,*
*y porque he perseguido a los saltamontes durante el día*
    *y a las luciérnagas durante la noche,*
*observando un billón de estrellas que iluminaban un cielo oscurecido*
*y saboreado la dulzura de un corcho de cerveza sin alcohol*
*en una carretera rural después de la oscuridad,*
*y porque he escuchado relatos espantosos,*
*y porque también he contado algunos,*
*y he andado en un camino boscoso con amigos*
    *que sabía que eran amigos para siempre.*
*Construí una casa en la colina, y jugué a la rueda de san Miguel.*
*Mi corazón pudo conocer por qué Jesús dijo*
    *que deben ser como los niños antes de entrar al reino de los cielos.*

*No tendrás dioses extraños.*

PRIMER MANDAMIENTO

# CAPÍTULO DIEZ

# Lo que dicen y callan

## *¿Mienten acerca de Dios?*

E staba haciendo fila en restaurante de comida rápida cuya especiali-
dad son las costillas. Una mujer anciana, también estaba en la fila,
y trataba de controlar a una bebé inquieta, que aparentemente era su
nieta. Exasperada, la anciana apuntó hacia mí y dijo: "él es un policía,
y te va a llevar para encerrarte en la cárcel si no te portas bien".

La pequeña niña quedó azorada, pero no más que yo. Esa pequeñita encantadora se alejó de mi lado y se escondió tras el abrigo de su
abuela. Por mi parte, estaba conmovido y silencioso, me sentía incapaz
de encontrar una forma rápida de contrarrestar el grave error peda-
gógico sin que las cosas se pusieran peor.

Me sentí muy molesto al ser descrito como un personaje con autoridad, que castigaría a la pequeñita llevándosela bajo custodia. Me
asombré al pensar cómo se sentiría Dios. Después de todo y con mucha frecuencia, las personas describen a Dios en esos términos, con el
resultado que muchos hijos de Dios rehúsan hacer algo por temor a ser
atrapados y castigados. Estas imágenes perduran hasta la edad adulta,
y en algunos casos a través de la vida entera de la persona.

## ¿DÓNDE RECIBEN LOS HIJOS LOS PRIMEROS INDICIOS?

Independientemente que lo sepan o lo ignoren, los padres de familia le están dando a sus hijos las primeras ideas acerca de Dios. ¿Les ha preocupado sobremanera la imagen de Dios que están transmitiendo a sus hijos? Esto no ocurre solamente a través de las palabras que usan, sino a través de las expectativas que tienen acerca de la forma de obrar de Dios o de lo que Dios tiene preparado para ustedes.

Recuerdo cómo me impresioné la primera vez que me di cuenta en mi barrio que otras personas podían tener diferentes ideas acerca de Dios. Por ejemplo, un día un amigo me dijo que su madre quería que orara por su hermano, que estaba en la marina a la espera de cumplir con sus obligaciones. "Seguro, rezaré por Esteban hoy mismo", le dije. Mi amigo Daniel añadió: "Mi mamá dice que cuando estás como monaguillo cerca del altar, estás más cerca de Dios que ella, que se sienta en la última banca de la iglesia. Dios escuchará más fácilmente tus oraciones que las suyas". No sabía por qué, pero aún a la edad de once años, esas ideas me parecían puras tonterías. "No, Dios no lo hará", contesté. "Dios nos escucha a todos. No importa si soy monaguillo. Lo que importa es lo que tienes en tu corazón".

Sin embargo, no logré convencer mi Daniel, tampoco a su mamá. En sus mentes, Dios hacía funcionar los cielos y la tierra como una gran corte real, con el rey sobre el trono, y su poder emanaba desde ahí y a través de los lacayos que lo rodeaban. Hablaban de Dios como si se tratara del funcionamiento que tenía en esos años la alcaldía y el ayuntamiento de Chicago. Aun así, contaban conmigo para que los ayudara. Entendí el asunto y les prometí que haría lo posible. Oré por Esteban, pero recuerdo que también oré para que Daniel y su madre comprendieran que Dios escucha el grito del pobre.

Otra vecina, una mujer que normalmente me parecía que estaba al borde de la histeria, vino un día a visitar a mi madre. Mamá no estaba en casa, pero la mujer permaneció en la puerta y habló sin parar entre 10 y 20 minutos. Uno de sus comentarios me dejó boquiabierto. Apuntaba hacia una imagen del niño Jesús que estaba encima de nuestro televisor. "Gírenlo hacia la puerta", dijo ella, señalándolo, "muévanlo de modo que mire de frente a la puerta. Entonces, él les garantizará que siempre tengan dinero en su casa". Mi hermano Patricio y yo permanecíamos ahí, con las mandíbulas pegadas y los ojos azorados.

En otra ocasión cuando todavía era un joven, me di cuenta de que Dios no era un genio mágico o un actor cómico insignificante. "Déjenme ser la atracción principal y me encargaré de cuidarlos".

Mis padres no nos habían sentado para enseñarnos formalmente lecciones acerca de Dios, pero sí nos habían enseñado cabalmente quién es Dios y qué le agrada. Kathleen Norris, poetiza y autora de *Amazing Grace: A Vocabulary of Faith* (Gracia impresionante: un vocabulario de fe, disponible sólo en inglés) ofrecía una pista. Escribió: "creo firmemente que a través de la forma en que bañamos a un hijo, o según sea la forma como arreglamos los asuntos familiares en la mesa a la hora de la cena, revelamos cuál es nuestra idea de Dios".

## ¿QUÉ IMÁGENES DE DIOS ESTÁN TRANSMITIENDO A SUS HIJOS?

¿Qué imágenes de Dios intentan transmitir a sus hijos? Aunque Dios está más allá de nuestra comprensión, nuestras tradiciones ofrecen pistas acerca de qué es y qué no es Dios. Revisen estos conceptos equívocos comunes y descubran si están mintiendo acerca de Dios.

- Dios como policía: "Dios te obliga a moverte".

- Dios como hada madrina: "Dios acomodará las cosas para mi buena suerte, con tal de que ahora sufra pacientemente".

- Dios como un conductor de televisión: "vamos a hacer un trato".

- Dios como un dictador benevolente (a veces): "somos peones que debemos cumplir los caprichos que se le ocurran. Esperamos que no se enoje".

- Dios como un concejal: "ofrezco servicios a cambio. Ustedes me dan algo a cambio de mis favores".

• Dios como un terrateniente ausente: "nunca está cuando las cosas funcionan mal".

• Dios a la Woody Allen: como una persona que no desarrolla sus capacidades y cuyas respuestas comunes son: "¿hice esto?

¿Entonces, *qué* conocemos de Dios? Jesús nos dijo que Dios nos ama y nos llama a todos a la vida divina. Este concepto es muy teórico. Más en sintonía con la vida familiar, Jesús nos dijo que Dios es un padre amoroso, que se complace con nosotros, que actúa a favor nuestro, que está pronto para responder a nuestras necesidades más profundas. Estos son algunos rasgos que los cristianos creen que pertenecen a Dios, de otro lado están algunos rasgos espúrios, que frecuentemente son atribuidos a Dios.

| | |
|---|---|
| "Dios es amor". Transmiten esto al ser amables y cariñosos con sus hijos. | "Dios es alguien que castiga". Esto es transmitido cuando constantemente encuentran errores en sus hijos. |
| "Dios cuida a cada persona con cariño especial". Este mensaje se percibe cuando dejan de hacer lo que están haciendo para dedicar tiempo a sus hijos. | "Ustedes no merecen ni el tiempo, ni la atención de Dios". Sus hijos podrían llegar a creer eso, si ustedes siempre están ocupados o preocupados, cuando ellos les preguntan algo. |
| "Dios creó un universo de bondad y abundancia". Sus hijos aprenderán esto si lo celebran como familia y mantienen una perspectiva optimista. | "Dios creó un mundo difícil para ponernos a prueba". Su lenguaje generalmente comunicará eso si no cultivan la creencia de que Dios planea cosas buenas para sus hijos. |
| "Ustedes son algo maravilloso a los ojos de Dios". Sus hijos recibirán este mensaje cuando los vean a los ojos y expresen su alegría de verlos. | "Ustedes son personas peligrosas que necesitan ser controladas". Transmiten eso cuando avergüenzan a sus hijos por tener determinados sentimientos, en lugar de ayudarlos a que los sepan manejar. |
| "Dios es digno de confianza". Comunican esta imagen de Dios, cuando hacen alguna promesa a sus hijos y la cumplen. | "Dios no es digno de fiar". Sus hijos aprenderán esta idea de Dios, cuando no puedan confiar en ustedes. |

# Manos *a la obra* 16

*Cómo mostrarle a sus hijos que Dios es semejante a*

## Deténganse un minuto y

reflexionen acerca de los rasgos que de manera especial quieren comunicar a sus hijos, y piensen con qué cualidades podrían expresarlo. Ciertamente Dios es algo más grande que nuestros retratos, y nuestros hijos continuarán (esperamos que así sea) teniendo su propia relación con Dios, quien está más allá de toda comprensión. Pero nunca olviden que son las primeros y principales personas que les darán pistas precisas para descubrir que Dios es alguien grandioso.

## Utilicen una variedad de

imágenes para explicar a Dios. La Biblia describe a Dios de muchas maneras: una voz que viene entre las nubes, alguien que se sienta en su trono excelso, una voz suave en el viento, una gallina que reúne a los polluelos, un esposo celoso, un buen pastor. Ninguna de estas imágenes captura a la perfección a Dios, que está más allá de la nacionalidad, más allá de la distinción varón y mujer, más allá de cualquier imagen que podamos evocar.

Todas estas pistas y el más amplio y variado repertorio de imágenes de Dios que podamos almacenar en la mente de nuestros hijos permitirá que conozcan algo más acerca de Dios.

## Utilicen el arte religioso.

¿Qué imágenes tienen en las paredes? ¿Ofrecen una visión desafiante y comprometedora de Dios y de las obras de Dios? Para encontrar imágenes atractivas que transmitan la maravilla y el misterio de Dios, necesitarán ampliar su búsqueda. Algunas buenas tiendas de artículos religiosos ofrecerán una amplia selección para los gustos más variados, otras atienden a una audiencia más reducida. Revisen también los catálogos mercantiles de almacenes de regalos y de obras de arte. No se limiten a las imágenes acostumbradas. Por ejemplo, los padres de familia hispanos, asiáticos, o afroamericanos, podrán incluir imágenes de Dios y otras obras de arte religioso que surjan y reflejen su cultura. Para ampliar nuestra propia perspectiva religiosa y la de nuestros hijos, Kathleen

y yo nos hemos dado cuenta de que
es muy valioso buscar obras de arte
religioso de diferentes culturas. Tenemos
una Madona tallada en África, un
tapiz de una fiesta religiosa de América
central, y una cruz celta de Irlanda.

**Familiaricen** a sus
hijos con historias bíblicas. Existen
interpretaciones excelentes de los relatos
clásicos que no han sido explorados
y "domesticados". Algunas historias
son crudas y brutales. También ellas
nos dicen algo acerca de Dios.

*Que pueda verte más claramente,*
*amarte más cariñosamente,*
*y seguirte con mayor cercanía.*

SAN RICARDO DE CHICHESTER

# CAPÍTULO ONCE

# Días, eventos y estaciones

## *Ayudando a que brote la oración*

En el jardín del Edén, bajo el fresco de la tarde, Dios caminaba buscando a Adán y Eva. "¿Dónde están? Gritaba Dios. Pero Adán y Eva estaban ocultos en un matorral. Replicó Adán: "escuchamos tu voz, y nos dio miedo porque estamos desnudos". "¿Cómo supieron que estaban desnudos?", preguntó Dios.

El padre Thomas Keating, O.C.S.O., decía que esta historia no se refiere tanto a Adán y Eva, sino a todos nosotros. "Realmente se trata de nosotros. Es una revelación acerca de dónde estamos". En cada momento de nuestra vida, Dios nos está buscando, nos está llamando: "¿dónde están?, ¿por qué están escondiéndose?".

Keating añadía: "tan pronto como respondamos honestamente, hemos comenzado la búsqueda espiritual de Dios, que también es la búsqueda de nosotros mismos".

¿Qué es entonces la oración? La oración es la práctica de salir del bosque y presentarnos ante Dios, sin fijarnos en nuestra desnudez. Presentamos nuestras necesidades, alegrías, enojos, nuestros anhelos, desencuentros, esperanzas, nuestros fracasos —nuestro ser verdadero.

La oración adquiere muchas formas, desde la recitación de oraciones establecidas hasta suspiros espontáneos con los cuales pedimos la ayuda divina. La oración puede ser interna, una oración desde el corazón, o externa, la adoración común que realizamos en la iglesia. La oración puede ser tierna como la agradecida plegaria que proclamamos mientras abrazamos un recién nacido, o airada, como el grito de un padre angustiado que reclama: "¡Dios como pudiste hacerlo!"

La oración es un hábito del corazón. Es una apertura de nuestra vida al brillo del amor de Dios. Es una práctica que pertenece –bajo muchas formas y estilos– a tu familia.

El *Catecismo de la Iglesia Católica* señala: "La familia cristiana es el primer lugar para educar en la oración". Como padres de familia pueden promover el hábito de la oración, cultivando su propia vida de oración, instruyendo a sus hijos, e introduciendo una actitud orante en los eventos y acciones de su vida diaria. Pueden sacar provecho de las fiestas y estaciones a lo largo del año, sea en la iglesia o en el hogar. Lo que viene en seguida es una colección de ideas acerca de la oración y la vida familiar que sirven para espolear su propia imaginación y acción religiosa, que es como una especie de modelo. La oración es comunicación y como tal, será tan única e individual como cualquier otra conversación que hayan tenido.

## DÉNLE A ALGUIEN UN SALUDO DE FELICITACIÓN

Una de las lecciones más fuertes que jamás haya aprendido acerca de la oración fue cuando mi madre conspiró para enseñarnos a Patricio y a mí la *Salve Regina* como un regalo para nuestro papá en el día del padre. Mi hermano y yo éramos pequeños (tal vez entre seis y siete años). Nuestra exigua pensión semanal no nos permitiría comprar algo valioso en el departamento de regalos. Mi mamá conocía que esta oración era para papá como un tesoro.

Cada noche cuando se disponía a arroparnos, nos enseñaba una línea o frase de la oración. Parecía que estábamos practicándola siempre, y nuestra emoción creció cuando recitamos la oración de memoria. Estábamos orgullosos de nosotros mismos la noche cuando papá se unió a nosotros y Patricio y yo titubeantes comenzamos nuestra obra: "Dios te salve, reina y madre de misericordia, vida, dulzura y esperanza nuestra..." Papá estaba radiante y nos abrazó cuando terminamos. Mamá también estaba orgullosa de nosotros.

Aprendimos muchas lecciones de ese pequeño ejercicio. Aprendimos que la oración puede ser un regalo para otra persona y que es una actividad valiosa que nuestros padres aprecian. Comprendimos el valor de aprender de corazón una oración. Hay ocasiones en que mis pensamientos están tan dispersos y mi cerebro es un torbellino, que necesito el consuelo de un conjunto de oraciones que son como mi segunda naturaleza.

También llegué a amar la belleza de las palabras e imágenes iniciales "Madre de misericordia; vida, dulzura y esperanza nuestra", hasta el conmovedor final "Oh clemente, oh piadosa, oh dulce virgen María". Estas frases eran incomprensibles para mí cuando las aprendí. Aun así encontraron un lugar especial en mi corazón y ayudaron a mi imaginación en los años venideros, cuando llegué a conocer y experimentar la verdad que contenían.

Si tienen hijos muy pequeños, ¿por qué no les enseñan una oración que puedan recitar como un regalo para su padre o su abuelo? (Yo estoy seguro de que su abuelo se sentirá complacido con ese regalo). Entre las oraciones clásicas están el Padrenuestro, el Ave María, la oración de san Francisco, o especialmente el *Memorare* (Acuérdate). Esta última es una oración de consuelo y confianza que nuestra familia recuerda automáticamente en momentos de crisis o peligro. Es una gran oración para aprender "de corazón", entendiendo con esto, qué es lo que ustedes y su corazón pueden decir cuando su mente está agotada. Cuando recito esta oración la desgloso de la siguiente manera:

*Acuérdate, ¡oh piadosísima Virgen María!*
*Que jamás se ha oído decir*
*que ninguno de los que acuden a tu protección,*
*implorando tu auxilio, haya sido desamparado.*
*Animado por esta confianza, acudo a ti,*
*madre, virgen de las vírgenes,*
*y gimiendo bajo el peso de mis pecados*
*me atrevo a comparecer ante ti.*
*Madre de Dios, no deseches mis súplicas,*
*antes bien, escúchalas y acógelas benignamente.*
*Amén.*

## DEJEN QUE LA CUARESMA LOS HAGA MEJORES PADRES DE FAMILIA

Si quieren mejorar su vida espiritual la próxima Cuaresma, el mejor lugar para comenzar es donde están ahora. Muchas personas tienen la sensación (y esto es frecuentemente alentado desde el púlpito y en los boletines parroquiales) que si quieren mejorar su propia vida espiritual, necesitan dejar de hacer lo que están realizando en su casa, en el trabajo, y comprometerse más en la iglesia. Esto no es verdad. De hecho, participar más activamente en la Iglesia, es una buena posibilidad entre otras muchas, o también puede ser una distracción de su verdadera vocación: ser una fuente de gracia para su familia. Todos conocemos papás que están muy comprometidos en la Iglesia, mientras que sus hijos están creciendo descuidadamente.

## CREEN IMPRESIONES SANAS QUE DUREN TODA UNA VIDA

El padre Lawrence Jenco, O.S.M., comprendió el poder de la música. Es probable que recuerden su nombre. Jenco permaneció encadenado y vendado de sus ojos como rehén en Líbano durante 564 días, de 1985 a 1986. En una entrevista con *U.S. Catholic*, Jenco hablaba de cómo lo sostuvo su fe. "Muchas de las cosas que están impresas en tu alma provienen de tus primeros años. Por ejemplo, los himnos que venían a mi mente cuando estaba detenido eran himnos que me habían enseñado cuando era un niño. Por alguna razón eran los únicos himnos que podía recordar". Jenco se agarró de aquellos himnos y le dieron esperanza.

Esto es algo que los padres de familia deben tener en mente. La música y el canto son formas efectivas de ayudar a los hijos a absorber su fe a niveles muy profundos. Los himnos tienen una gran fuerza porque mezclan palabras, música, ideas y emociones de una manera que alcanza a tocar el alma.

Todos esperamos que nuestros hijos no tengan que sufrir los horrores que soportó el padre Jenco, pero seguramente enfrentarán muchos "peligros, esfuerzos agotadores, y trampas" a lo largo de su vida, al igual que las enfrentamos nosotros. ¿Qué imágenes, cantos y mensajes podrán recordar, que les den fortaleza y que los ayuden a encontrarle sentido al mundo? ¿Tendrán, como Jenco, un almacén de himnos impresos en su memoria y en su alma, desde la infancia?

# Manos *a la obra* 17

## Cómo comenzar el cambio durante la Cuaresma

**Despídanse** de un mal hábito. ¿Cuáles son los peores hábitos que tienen como padres de familia? ¿Ser regañones? ¿Desatentos? ¿No dejan hablar a sus hijos? ¿Falta de dedicación? Escojan un hábito e inténtenlo, llegará un día y un momento en que desaparecerá. Jesús vino a liberar a los prisioneros. Si se sienten como prisioneros de un hábito que los convierte en malos padres de familia, saquen provecho de la Cuaresma para retirar eso de su vida.

**Fortalezcan** un buen hábito. Dense un minuto para anotar tres habilidades paternas en las que sobresalen: capacidad de enseñar, mantener el sentido del humor, permanecer tranquilos cuando todo mundo está perdiendo la calma, atender los detalles de la vida diaria, y finalmente, ver las cosas en amplia perspectiva. Escojan uno y vean cómo pueden sacar provecho de esa fortaleza en la vida diaria. Cuando la gripe ataca a su familia, saben que la enfermedad puede transmitirse de persona a persona. También la vida saludable es contagiosa. La práctica de sus fortalezas beneficia a quienes viven con ustedes.

**Pidan** la ayuda divina. Cada mañana, la primera cosa que convendría hacer, es pedirle a Dios que los ayude a ser mejores padres y madres. La misión que Dios les ha confiado es ser el tipo de padres de familia que necesitan sus hijos. Algunas veces, cuando me preocupo por una situación difícil en la familia, me anticipo a esa situación e imagino que Dios ya estaba presente. Con el pensamiento de que Dios está ahí presente, mis actitudes cambian. Mi temor disminuye, mi amor crece. No la sigo viendo como una situación "olvidada de la mano de Dios".

Piensen en un trasatlántico navegando por el mar. Un cambio pequeño en su ruta, prolongará el trayecto y cambiará enormemente el destino. La Cuaresma es una oportunidad para realizar pequeños cambios en su vida diaria, cambios que harán una gran diferencia en su vida familiar —a largo plazo. Practiquen la Cuaresma ahí donde están. Es el lugar donde Dios los está esperando.

# Manos *a la obra* 18

### *Cómo introducir a sus hijos a los himnos y temas religiosos*

**Entonen** un canto de la liturgia dominical. Si sus hijos los escuchan cantar, pondrán atención (Mis hijos normalmente me callan, si mis cantos son muy ruidosos. De forma extraña, no se preocupan cuando otros padres de familia cantan un caluroso canto de despedida). Asegúrense de que tengan un himnario para usarlo en la iglesia y que esté abierto en la página correcta. Aún cuando mis hijos estaban pasando por un período de tiempo en que no les llamaba la atención ir a la iglesia, no obstante, tenían sus himnos favoritos, los cuales escuchaba que tarareaban cuando en la iglesia ya habían dejado de cantarse.

**Siéntense** en un lugar donde sus hijos puedan observar al coro. Si sus hijos son pequeños (o si se cansan fácilmente con los servicios litúrgicos) eso les podrá ayudar a poner más atención y a gozar más esa experiencia. Además, asimilarán el espíritu del canto. Si tienen edad suficiente para participar en el coro, anímenlos a hacerlo.

**Consigan** algunos discos compactos y casetes de música religiosa contemporánea y tóquenlos en sus casa y en su carro. Visiten alguna librería religiosa y pídanle al vendedor que les recomiende un casete apropiado para sus hijos. También existe un creciente conjunto de colecciones musicales de música religiosa cantada por grandes cantantes como Aretha Franklin y Kathleen Battle. Otra posibilidad es que piensen en los cantos navideños, pues de igual manera, estos cantos les hablarán al corazón y les recordarán lo que no sólo la Iglesia celebra, sino casi el mundo entero. De esta manera podrán ver cómo la fuerza de las palabras y el poder de la música mueven el alma.

**Conserven** viva su herencia por medio del canto. Canten o toquen himnos navideños, himnos pascuales y marianos de su propia cultura y hagan lo mismo durante las fiestas o en otras épocas del año. Conserven la música propia para las fiestas de cumpleaños (Las mañanitas, por ejemplo), fiestas de aniversario, y las canciones folklóricas como parte de sus celebraciones. Todas ellas son piezas importantes de su cultura y seguramente tales vínculos de fe han sido parte de la historia de su pueblo.

En esta época del consumismo, me alegra el hecho de que mis hijas escuchen frases como "pastoréame oh

Dios, más allá de mis deseos, más allá de mis temores, de la muerte a la vida". Y en la época del individualismo, me agrada cómo unimos nuestras voces y cantamos que nosotros somos "el cuerpo de Cristo". El canto acrecienta nuestra imaginación religiosa y abre nuestra vida al poder de Dios. Imaginen la fuerza y poder que tiene una iglesia llena de gente cantando "resucitó", cuando viene una familia unida que sufre la pérdida de un ser querido.

El padre Jenco contaba una historia que mostraba cómo los himnos nos pueden llevar a la conversión. Durante el segundo año de su cautiverio, él y los demás rehenes estaban recluidos en el mismo local. Jenco les enseñó un canto que decía, "alelú, alelú, alelú, aleluya; todo mundo diga alelú".

"A lo largo del día", recordaba Jenco, "escuchaba al joven vigilante que cantaba, 'Alelú, alelú'. Esto continuó durante toda la Cuaresma. "Una tarde el joven vigilante vino hacia mí y colocó algo en mi regazo. Miré por debajo de las vendas y descubrí un ramillete de flores. Mi captor me susurró al oído 'Abouna' (padre), felices pascuas". Quizás el fruto más poderoso de la espiritualidad de Jenco, nutrido a través del canto, fue que su fe lo impulsó a mantener un espíritu de perdón hacia sus captores. Esto es algo maravilloso acerca del canto.

## CONDÚZCANLOS POR AGUAS TRANQUILAS

El trabajo de los padres de familia es ver que sus hijos o sus hijas tengan las herramientas que necesitan para vivir bien la vida. Nos ocupamos de que aprendan a leer y escribir, a cocinar y a mantenerse limpios. Pero, ¿les enseñamos cómo ser productivamente tranquilos?

No, no estoy hablando de que los hijos deben "ver y callar", como dice cierta teoría educativa. Hablo de educar a nuestros hijos en la capacidad de mantenerse tranquilos para poder sintonizar con las verdades que sólo pueden conocerse interiormente, −como sería el conocimiento de sí mismos.

"La importancia de disponer de un momento tranquilo es algo que nuestra cultura no logra aun respetar", escribió Polly Berrien Berends. "Resaltar la competitividad y la interacción social conduce a los padres de familia a sobre programar a sus hijos con actividades organizadas y con torneos deportivos establecidos... Así enseñamos a nuestros hijos a temerle al silencio y la soledad −o a huirle lo antes posible. Al actuar así, les impedimos que escuchen su voz interior y la suave pero constante voz interior (la conciencia) que sólo se escucha en el silencio y la soledad. Cuando respetamos los momentos de tranquilidad y la privacidad de un hijo, lo beneficiamos de muchas maneras. La tranquilidad y el silencio les brindan la oportunidad de desarrollar su propia individualidad y auto posesión, de seguir sus propios impulsos creativos, de aprender que la tranquilidad y el silencio forman una buena compañía, de desarrollar su imaginación, de descubrir los profundos recursos interiores para sanarse e inspirarse. Un momento de tranquilidad es una magnífica preparación para la oración".

> *¡Ríndanse, reconozcan que yo soy Dios!*
>
> Salmo 46:11

En su libro *Amazing Grace: A Vocabulary of Faith* (Gracia impresionante: un vocabulario de fe) la poetiza Kathleen Norris describía un ejercicio que realizaba para los niños en su clase de arte, con el fin de ayudarles a que valoraran la fuerza del silencio.

Haré un trato con ustedes, les decía. Primero harán ruido, y en seguida guardarán silencio... Cuando levante mi mano, les decía, harán todo el ruido que puedan, mientras sigan sentados en su pupitre, utilizando su boca, manos y pies... Cuando baje mi mano, se callarán. Las reglas acerca del silencio eran similares. "Siéntense tranquilos hasta que no se escuche ningún ruido".

Algunos de los niños lo disfrutaban. A otros les parecía horrible. Norris relataba la reacción de un niño de quinto grado: "es como cuando estamos esperando algo, ¡es algo espantoso!". Pero el ejercicio también fue algo enriquecedor para muchos.

Lo que más me interesó acerca del experimento es la forma en que el silencio liberó la imaginación de muchos niños. Muy pocos escribieron con originalidad acerca del ruido... Pero el silencio era otra cosa: algunas de las imágenes tenían frecuentemente una profundidad y madurez que no conseguían al escribir sobre otros temas. Un niño acuñó una imagen muy fuerte: "tan lento y silencioso como un árbol".

En un medio ambiente natural y apropiadamente estimulante (es decir, que no sea ni excesivamente estimulante, como lo es un parque de diversiones o un cuarto con las paredes llenas de juguetes; ni tan soso, como lo es un cuarto sin juguetes o carteles, pero con una enorme TV que hace ruido), un hijo encontrará un equilibrio natural entre las actividades que incluyan el ruido y la quietud. Sin embargo, muy frecuentemente los estimulamos en demasía con muchas visiones, sonidos y actividades, o los subestimulamos con muy poca interacción humana, con muy pocos juegos o actividades interesantes (algo tan simple como una cubeta de agua y una brocha para "pintar" las escaleras de ingreso), y con demasiado entretenimiento pasivo. Es como el wiskey escocés, los caracoles y la opera, el silencio es un sabor adquirido. No obstante es esencial para el desarrollo global de la persona, particularmente para el desarrollo espiritual de sus hijos.

Acondicionen un cuarto para vivir ahí la quietud. Cuando eran niños, ¿tenían algún lugar donde podían estar a solas con sus propios pensamientos? Los niños lo necesitan. Es una fase importante en el desarrollo del cuerpo, la mente y el alma. La autora Madeleine L'Engle los llamaba "lugares para profundizar". Esto son lugares –la esquina preferida de su recámara, un árbol de la casa, un ángulo del cuarto que permite mirar hacia el horizonte a través de la ventana– donde los niños puedan retirarse de la vida superficial y alcancen un sentido más profundo de sí mismos, una sabiduría profunda.

Algunas veces los padres de familia se sienten intranquilos cuando sus hijos no están ocupados. Puede existir la tentación de llenar cada minuto que sus hijos están despiertos con alguna actividad o al menos con ruido. Para el alma eso sería peor que una dieta constante a base pizzas.

Si le preguntan a su hijo: "¿qué estás haciendo?", y contesta: "nada", recuerden que la inactividad de su hijo (a la cual la escritora Brenda Ueland llamaba "estar flojeando") puede ser el momento en que se está labrando el alma de su hijo. No estoy hablando de un caso extremo, como sería un niño mustio, que vive quejándose constantemente, o que nunca quiere salir de su cuarto. (Para el mustio, el mejor antídoto es entregarle una lista de tareas que deberá realizar). Sin embargo, cuando su hijo esté metido en su interior, alégrense. Un crecimiento interior importante está teniendo lugar delante de sus ojos. Respeten el momento de silencio de su hijo y la habilidad para estar creativamente sin hacer nada. Denle a su hijo espacio y tiempo para ocuparse de su tierna alma. En lugar de intervenir, encuentren su propio espacio de tranquilidad y sigan el ejemplo de su hijo.

## CONVIERTAN SUS AFLICCIONES EN OFRENDAS

Cuando sus hijos les traen alguna queja o un reclamo, ¿alguna vez les dicen que los ofrezcan? Acostumbraba escuchar ese refrán con frecuencia mientras crecía. Tal vez también lo escuchaban cuando estaban quejándose acerca de una situación difícil: terminar un trabajo académico, un maestro enojón, un quehacer espantoso.

La idea, al menos como yo la entendí, era que podía ofrecer mis dolores pasajeros y mis sufrimientos por el bien de alguna persona cercana (una hermana que iba a hacer un examen, una abuela que estaba enferma) o por algún difunto.

De hecho, los detalles exactos sobre cómo se realiza esa "transferencia de beneficios acumulados" está más allá de mis posibilidades de comprender, y lo mejor no es examinar el asunto científicamente. Más bien, el punto fundamental que aprovecho de la invitación a "ofrecer", es que todos los seres humanos estamos conectados, y mis acciones e intenciones pueden, de verdad, sostener y fortalecer a quien está al otro lado de la mesa, o a muchos kilómetros de distancia, o más allá del abismo de la mortalidad, como se dice en ambientes hispanos: "del otro lado del charco". De hecho, estudios recientes muestran que cuando se ora por pacientes que están separados de nosotros, se produce un mejoramiento en su salud, lo cual ofrece un apoyo empírico a esta creencia tradicional.

Como escribió el padre Andrew Greeley en *U.S. Catholic*, "Nuestros sufrimientos importan, nuestro dolor puede ayudar a otros; existe una unidad en la especie humana que permite sufrir por los demás. La enseñanza sobre el purgatorio nos habló de esa verdad". Es una verdad que vale la pena compartir con sus hijos y conservarla en su propia mente. Cuando viven ese consejo de ofrecimiento, pueden apreciar las dificultades de su vida en el contexto de una gran historia —la del sacrificio que transforma el sufrimiento en amor. Según dicha historia y no obstante todas nuestras diferencias, todos estamos conectados. Además, la exhortación "ofrécelo" parece más positiva que "es así, porque yo lo digo".

*Oración ante la boleta de calificaciones*
*Señor, no me dejes vociferar.*
*No me dejes desvariar,*
*no dejes que las palabras perezosas,*
*atolondradas o inoportunas salgan de mis labios.*
*Sé que estoy enojado,*
*dolido y sacudido por la incomodidad.*
*Como padres de familia tenemos miedo*
*de que nuestros hijos desenmascaren nuestras faltas,*
*las tareas propias que abandonamos*
*y las que jamás intentamos hacer.*

*Tenemos miedo a las siseos reprobatorios de los maestros,*
*a las cejas arqueadas de los jefes,*
*al terror de que todo esté "permanentemente registrado".*

*Pero esta boleta no es sólo para mí;*
*es solamente una pista para descubrir*
*la verdad de la vida actual de mis hijos.*
*Ayúdame a aprender acerca de esta verdad,*
*a ser un buen estudiante de la vida y los momentos de mis hijos;*
*y ayuda a este estudiante a encontrar equilibrio,*
*concentración y a recuperar otra vez el objetivo.*
*Sé que solo existe un "registro permanente" en nuestras vidas,*
*y en ese, eres totalmente imparcial.*
*Porque todo es conocido ante ti,*
*todo lo comprendes, todo lo compadeces.*
*Gracias por ser misericordioso al calificarme. Amén.*

## OFREZCAN UNA PEQUEÑA ORACIÓN POR MÍ

Estaba despidiéndome de una amiga que hacía buen rato no había visto. Mientras nos despedíamos, miró hacía atrás y dijo, "ah, y, ¿podrías recordar en tus oraciones mis intenciones especiales?".

En otras tradiciones cristianas, esto podría considerarse una "petición implícita" –una cosa que necesitamos pedir, pero de la cual nadie quiere discutir. La mención de mi amiga acerca de sus intenciones especiales trajo recuerdos a mi memoria. Conocía a esta amiga desde la preparatoria, y su petición no era rara entre los miembros de la parroquia de Santa Sinforosa, que fue la parroquia donde crecí. En la escuela, en el supermercado, en la escalinata de la iglesia, las personas sentían la confianza de pedir a los demás que se acordaran de su intención especial.

Seguramente aquellos eran tiempos de más reticencia, cuando los problemas privados de una persona tendían a mantenerse ocultos. Esto fue antes de que Jerry Springer sedujera a un montón de gente a que viniera a un canal de TV nacional porque, "yo tengo un pequeño y oscuro secreto que necesito expulsar de mi pecho".

Así cuando una persona estaba preocupada por un pariente que estaba deprimido o por una hermana que iba a ser hospitalizada, o por un tío que se había fugado con su secretaria (y todo mundo está orando para que cayera en razón, al igual que su familia) cualquiera estaría dispuesto a orar por ellos. Y porque creemos en la fuerza de la oración y en el consuelo de la solidaridad imploramos a nuestros amigos que se unan con nosotros a nuestras oraciones y que recuerden nuestras intenciones especiales. La intención puede quedar reservada, la privacidad de la persona es respetada, y no obstante, nuestras preocupaciones pueden compartirse.

Las intenciones especiales hablan muy bien del sentido de la solidaridad cristiana. Creemos que todos formamos un solo cuerpo, el cuerpo de Cristo. Invitando a los demás a orar con y por nosotros, vivimos una verdad profunda, según la cual, si uno sufre, todos sufrimos, porque todos somos miembros de un mismo cuerpo.

La Iglesia nos proporciona muchas formas para unir formalmente nuestras oraciones con las de los demás. Cada fin de semana, presentamos nuestras intenciones especiales a través de la oración de los fieles. Muchos boletines parroquiales incluyen una sección donde aparece la lista de los miembros de la comunidad parroquial que piden nuestra oración. Miles de devotos de la Virgen de Guadalupe, Nuestra Señora de las Nieves, san Antonio, santa Teresita del Niño Jesús, san Toribio Romo, Nuestra Señora de San Juan de los Lagos, san Judas y otros santos envían sus intenciones más sentidas, para que sean colocadas frente a los santuarios que hay en la región. Algunas parroquias tienen un libro abierto cerca de la entrada de la iglesia (algunas otras lo tienen cerca de la capilla del Santísimo Sacramento) donde los feligreses pueden anotar en pocas palabras sus preocupaciones que están experimentando cuando vienen a la celebración litúrgica.

La Iglesia recomienda invitar a los demás a orar por nuestras intenciones especiales. "Donde dos o más estén reunidos en mi nombre, ahí estoy yo en medio de ellos". Esto resultó evidente para mí, cuando mi esposa y yo nos reuníamos hace años con un grupo de creyentes para compartir nuestra fe. Cada semana el momento más conmovedor era cuando compartíamos una breve y espontánea "oración de los fieles". A través de la gracia de Dios, dejábamos de ser una extraña colección de personas conocidas –cada uno nervioso, precavido y avergonzado– y nos convertíamos en un grupo de creyentes que bajaban la guardia, abrían sus corazones, y experimentaban el flujo del amor de Dios en y a través de cada miembro del grupo.

Los cínicos podrían burlarse de la práctica de pedir a los demás que oraran por una intención especial no revelada. Pero en lo particular no estaría dispuesto a despojarme de esta costumbre propia de mi pueblo, y la cual lleva en sí su propia sabiduría. ¿Cuál podría ser el valor de esta práctica?

Las personas que se confían a dicha ayuda practican su fe en el poder de la oración. Saben que es bueno exponer nuestras inquietudes, preocupaciones, anhelos y esperanzas a la luz del amor de Dios, y que es bueno pedir el sostén y la ayuda de nuestros hermanos creyentes, que también lo hacen. Dios está ansioso de darnos todas las cosas buenas. Pero Dios sólo puede obrar cuando se lo permitimos. Expresar nuestras intenciones especiales es una manera de permitir o al menos de exponer nuestros temores y preocupaciones a la mirada misericordiosa del Dios compasivo.

Mi amigo Eduardo me decía que su familia tenía una imagen de san Judas sobre el marco de la ventana de la cocina. Cualquier miembro de la familia que tuviera un intención especial y que le interesara que el resto de la familia orara por ésta, la escribiría (siempre de manera escueta) sobre una pequeña hoja de papel y la colocaba bajo la imagen. El resto de la familia conservaría dicha intención especial en la mente durante toda la semana. Estoy seguro que san Judas también lo hacía. Hoy la familia de Eduardo se ha dispersado, los hijos han crecido en estados distantes y en lejanos continentes. Pero al escucharlo hablar de la oración que practicaba su familia, apuesto a que siguen unidos a través de los lazos del amor y la oración, a través de las intenciones especiales de unos por otros.

## DEN EL PÉSAME A LA MADRE AFLIGIDA

Mi amiga Carmen Aguinaco me contó acerca de una celebración popular muy conmovedora, un acto de religiosidad popular que había experimentado durante su visita a México. Es un regalo que los creyentes originarios de México han estado propagando a través de USA. Las personas tienen en muchas parroquias y comunidades la oportunidad de expresar sus condolencias a María, de unirse con ella en su dolor y compadecerla en sus sufrimientos.

> *El Pésame* es una palabra castellana que significa literalmente "lo siento". Dar el *pésame* es presentar las condolencias a quien ha perdido un ser querido. El Viernes Santo, según las buenas maneras que merece Nuestra Señora, quien justamente ha perdido a su hijo, demandan que le sea dado el pésame. Así, luego de todo el ritual de la procesión del silencio (llevando el cuerpo de Jesús desde la cruz hasta la iglesia, como si fuera un rito fúnebre), las personas expresan su respeto y sentimientos frente al cuerpo de Jesús y en seguida se acercan a la imagen de María para expresarle sus condolencias.
>
> En la catedral de San Fernando, en San Antonio, Texas, este ritual tomó un nuevo significado cuando las personas fueron invitadas a expresar en voz alta su propio testimonio de dolor y pena a lo largo del año, diciéndole a María que podían sufrir junto con ella, porque también habían sufrido mucho. A su vez, también expresaban su gratitud porque sentían que María había comprendido su gran pena y los había acompañado.
>
> El ritual, muy conmovedor por la naturaleza de los casos presentados, era a la vez impresionante y consolador.

## HAGAN UNA LISTA DE NECEDADES Y UNA DE AGRADECIMIENTOS

Tengo un amigo que me ayuda a darme cuenta cuando me estoy apartando del camino espiritual y me estoy convirtiendo en un maniático. Me dice: "es el momento de hacer la lista de tus necedades".

Esta es una expresión abreviada para referirse a una práctica que acostumbra hacer cuando empieza a quejarse de todas las cosas y de todo mundo. Dice, "toma una pluma y un papel, y enlista a las personas que realmente te están causando problemas en este preciso momento. Si logras reunir una lista de nueve personas —sin esforzarte mucho, táchalos y coloca tu nombre a la cabeza de la lista. Esta es tu lista de los insoportables. Es un buen ejercicio. Si existe un problema donde quiera que vayas, piensa un poco en esto. El único elemento que aparece constantemente en todas las situaciones eres tú mismo".

En lugar de juzgar que este ejercicio como algo molesto, lo considero un gran alivio. Algunas veces, solamente ubicando el origen del problema —mi actitud— es suficiente para comenzar un cambio importante. Luego de que termino la lista de necedades, rompo esa lista, la tiro a la basura y comienzo otra nueva. Esta es una tranquilizante, motivador y abiertamente transformador. Es la lista de mis agradecimientos.

Utilizo mi imaginación y empiezo enlistando cosas —grandes y pequeñas— por las cuales estoy agradecido. Ahí caben todas las cosas, desde el nacimiento de mis hijas hasta los sabrosos hot dogs que venden en Buona Beef. He hecho la promesa de no repetir las mismas cosas una y otra vez, y he descubierto con satisfacción que siempre hay cosas nuevas por las que necesito estar agradecido: el sentido del humor de un compañero de trabajo, la luz del sol por la mañana, el amanecer frente a mi ventanta, la hermosa pareja de ancianos que asisten a la Misa familiar y que participan con alegría, y que además de eso, sonríen a todo mundo. La lista es interminable. Sólo mi propio punto de vista me impide ver las maravillas del mundo. Cuando estoy muy ocupado buscando a los insoportables, dejo de percibir la belleza que me rodea.

John Shea dijo que no vemos lo que está fuera de nosotros, sino que vemos, quiénes somos nosotros. Esta es la razón por la cual Jesús veía a los leprosos, a las prostitutas y a los endemoniados, y veía la imagen de Dios. Jesús veía lo que era, sin importar a dónde dirigía su mirada.

Al capacitarnos para ver con los ojos del agradecimiento, que este mundo amable y lleno de la gracia, refleja también una verdad acerca de nosotros mismos, somos más valiosos aún y con ello nos llenamos de gracia.

Ayuden a sus hijos a practicar el agradecimiento. Cuando se sienten alrededor de la mesa para cenar, pidan a cada uno que mencione alguna cosa por la cual esté agradecido. Si un hijo está preocupado o está de mal humor, vean si está preparado y es capaz de hacer por sí mismo una lista de agradecimientos. Háganlo en forma divertida, que cada persona tome un turno y que no se permita que nadie repita alguna cosa que ya haya sido mencionada. Es un buen juego para jugar en el carro mientras se dirigen hacia un encuentro o una situación que su hijo teme enfrentar. La gratitud expulsa el temor y abre nuestra vida a una fuente de poder que de otra forma podríamos dejar de ver.

Y en el día de Acción de gracias, dejen que las personas que están alrededor de la mesa, cuenten una historia de algo que haya ocurrido en el año anterior y por la cual estén muy agradecidas. Lo hemos hecho en nuestra casa, y es una forma de hacer más viva dicha celebración, de educar a nuestros hijos en la unidad familiar, los amigos y parientes, y de mantenernos más unidos entre nosotros.

# Una mirada
## cercana

# Cuarenta formas de promover la oración en el hogar

¿Qué quería decir san Pablo cuando dijo que deberíamos "orar incesantemente"? ¿Acaso debemos debemos irnos a un monasterio? O tal vez estaba hablando de las personas que permanentemente tenían necesidad de orar, como los fanáticos de los Cachorros de Chicago. Si vemos las cosas con más cuidado, nuestra vida diaria ofrece infinitas oportunidades para orar ininterrumpidamente. Le presento cuarenta de ellas que vienen a mi mente. Añadan las suyas a la lista.

1. Enseñen a sus hijos algunas de las oraciones clásicas.

2. Oren antes de compartir los alimentos, bien sea con una oración formal o con una oración espontánea.

3. En lugar de decir "una grosería", pronuncien una breve oración. Es mejor que sus hijos escuchen: "¡santo Dios!", "Dios mío", o "¡ay bendito!", que una cosa diferente.

4. Oren espontáneamente con sus hijos a la hora de acostarse.

5. Recen el Padrenuestro siempre que comiencen un largo viaje en el carro.

6. Elaboren un altar durante el mes de mayo para honrar la memoria de la Virgen María. Decórenlo con flores.

7. Compren o hagan una frase hermosamente escrita o un verso de la Biblia y cuélguenlo en alguna de las paredes de la casa.

8. Conmemoren el aniversario luctuoso de algún ser querido y oren por él o ella.

9. Tengan preparado algún sartén para orar por las súplicas y las intenciones especiales.

10. Comiencen su día con un momento de oración en silencio o meditación; animen a sus hijos a que también lo hagan.

11. Visiten el cementerio y oren por sus familiares queridos que han muerto.

12. Organicen turnos para que cada miembro de la familia ore por otro durante el día, y a lo largo de la semana. Intercambien a los compañeros de oración cada semana.

13. Oren por el Presidente, los congresistas y senadores, el alcalde y otras autoridades civiles.

14. Oren por los líderes de la Iglesia, los sacerdotes de la parroquia, y sus ministros.

15. Imiten a la gran santa Dorothy Day, quien pasó el tiempo orando por aquellos que estaban tan tristes, que estaban a punto de suicidarse en ese momento.

16. Infórmense cuando algún miembro de la familia tenga algún encuentro o examen importante, y acuérdense de orar por él o ella en ese momento.

17. Conviertan cada preocupación que turbe sus pensamientos en una oración.

18. Oren por cada persona que sea fuente de resentimiento para ustedes.

19. Oren por la persona que en medio del tráfico les impidió el paso.

20. Oren por la persona que está siendo víctima de un rumor morboso (en lugar de seguir pasando el chisme).

21. Oren por las personas que no tienen hogar o que atraviesan un mal momento (regalarles uno o dos dólares también es una oración).

22. Canten el canto eclesial predilecto mientras conducen el carro, toman el baño o hacen los quehaceres de la casa.

23. Oren mientras están leyendo el periódico.

24. Oren por las personas necesitadas cuando escuchan la sirena de una ambulancia.

25. Oren por algún maestro que hayan tenido en la escuela y con el que están agradecidos.

26. Oren por algún maestro de sus hijos con el cual están agradecidos.

27. Den gracias a la hora de comer por el campesino que cultivó los alimentos, los trabajadores (frecuentemente mal pagados) que cosecharon, las personas que la procesaron, empacaron, transportaron y vendieron esos alimentos. Den gracias a Dios por el sol, el suelo y el agua que los hicieron posibles.

28. Oren a la hora de acostarse por alguien que fue amable con ustedes ese día.

29. Visiten a algún miembro de la familia que esté en un asilo y oren por él.

30. Envíen alguna carta a un pariente lejano, diciéndole que se acuerdan de él en sus oraciones.

31. Hagan una oración breve y sencilla como sería "Gracias Dios mío por toda la diversión que Beto tuvo en este día y por todos sus nuevos amigos", al momento de recoger a sus hijos de algún lugar donde vivieron un momento agradable.

32. Digan una breve oración de esperanza cuando despierten a su hijo para comenzar un nuevo día, como podría ser: "Dios mío ayúdame a usar el regalo de este día en plenitud".

33. Ofrezcan una oración cuando están realizando una tarea desagradable.

34. Pronuncien una oración de aceptación cuando su hijo muestre algún gesto que los incomode enormemente.

35. Oren por su hijo cuando esté enfrentando un desafío difícil (un examen, una fiesta donde no conoce a nadie, una visita a un parque nuevo o un patio de recreo).

36. Bendigan en la frente a sus hijos cuando salgan de casa. Bendíganlos en la frente cuando regresen.

37. Hagan una oración por la persona que llama por teléfono constantemente para molestarlos.

38. Pronuncien una oración para que Dios esté con ustedes y ustedes con Dios cuando sienten la necesidad de mantenerse firmes en lo que creen.

39. Reciten una oración cuando se sientan tentados a hacer alguna cosa que saben que no es correcta o que no conviene a su alma.

40. Oren pidiendo el auxilio divino, cuando sientan que están a punto de perder el juicio y no sepan lo que va a pasar.

# Una mirada cercana

# Ya te vi Apolonio

Hace unos años mi hija Patti estaba jugando un juego con un montón de niños de la cuadra para cazar y atrapar al equipo rival. El juego consistía en que debían espiar al otro equipo introduciendo a un grupo de agentes secretos que llevaran y trajeran información. Patti y su amiga Teresa, una niña de octavo grado, eran las capitanas del equipo. Mateo, un hermano menor de Teresa, estaba tratando de espiar para averiguar cuáles eran los planes del equipo de Patti. Él les rogaba diciendo: "yo no voy a decir nada; no voy a decir nada". A lo que Teresa respondió a su muy fraternal manera, "Mateo, todas sabemos que eres muy famoso por mitotero".

Mateo no sabía que significaba la palabra *mitotero*, pero no dejaba de estar suplicando, "soy muy famoso, soy muy famoso".

Creo que siempre recordaré a Mateo como el pequeño niño que ansiaba ser muy famoso. Todos queremos ser conocidos y amados por lo que somos. No obstante, tenemos temor de que nuestras fallas inevitables y nuestros fracasos salgan a la luz, seamos juzgados y declarados como ineficientes.

Hay una clase de padres de familia que temen demasiado que un niño se convierta en alguien dependiente, y por eso tratan de negar las necesidades del niño —y lo que consiguen es que el niño también niegue las suyas. Por ejemplo, si no quiero que mi hijo crezca un poco "afeminado" arrancaré de su lado toda la suavidad. Si no quiero que mi hija crezca como alguien insegura, negaré que tenga algún temor y le pediré que siga adelante con esa estrategia.

A fin de cuentas, es el miedo a ser y dejar ser los individuos concretos que Dios creó. Es temerle a lo que realmente somos. Algunas veces tememos que nuestros deseos y nuestras necesidades sean tan fuertes que nos arruinen. Más que reconocer los deseos y necesidades —y de ayudar a nuestros hijos a que aprendan a resolver bien esas necesidades— nos sentimos atemorizados por ellas y nuestra estrategia consiste en tratar de erradicar las emociones y los deseos desagradables. "No estás asustado, así que deja de actuar como si fueras un chiquillo".

Sin embargo, no eliminamos realmente estos sentimientos, le pedimos a nuestros hijos que los entierren vivos. Más que prevenir las posteriores indigencias en la vida, esa negación deja al niño con necesidades crónicas insatisfechas. En su momento, la necesidad podía ser satisfecha fácilmente. Pero si quedo insatisfecha, la necesidad parecerá agrandarse, y ningún esfuerzo parecerá suficiente para volverla a satisfacer jamás. Los resultados de este tipo de orientación pueden ser desastrosos. Los noticieros y medios de comunicación están llenos de las descargas de tales desconexiones emocionales.

"Cuando los adultos enseñan a sus hijos a separarse de sus sentimientos", decía Geoffrey Canada, autor de *Reaching Up for Manhood: Transforming the Lives of Boys in America,* (Alcanzando la hombría: tansformando la vida de los niños en América, disponible sólo en inglés) "los niños también están separados de las consecuencias de sus acciones. Su empatía se extiende frecuentemente a sus amigos más íntimos, sus parientes cercanos, y no a todas las personas que están fuera de ese rango. De esta manera, un niño se lanzará a un rincón donde no conozca a nadie y donde no sentirá absolutamente nada". Canada, quien dirige el Centro Rheedlen para Niños y Familias, ubicado en Nueva York, decía: "si comenzamos desde temprano, reconociendo que los niños pequeños tienen sentimientos, que son tiernos, que son emocionalmente igual de frágiles que las niñas pequeñas. Al igual que las niñas, los niños necesitarán de muchísimo apoyo".

Un hijo que renuncia a sus necesidades, no las abandonará, sino que frecuentemente las reorientará hacia otros objetivos, tales como la conducta agresiva (la cual tiene alarmado a todo mundo), o a la codicia (los padres de familia norteamericanos no se preocupan mucho de frenar esa conducta en sus hijos). Ignorar los verdaderos sentimientos de un hijo crea un hambre que es imposible saciar. Puede provocar un círculo de codicia insaciable, y siempre querrá más y más. Los hijos podrán acumular montones de juguetes, y otros juegos y ropas de moda, pero permanecerán vacíos e insatisfechos. La codicia es un impulso bueno y natural, pero si es pervertido y engrandecido, cuando se convierte en el canal para satisfacer otras necesidades reprimidas. Más que ser visto, conocido y apreciado, el niño intentará sentirse mejor a través de la acumulación de una serie de cosas que no son necesarias. Es claro que no funciona. El hábito de conceder gratificaciones inmediatas de los deseos superficiales, en lugar de atender a las necesidades más profundas, puede conducir a conductas adictivas e intentos de llenar el vacío interior con el alcohol y las drogas.

Se da por supuesto que es un acto de equilibrio muy difícil, reconocer las necesidades de un niño sin sentirse obligado a satisfacerlas todas —es algo que ningún padre de familia puede hacer jamás. La clave no está en satisfacer todas las necesidades, sino en ayudar al hijo a que reconozca, acepte, y maneje sus necesidades y deseos.

Nuestra tarea como padres de familia en este aspecto es estar en sintonía con nuestros hijos mientras crecen, cambian y se desarrollan. ¿Recuerdan el juego que jugaban de niños? Se tapaban la cara, contaban hasta diez, y luego decían: ya te vi Apolonio. El juego continua de una forma mucho más sofisticada, a través de todo su desarrollo. Como el pequeño Mateo, todos ansiamos ser conocidos y famosos. Al hacer esto, sintonizamos con nuestros hijos y les hacemos uno de los más grandes regalos que podemos darles, y también es un regalo para nosotros mismos. Porque si realmente los conocemos, veremos también en ellos la imagen de Dios.

### Oración por un niño excluido

*Dios mío, ¿por qué esos niños son tan crueles?*
*Pensaba que eran sus amigos.*
*Pero pasaron a su lado como si él no existiera.*
*Siempre se ríen por la broma que le hicieron*
*o presumen de los planes que están tramando;*
*rompieron su corazón y también rompieron el mío.*

*Quiero golpearlos, quiero sacudirlos.*
*Más aún, quiero hacerlos sufrir lo que él está sufriendo interiormente.*
*Pero más que eso, quiero que otra vez convivan con él,*
*que lo incluyan,*
*que amplíen el círculo de la alegría*
*para que una vez más experimente la cordialidad.*

*Dios, tu Hijo Jesús conoció lo que era eso*
*ser abandonado e insultado.*
*Ayúdame a tener fe*
*en la fortaleza de mi hijo*
*en la bondad enterrada dentro de los otros niños,*
*en tu presencia amorosa, debajo del dolor y la angustia,*
*en mi propia capacidad para acompañarle hoy.*

*Ayúdame para que tampoco yo lo abandone*
*y me vaya huyendo de rabia, de miedo o de pena.*
*Y ayúdame a mostrarle amablemente la ternura de tu cariño.*
*Amén.*

*La distancia más corta
entre un ser humano y la verdad,
es una historia.*

ANTHONY DE MELLO, S.J.

# CAPÍTULO DOCE

# Una historia a la vez

## *Una manera natural de educar a los hijos*

"**M**amá y papá, cuéntennos otra vez cómo era la vida en los tiempos pasados". Me horrorizo al darme cuenta de lo distante que pudo haber parecido nuestro tono de voz −como si les estuviéramos pidiendo que nos dijeran cómo era la vida en tiempo de los dinosaurios. Sin embargo, nos encantaban esas historias acerca de cómo iban creciendo durante la gran depresión, cuando el abuelo McGrath era un conductor de tranvía y el abuelo Casey era policía en Chicago. Nos gustaba oír cómo el tío abuelo Nell se levantó de entre la gente de su rango para convertirse en el supervisor de una fábrica de botones y que era un gusto cuando llegaba la tía Brígida y enseñaba a los niños a jugar baraja.

Tales historias eran algo más que un rato de entretenimiento. Desempeñaban un papel muy importante en el desarrollo de la identidad de los niños. Nos hacían entender que estamos conectados con las generaciones anteriores, e implícitamente, con las generaciones que vendrán. Nos daban un sentido de la naturaleza del mundo en que vivimos −nos dicen si es adverso o acogedor− y acerca de las mejores maneras de introducirnos en él. Los relatos de familia nos dan pistas sobre cómo triunfar, cuáles son los valores, y cómo nuestro grupo considera lo que es una buena persona. También nos dan pistas acerca de quién es Dios, especialmente en relación con el tipo de vida que estamos llamados a vivir en el presente.

Nuestros hijos se benefician cuando logran asimilar lo que hacíamos cuando éramos jóvenes. Les puede ayudar para darse cuenta que sufrimos las mismas inseguridades y vergüenzas que enfrentan todos los niños. Aunque podamos parecer todo poderosos ante ellos ahora (al menos ante nuestros hijos de preescolar), nuestros hijos pueden beneficiarse al saber que también nosotros tuvimos que lidiar con las dificultades de la escuela, con las tareas, con los chicos indeseables que nos molestaban desde la esquina de la cuadra, y con el amor no correspondido. Nuestras experiencias no sólo nos proporcionan lecciones a nosotros, también a ellos. Cuando nuestros hijos han sufrido dificultades, incertidumbres académicas, de amistad, emocionales o espirituales, Kathleen y yo les hemos ayudado más cuando hemos compartido experiencias similares de nuestro pasado, que cuando les hemos dado un sermón acerca del tema. Los relatos pueden transmitir enseñanzas que los sermones jamás logran transmitir.

El hecho es que todos hemos vivido algo digno de contar. Esos son los mitos que nos ayudan a descubrir el sentido de nuestro mundo y de nuestro lugar en él. Donde quiera que dos o más estén reunidos, hay probabilidades de que alguien cuente una historia. "¿Ya escuchaste que están cerrando la fábrica de electrodomésticos que ofrecía empleos a más de diez mil personas? O "Escuché que los Señores Smith murieron y dejaron todo su dinero a sus gatos. ¡Esto ya es demasiado! A diferencia de aquél programa de los años sesenta que dirigía Joe Friday, "sólo los hechos", nosotros no queremos escuchar "sólo los hechos". Queremos los detalles más mínimos que revelan el significado de lo que refiere el evento. No queremos que simplemente digan, "El alcalde tuvo una cena con el tesorero de la ciudad". Queremos escuchar: "me pregunto si la esposa del alcalde sabrá que su derrochador marido está vagando junto con el nuevo tesorero gracias a nuestros impuestos —tesorero cuya apariencia asemeja un poco a Julia Roberts, excepto que está rechoncho".

Le contamos a nuestros hijos historias de gozo y esperanza (acerca del día en que cada hijo nació) o aventuras y lecciones aprendidas (acerca del verano que pasamos construyendo castillos de arena en las orillas del Lago Michigan), y aún más, les contamos historias aterrorizantes o perturbadoras que nos ayudaron a superar nuestros temores (acerca de los papás perdidos en la guerra o de hermanos que murieron siendo muy jóvenes). Historias que pueden levantar nuestras perspectivas y nuestras expectativas ("cuando empujamos todos juntos, las cosas se dieron de manera diferente") o que hablan de advertencias y peligros ("no deben confiar en los desconocidos, y es mejor que se fijen en quiénes son sus amigos). Sin embargo, decía el autor Lawrence Weschler: "lo que resulta más horrible que las historias más horribles, es que no haya historias. Normalmente vivimos en un mundo caótico y lo único que parece ocurrir a lo largo del día es la tendencia a ordenar todo —mejor conviértanlo en una historia. Entonces podrán encender un fuego y contarse historias entre ustedes".

## CÓMO LLEGAMOS AQUÍ

Las familias cuentan historias cuando se reúnen. Acabo de escuchar una historia nueva contada por mi primo Roberto en la boda de su hijo. Mi abuelo fue a Inglaterra antes de venir a los Estados Unidos. En Londres consiguió un empleo atendiendo un bar llamado El venado blanco. Un tío del abuelo también estaba en Londres y lo animaba para que lo acompañara al día siguiente para alistarse en un regimiento que saldría a luchar en una de las guerras coloniales de Inglaterra. Afortunadamente el abuelo dormía más de la cuenta, Mi primo y yo entendimos que eso fue algo bueno para nosotros, puesto que del tío que se alistó nunca más se supo nada. ¿La enseñanza de esta historia? Podemos provenir de la rama no combativa de la familia, aun así estamos en torno al altar para servir como monaguillos en las bodas oro de mis abuelitos.

Otra historia que se cuenta en nuestra casa, es acerca de la forma en que mi esposa y yo nos encontramos. Su apellido de soltera es McGrath. Los dos crecimos en rumbos opuestos de Chicago, ella en el número 5700 al norte de la Avenida Meade, yo en el número 5700 al sur de la Avenida Meade. Todavía recuerdo que le entregaban nuestro correo a Jim McGrath —su padre— hace años.

Estaba en un baile de la universidad, y uno de mis compañeros de dormitorio me dijo: "tu hermana está aquí". Me pareció muy raro porque mi hermanita sólo tenía cuatro años. Él apuntó hacia una jovencita simpática, alegre y atractiva que estaba en la pista de baile. "¿No es esa tu hermana?".

No, le repliqué. "Pero estoy seguro que me gustaría conocerla". Me dijo que su nombre era Kathleen McGrath y que estaba en su clase de física. "Ella es una bromista incansable. Pensé que era tu hermana".

Me presenté −ella me pidió que le mostrara alguna identificación que probara que en realidad yo era un McGrath− y descubrí que había venido al baile sólo porque había decidido renunciar por un momento a los hombres. Afortunadamente su boicot contra los muchachos no duró mucho, y cuando el tiempo pasó, cada uno resolvimos el problema de cuál apellido tomaríamos al momento de casarnos. Cada uno tomamos el del otro. Muchas de las historias en mi familia giran alrededor de contratiempos en los viajes, como la historia de los caminos de Forkin que se juntan en una encrucijada, donde hay que tomar sólo uno de ellos, porque todos conducen a lugares distintos. Rentamos una casita de campo en un lago remoto en Michigan, el propietario nos dio algunas vagas indicaciones por teléfono. Papá transmitió una versión garabateada de aquella escueta dirección a algunos amigos que irían a reunirse con nosotros unos días después. La dirección oral decía "denle a la derecha en una bifurcación del camino". Nuestros amigos se entretuvieron durante cuatro horas a lo largo de los condados de Michigan buscando el camino hacia Forkin. El argumento todavía funciona para quien suele dar direcciones equivocadas.

Como padres de familia, tienen dos tareas importantes acerca de las historias. La primera, consiste en ayudar a sus hijos a que desarrollen una sana historia personal, y segunda, ayudarles a conectar su historia personal con una historia universal y total. La integridad y la santidad caminan juntas. Démosle un vistazo a la importancia de desarrollar una historia personal sana.

## Y AHORA UNA PALABRA
## DE NUESTROS PATROCINADORES

El cristianismo cree en la dignidad y el valor de cada individuo. No sólo somos gotas de un océano inmenso; somos importantes por lo que somos. Somos tan importantes que Jesús sufrió y murió por nosotros. Si no tienen suficiente conciencia de sí mismos, pasarán sus días tratando de descubrir quiénes son realmente. Puede convertirse en una búsqueda infructuosa y continua. Sin un profundo sentido de los dones que tienen, serán incapaces de contribuir con sus propios talentos para el mundo. Observo a muchos adolescentes y jóvenes adultos preocupados, preguntándose quiénes son y a qué realidad pertenecen. Pueden sentirse vacilantes entre sueños inalcanzables e irrisorios. No han logrado conseguir una información realmente valiosa: un sentido de sí mismos y de su lugar en el mundo.

Los padres de familia necesitamos contrarrestar las historias que se transmiten en los medios. Kathleen O'Connell-Chesto decía: "Contamos historias a nuestros hijos para que crezcan en sabiduría y valor a fin de que descubran su identidad. La televisión les cuenta historias para venderles". Historias que les advierten que no serán nadie, si no adquieren los últimos productos o las cosas que están de moda. Asegúrense de que se den cuenta de que su valor proviene de lo que son y no de lo que usan, compran, beben o comen.

Una sana historia personal comienza mirándose al espejo. Los psicólogos han descubierto cómo desarrollan los niños la idea de sí mismos. Se ven reflejados en los ojos de sus padres. Observen a unos padres que tengan un recién nacido. Vean cómo sus ojos asombrados y sus bocas esbozan una enorme sonrisa cuando examinan cada gesto de sus queridos hijos: los ojos, la nariz, el mentón, los oídos, el cabello, las cejas y pestañas. Los niños que no logran interactuar con quienes los atienden, los que no tienen un contacto visual donde reflejarse, no podrán desarrollarse. En casos extremos, ni siquiera podrán sobrevivir. Nuestro primer y más importante mensaje deberá ser: "tú eres alguien, eres valioso. Me gozo en verte. Es muy bueno que estés aquí".

Y los efectos de saberse reflejados continúan hasta el presente. Piensen cómo una mirada de su padre o su madre permanece todavía con ustedes. O cómo una sonrisa llena de aprobación paterna o materna podrá hacer que se sientan animosos.

Muchos padres de familia son muy cautelosos al momento de mostrarles a sus hijos gestos positivos de afecto. Dicen: "no quiero que él vaya a ser un engreído", o "ella podrá pensar que todo el mundo gira alrededor de ella". Creo que la mayoría de los niños sufren más bien de carencia de afecto positivo y no de cierta sobredosis. Debemos darles todas las cosas que les corresponden. Lo que trastorna y crea dificultades a nuestros hijos es cuando nuestras reacciones no son concretas, o exageradas, o cuando intentamos distraerlos con otras observaciones que deberíamos proseguir —por ejemplo, los padres que tratan de engatusar a sus hijos cuando es el momento de consolarlos o marcarles un límite. Algunas veces una reacción positiva es manipuladora, intentan lograr que el hijo se comporte bien, que sofoque la ira, o que sea gentil con los demás. Esa no es una reacción positiva, es un intento de chantaje. Abusar de los estímulos positivos puede ser dañino para el niño, del mismo modo que lo es el ocultar todas las respuestas positivas.

Sin embargo, una reflexión honesta, positiva y concreta de un padre, que está verdaderamente en sintonía con su hijo para recordarle a ese hijo cuál es su verdadera identidad, sirve más que estar maniobrando constantemente para llamar su atención y reprenderle, dándole indicaciones acerca de lo que le conviene.

Para que sea efectivo, dicha retroalimentación deberá ser:

- Natural, sin fingir (Si necesitan obligarse a dar el paso, es mejor decirlo que callarlo).

- Datos concretos acerca del comportamiento y las cualidades observadas ("estuve viendo cómo ayudaste a tu hermano a que aprendiera a usar el programa nuevo en la computadora. Eres muy buen maestro").

- Auténtica, pero no manipuladora (no al estilo de "Mira hijo, tú eres un buen muchacho. Tráeme por favor mis lentes. Creo que los dejé en la cocina").

- Un don desinteresado, sin ningún tipo de condicionamiento implícito.

Sospecho que las razones más frecuentes que provocan que los padres de familia no consigan reflejarse de manera sencilla, natural y positiva, es porque estamos inseguros de nuestra propia bondad y valía. Nos resultará difícil escuchar y creer que Jesús tomó a pecho la declaración que escuchó al salir del Jordán al momento de su Bautismo: "Este es mi Hijo amado en quien me complazco".

Pensando en quienes están preocupados porque sus hijos crezcan como engreídos, nunca he considerado que sea un problema que una de mis hijas se dé cuenta que es alguien maravillosa, siempre y cuando también se dé cuenta que las demás personas también lo son.

## LA HISTORIA DE MI VIDA

Hay que escuchar nuestras propias historias. "Esta es la historia de mi vida" podría decir alguna persona con disgusto, cuando se barre el tornillo que está apretando en algún motor. En su historia personal él se considera como alguien derrotado que deberá hacerse a la idea que no podrá vencer sus propios desafíos, sino que conocerá puros fracasos. Tal vez la historia de una persona podría ser: "he hecho todo esto por mí mismo, y no puedo confiar en nadie más", mientras que la historia de otro sería, "si reunimos nuestros esfuerzos, todos estaremos mejor". Conozco algunas personas cuya historia es una permanentemente advertencia: "no esperes conseguir nada"; mientras que otros viven otra historia: "Dios tiene muchas cosas buenas preparadas para mí".

Su hijo o hija está desarrollando su propia historia. Esta incluye mucho de lo que le han dicho, incluye además muchas cosas que ha escuchado a lo largo del camino. La personalidad natural de su hijo se construye en combinación con la acumulación de experiencias, actitudes y sentidos que va cosechando a partir de su vida. Escuchen a los niños pequeños (que son menos cautos a la hora de contar sus historias) cuando realizan alguna representación. Los comentarios que hagan a la hora de interactuar con los demás, revelarán cuáles son las creencias que tienen sobre sí mismos y sobre la vida. "Yo soy el papá", dice un niño que está jugando al "papá y la mamá". "El papá siempre está cansado", dice, mientras se deja caer al sofá. "Yo seré la mamá", replica la niña. "Me maquillaré y trataré de verme hermosa como las señoras de la televisión. Entonces te gustaré".

Es muy ilustrativo escuchar a nuestros hijos cuando ellos mismos cuentan sus historias. ¿Son optimistas?, ¿se sienten atrapados?, ¿son generosos o mezquinos?, ¿están esperanzados o resignados?, ¿parecen ser los capitanes que conducen el barco o están encadenados a un remo en la bodega, mientras alguien golpea un tambor para obligarlos a remar? En sus historias, ¿Dios es alguien que cuida de ellos, que se mantiene alejado, o alguien que les envía pruebas y castigos?

# Manos *a la obra* 19

*Cómo ayudar a sus hijos a que
desarrollen una sólida historia personal*

Asegúrense de que sus hijos conozcan la historia de su nacimiento, o del día que llegaron a su familia. Por qué no crear cierto ritual, para contarles cada año la historia de su nacimiento, ¿sucedió algo inusual ese día?, ¿quiénes estaban ahí?, ¿cómo reaccionaron las personas cuando les dieron esa noticia? Mary O'Connell, escribía en *U.S. Catholic* que al igual que en la historia del nacimiento de Jesús en el pesebre –acompañado por los ángeles, los pastores y los reyes– nos dice mucho acerca de quién era él; decirles a nuestros hijos la historia de su nacimiento, les dirá muchas cosas acerca de sí mismos. "La mayoría de los niños no vienen al mundo, ni son celebrados por ejércitos angélicos y maravillas astronómicas. Pero el comienzo de cada vida ordinaria es, no obstante, un acontecimiento extraordinario, que ocurre una sola vez. Contarles la historia es una forma de decir a los hijos que son muy importantes en nuestra vida y en la creación divina, y es también una forma de darles pistas importantes acerca de sí mismos".

Contaba la historia familiar del día que nació: "mis abuelos llevaron a mi padre al hipódromo. Mi padre nunca fue dado a apostar, pero ese día ganó un gran premio en la primera carrera. Resistió la tentación de seguir jugando, juntó sus ganancias y se fue directamente al hospital, le dio el dinero al cajero y dijo, "Esto es para el pago por mi pequeña hija". De acuerdo, yo nací antes que la mayoría de la gente tuviera seguro médico, y en una temporada en que el costo de un nacimiento en el hospital costaba unos cuántos cientos de dólares. Sin embargo, la historia me dice alguna cosa que me hace sonreír: al menos para mi padre resulte una hija afortunada".

Digan a sus hijos la razón por la que le dieron ese nombre. ¿Cuál es el significado? ¿Algún otro miembro de la familia lleva ese nombre? ¿Existe alguna persona en la historia a quien admiren y cuyo nombre escogieron para su hija?

Relaten la manera en que sus antepasados llegaron a este país (a qué pueblo o tribu pertenecían, cuándo llegó la nueva ola de residentes). Muchas veces la primera generación de inmigrantes no quiere recordar el pasado. Pero los hijos necesitan conocer sus raíces. Mi abuelo se emocionaba enormemente ante el interés que los nietos mostrábamos por el "viejo país". Cuando le preguntábamos que cuándo regresaría a Irlanda, contestaba: "cuando construyan un puente". A partir de las pocas pistas que nos daba a conocer, nos dimos cuenta que el viaje a través del Atlántico era todo lo que se quiere, menos algo placentero.

# Describan el lugar en que

sus hijos fueron bautizados. Pueden ver la película —en caso de que tengan la grabación de la celebración. ¿Saben quiénes fueron sus padrinos y por qué eligieron a esas personas en particular, para que estuvieran detrás de ellos en el altar en ese día? (Es oportuno que les den algo más que una respuesta concisa o diplomática).

# Relaten la historia de cómo se

conocieron entre ustedes (papá y mamá) ¿Por qué quisieron tener hijos, y qué era lo que ustedes esperaban cuando nacieron? (Los hijos siempre parecen gozar las historias cuando sus padres salían desesperados hacia el hospital, cuando llegó la hora del parto).

# Incluyan, y no traten de evitar,

las historias negativas de la familia. Toda familia tiene que compartir que entre ellos también hubo ladrones y sinvergüenzas. Aunque algunos no tienen la fuerza o la confianza para admitirlo. Si eliminan cualquier aspecto negativo de la historia familiar, terminarán colocando a los "buenos" de este lado y del otro lado a "los malos". Cada uno de nosotros es una bolsa surtida, que está tratando de encontrar un camino en la vida, como mejor puede. Podemos aprender de los "eternos fracasados" que siempre lucharon, lo mismo que de los que encontraron fácilmente el triunfo.

Algunas personas sienten que es mejor ignorar los hechos dolorosos relativos al pasado, se imaginan que sólo afectarán el presente con los problemas pasados. La gente se preocupa pensando que la información acerca de enfermedades mentales, alcoholismo, bancarrota, divorcio, actividades ilegales, o condenas a la prisión podrían afectar indebidamente a los hijos y que será mejor no hablarles de eso. Creo que es un mal consejo por varias razones. Sería como esconder información médica importante que podría ayudar a que sus hijos evitaran o se prepararán para un riesgo médico futuro.

Mucho depende de cómo les planteen el asunto. Seguramente les podrían hablar de un riesgo médico y crearles cierta ansiedad o temor. De ese modo no le harían un favor a sus hijos. Sin embargo, pueden darles esa información en un contexto adecuado para que estuvieran preparados y pudieran responder sabia y buenamente a cualquier amenaza inherente. De esa forma es como deberán hablarle a los hijos de las "ovejas negras" que existieron en la familia. Cuando la información va acompañada de apoyo y valor compartido, puede fortalecer a sus hijos para que vivan una vida mejor y para que no se dejen cegar por los problemas, sean físicos o emocionales, que vayan a enfrentar.

Y no piensen que no están transmitiendo de alguna forma esos secretos ocultos. Las verdades encuentran una forma de vivir en los sistemas familiares a través de la vergüenza, la evasión, la exageración, el temor y otras más. Si hacemos las paces con esa situación, hablar acerca de esa nos fortalecerá. No podrá seguirte dañando. Si no hemos hecho las paces con la misma, ni toda la represión o el ocultamiento podrán hacerla desaparecer. Como John Powell S.J., ha dicho frecuentemente: "no entierran sus sentimientos no deseados como algo muerto, los entierran como algo vivo".

*Creeré que las computadores podrán pensar cuando les formulen una pregunta y respondan: "esto me recuerda una historia".*

GREGORY BATESON

# El contexto de mi historia

## *Vinculando nuestros hijos al plan eterno*

Hace mucho tiempo, cuando era consejero en un campamento, los niños me esperaban para que les contara una historia cada noche. Después de un largo día paseando, jugando, nadando y remando, era un verdadero relajamiento para mí. Tenía que ser una historia de aventuras, con algo de peligro e intriga, guerreros y hechiceros, nada sentimental (esos chicos tenían entre 5 y 10 años de edad) y con un héroe tranquilo y convincente. He aprendido a confiar en cada trama trillada que pueda recordar desde el viejo *Flash Gordon* y los episodios de *Tarzán* en la televisión, hasta los libros de aventuras que leía en la secundaria. Los niños siempre disfrutan una trama intrincada, donde el héroe no se dé cuenta que realmente es un príncipe. Los conmueve saber que él fue arrebatado a sus padres al momento de nacer, y que dichos padres siempre mantuvieron la esperanza de que un día regresaría. El mismo muchacho sospechaba que había algo especial en él, pero no tenía pista alguna acerca de su verdadera identidad como heredero al trono.

Muchas de las grandes películas tienen el mismo tema, héroes o heroínas inconscientes de lo que son, hasta que las aventuras los llevan a descubrir la verdad −casi siempre en el último instante. Pienso que este tema es popular porque revela una verdad acerca de nosotros, algo que ya sospechamos pero no hemos descubierto plenamente: somos hijos de Dios.

Una vez que descubrimos quiénes somos, podemos construir sobre ese conocimiento para aprender la lección más importante de la vida: quiénes somos. Esta es la razón por la cual es importante vincular la historia de sus hijos con una historia más amplia y magnífica. Contar historias más amplias puede contrarrestar el error y la noción que tantos dolores provoca, que la vida "gira alrededor de mí". Creo que una de las razones que subyacen al creciente aumento de eventos trágicos en los cuales los estudiantes maltratan a sus compañeros de clase, a los padres de familia y a los maestros es la rabia que sienten por haber sido tratados de forma horrible en su vida. Se les abandona sin pensarlo dos veces, se les deja que vivan a su propio arbitrio, como árbitros del bien y el mal, de lo digno y lo indigno, de lo correcto y lo incorrecto. Nadie los cuida, nadie los conoce, ni les dicen que sus talentos y necesidades son importantes. Nadie les dice que jugarán una parte importante en un futuro glorioso.

Es peligroso convertir a un niño en el héroe de una historia tan pequeña. La paradoja de pensar que la vida es "solamente lo mío", me hará pensar que esa vida no tiene mucho sentido. Pero, si soy parte de una gran historia con sentido y propósito, no importa tanto que mi papel sea pequeño, mi vida comparte algo de ese significado y ese propósito.

Como sucede con toda la realidad, el desafío consiste en darle a cada cosa la importancia que merece y en mantener los extremos en equilibrio. Por un lado, como dijo Bogie a Bergman en *Casablanca* acerca de nuestras pequeñas preocupaciones: "no valen un cacahuate". Por el otro, somos amados por Dios, quien nos hizo a imagen y semejanza suya, y tan valiosos, que merecimos que el Hijo de Dios muriera por nosotros en una cruz. Tenemos problemas siempre que acentuamos una de estas dos verdades a costa de la otra.

## CÓMO UNA HISTORIA DEMASIADO ESTRECHA LIMITA A NUESTROS HIJOS

Cuando los hijos escuchan que son buenos, les hacemos sentir su fuerza. Al vincular su historia personal con toda la historia, les decimos para qué sirve tal fuerza.

Tenemos que dar la certeza a nuestros hijos de la historia total. Podemos ayudarles a encontrar su identidad verdadera —y podemos encender su imaginación— al permitir que conozcan que forman parte de una magnífica historia. Provenimos de Dios y a través de nuestra vida tenemos la oportunidad de mejorar realmente el mundo, trayendo el Reino de Dios a la vida presente. Y finalmente, tenemos un destino de felicidad, que está más allá de lo que nuestras capacidades normales pueden imaginar.

Me siento horrorizado al darme cuenta del tipo de mundo que presentamos a nuestros hijos en los medios de comunicación populares. Lo peor de todo no es el sexo o la violencia, o que sea un mundo totalmente egoísta. Lo peor de todo es la vaciedad existencial que se adueña de ellos. Aquellos que lo han intentado, te dirán que la promiscuidad sexual descarada, te deja solo y totalmente vacío. La vida de quienes tratan brutalmente a los demás es brutal. Ser el centro de tu propio universo, convierte tu vida en algo estrecho e insignificante. Por eso nuestros hijos nos preguntan: "¿es esto todo lo que valgo? Al momento de su bautismo respondimos por ellos a la pregunta: "¿rechazan a Satanás y todas sus promesas vanas?". Si las representaciones de los medios de comunicación no son promesas vanas, no se cuáles lo podrían ser.

La expresión sexual verdadera es buena y maravillosa. El poder y la autoridad bien utilizados son admirables. Tener un sentido positivo de sí mismo es bueno y saludable. El problema es que la cultura moderna pretende estarte vendiendo regalos positivos, y en realidad te está entregando cosas muy diferentes.

Necesitamos contrarrestar las promesas vacías y desvencijadas de la cultura moderna con una verdad que hemos descubierto en nuestro corazón y en nuestra vida. Podemos encontrar esa verdad abriendo nuestros corazones y nuestras vidas al mensaje del evangelio.

Comparen algunos de los mensajes que sus hijos escuchan en la televisión y en los demás medios de comunicación con el mensaje de Jesús.

| MEDIOS DE COMUNICACIÓN | JESÚS |
|---|---|
| Merecen un día de descanso. | Tomen su cruz y síganme. |
| Tengan relaciones sexuales en cualquier tiempo o lugar, y con, cualquier persona. | Tampoco yo te condeno; vete y no peques más. |
| Satisfagan sus apetitos tan pronto como les sea posible. | No solamente viven de pan. |
| Busca ser el número uno. | Busca primero el Reino de Dios. |
| La apariencia está por encima de todas las cosas | Bienaventurados los puros de corazón |
| Si estás enojado no hay inconveniente que seas violento. | Cualquiera que cumpla la voluntad de mi Padre, es mi hermano, mi hermana, y mi madre. |
| No te preocupes de las personas extrañas. | Cualquier cosa que le hicieron a uno de estos pequeños, a mi me lo hicieron. |

## CÓMO CONECTAR LA HISTORIA DE SUS HIJOS CON TODA LA HISTORIA

Podemos aprender mucho del éxito de las pandillas. Analicen cuál es el atractivo de las pandillas: ¿cómo le hacen para atraer tanta lealtad y compromiso?, ¿cómo le hacen para lograr que sus hijos arriesguen su vida por el grupo? Las pandillas proporcionan a los muchachos solitarios y extraviados un sentido de pertenencia a un grupo que tiene un objetivo y una historia importante.

Las pandillas tienen emblemas (frecuentemente usan símbolos cristianos). ¿Tienen algunos símbolos u objetos de arte cristiano?, ¿sus hijos conocen algo de la vida heroica de los santos? (Asegúrense de presentarles retratos de los santos que sean auténticos y creíbles, no esas versiones dulzonas e idealizadas que frecuentemente les muestran). Las pandillas exigen capacidad de sacrificio. ¿Les dan a sus hijos la oportunidad de practicar su fe sirviendo a la comunidad, o trabajando por el bien común del mundo? Las pandillas tienen formas especiales de saludo. ¿Bendicen a sus hijos cuando llegan y se marchan?, ¿oran antes de compartir la mesa? Las pandillas vinculan a la persona con un grupo más amplio. ¿Celebran algunas veces con la familia extendida, o con los amigos de la familia? Las pandillas se organizan alrededor de la lealtad. ¿Sus hijos saben que ustedes son importantes para ellos? ¿Darían la vida por ellos? ¿Tienen otros intereses y objetivos que son más importantes que sus hijos?

Al final de su vida, Albert Einstein afrontó una pregunta fundamental decisiva. Comprendió en esa época los principios físicos del universo mejor que nadie. No obstante, una cuestión seguía pendiente para él: "¿el universo es amigable?", que en otras palabras equivalía a decir, "¿existe aquí un espacio para mí?". La única forma de responder a tales preguntas es a través de alguna historia. Relatamos historias para encontrar nuestro sitio en el mundo. Sin tales historias, y disponiendo solamente de los fríos datos científicos –que por otro lado son magníficos e incuestionables– nos toparemos con la pregunta que Einstein enfrentó en sus días finales. La cuestión central de la existencia la tenemos frente a nosotros: "¿por qué estoy aquí?".

# Manos *a la obra* 20

### *Cómo vincular a sus hijos a toda historia*

**Platíquenles** a sus hijos alguna cosa acerca de su santo favorito, su apóstol favorito, sus historias predilectas del Antiguo y del Nuevo Testamento.

**Introduzcan** a sus hijos a las narraciones bíblicas. Ayúdenlos a conocer a los grandes personajes del Antiguo Testamento: Adán y Eva, Caín y Abel, Noé, Sansón, David, Isaías, Juan Bautista.

**Realicen** la escenificación del nacimiento durante el tiempo de Navidad. Los historiadores de la Iglesia dicen que san Francisco transmitió a toda Europa la enseñanza sobre la encarnación al popularizar la representación de la escena del nacimiento en cada pueblo y en cada aldea.

**Eliminen** la "comida chatarra" que llega a la mente de sus hijos y denle a su familia alguna cosa moralmente nutritiva. Consigan para ellos algunos libros, videos y películas buenas. Disminuyan el número de relatos vacíos que experimentan sus hijos, como aquellos donde las cosas valen más que las personas, la comodidad y el bienestar más que la virtud y la fuerza de voluntad. Cuando nuestras hijas eran más pequeñas (y aún hoy cuando nuestra ajetreada vida nos conduce a un mismo sitio durante un corto tiempo), Kathleen leía algo en voz alta para toda la familia. Frecuentemente esto ocurriría en una fría noche de invierno, y cada uno de nosotros encontraría un sitio acogedor donde acurrucarse. A la luz de una vela, leía las aventuras de Laura Ingalls y su familia en la llanura. Leería libros sobre el valor, el honor, la generosidad y la pasión. Un amigo nos recomendó *The Watsons Go to Birminghan –1963*, un relato en el cual una familia afroamericana originaria de Flint Michigan, viajara a Alabama en tiempos difíciles. Cuenta que es una historia divertida y conmovedora que ofrece un retrato auténtico de la vida familiar y de las relaciones fraternas, y a la vez es un gran retrato la fuerza e importancia que tiene la familia extendida.

Alienten la creatividad de sus hijos para que no se dejen engatusar con historias que den respuestas simplistas a problemas complicados.

Dense cuenta cómo los personajes unidimensionales son metidos a la fuerza a los niños bien sea por Disney, McDonalds, las cadenas televisivas, y otras más. Si limitan la imaginación de sus hijos, mutilarán su capacidad de crecer espiritualmente en el futuro.

# Animen a sus hijos para

que inventen sus propios relatos, juegos y personajes, o cómprenles libros edificantes registrados en audio, para que puedan emplear su imaginación cuando escuchan.

# Ayuden a sus hijos para

que encuentren otras personas, especialmente de otras culturas y grupos étnicos, que compartan sus propios valores, sea en el ámbito de la Iglesia, el trabajo, la organización de la comunidad o en el vecindario.

# Ayuden a sus hijos para

que encuentren alguna forma de comprometerse como miembros activos de su comunidad.

# Lleven a su familia a otra

Iglesia dentro de su sínodo o región, o en el caso de los católicos, a la catedral diocesana y participen en la Misa Dominical. Normalmente les agradará realizar alguna visita guiada, y les podrán explicar algo de la historia de la iglesia. Ayuden a que sus hijos se den cuenta de que su fe es universal.

# Platíquenle a sus hijos cómo

funcionan las instituciones eclesiales dedicadas a la caridad, y háblenles del trabajo formidable que realizan. Como una vez escribiera el Arzobispo de Canterbury: "La Iglesia es la única sociedad que existe para beneficio de las personas que no son miembros de la misma". Verifíquenlo de alguna manera. Ayuden a sus hijos a que sintonicen con alguna de las buenas iniciativas que los creyentes están haciendo a favor del mundo. Ayúdenlos a darse cuenta de que forman parte de ese esfuerzo.

# Explíquenles el trabajo

que realiza la Campaña para el Desarrollo Humano y las buenas iniciativas que realizan, explíquenles cómo organizamos la colecta del "óbolo de san Pedro" para ayuda de la Iglesia universal, que sirve a toda la gente alrededor del mundo.

# Manténganse en

contacto con el Servicio Católico de Ayuda (Catholic Relief Services) y apoyen a alguna orden misionera, busquen información acerca del trabajo que realizan alrededor del mundo. Esa historia global trasciende el tiempo y el espacio.

La respuesta que encontramos en el Génesis es que Dios miraba por encima del vacío informe y mirando solamente el caos, derramó la luz, el orden y la vida para todo el universo, creándolo por su propia decisión. La respuesta que tenemos de parte de Jesús en el Nuevo Testamento es que en el principio era la Palabra, esto es, el sentido y el significado de la auto comunicación de Dios. En el principio fue la comunicación. Una palabra pronunciada en el vacío perdura hasta conectarse con "la otra". Fuimos creados para ser "el otro" a quien Dios habla. Dios tiene una historia qué contar. No permitan que sus hijos caminen a lo largo de la vida sin darse cuenta que tienen un papel principal qué jugar en dicha historia.

# Una mirada cercana

# La historia de Darryl

Recuerdo cuando leí un encabezado en un artículo en el *New Yorker* que preguntaba: "¿son decisivos los padres de familia?". El artículo argumentaba que en la época moderna los padres de familia no son muy importantes para el desarrollo de sus hijos. Cuando leí ese argumento, surgió un dolor horrible en mi pecho. Les diré el por qué.

Hace años trabajaba a las afueras de Chicago en una institución al cuidado de los niños. Los niños estaban bajo custodia del Estado. Algunos eran huérfanos, pero la mayoría provenían de familias que tenían problemas para cuidarlos —al menos durante ese tiempo. La institución en la que trabajaba los tomó a su cargo y los cuidaba. La mayoría de los niños sufrían un profundo dolor emocional a causa de la separación de sus familias.

Realizaba mis tareas como consejero para los niños de cinco a nueve años. Había pasado unos días con ellos durante el campamento de verano, y habíamos crecido con un afecto mutuo. Cuando llegó la fiesta de Acción de gracias, fueron a celebrar la fiesta con sus parientes. Aquellos que no tenían un lugar a dónde ir, se unieron conmigo en la mesa de mi madre, quien generosamente nos había invitado a participar de su fiesta de Acción de gracias.

Cuando reunía a los niños que iban a acompañarme, me di cuenta de que Darryl y su hermano Steven, estaban sentados esperando con ansia en la puerta de entrada del pasillo. Estaban vestidos con sus mejores ropas, relucientes y apuestos. Estaban esperando que su madre los recogiera, tal como se los había prometido. Estaban muy inquietos.

Me sentía mal al tener que dejarlos, pero el tiempo y el pavo no podían esperar a nadie. Le di una amigable palmada a cada uno de los niños en el hombro y conduje a mis compañeros a la cena en medio del frío viento de noviembre.

Más tarde regresé a casa con todo el grupo de celebradores. Formábamos un grupo que subía alborotadamente las escaleras hacia el pasillo de la residencia. Cuando traspasamos la puerta de ingreso, fui recibido por una escena horrible, que me golpeó totalmente de frente. Me quedé paralizado y preocupado. Solamente pude musitar una palabra: "¿Darryl?".

Sus ojos parecían escupir fuego y pensé que iba a lanzarme alguna maldición. Pero en lugar de eso, solo musitó: "¡Mi mamá nunca llegó!" Me miró fijamente con ira. En seguida, hizo algo que nunca le había visto hacer. Gritaba y golpeaba mis hombros y seguía gritando. Yo trataba de calmarlo, pero no se dejaba tranquilizar. Descargaba toda su furia contra el cielo y no tenía palabras para consolarlo.

Esa sacudida de dolor que sentí cuando Darryl repartía golpes a diestra y siniestra, la sentí de nuevo cuando vi el encabezado que hablaba de que los padres de familia no eran realmente importantes en el desarrollo de sus hijos. Pensé para mis adentros: díganle eso a Darryl.

Esa misma noche, cuando ya era tarde y todos los niños se habían ido a descansar, cuando habían rezado sus oraciones, cuando ya les había contado el cuento para irse a la cama, y cuando los niños se habían ido a dormir, platiqué con la hermana Gertrudis, quien estaba a cargo de todo el pasillo y quien era la primera responsable de esos dieciséis niños. Dijo que había visto el registro de los parientes de Darryl. Podían haber sido las drogas, o el alcohol. Podía haber sido la inmadurez, la desgracia o el simple egoísmo. Pero era el ejemplo de las promesas asumidas que quedaban incumplidas.

La hermana Gertrudis tenía que enfrentar el período anual de vacaciones con una cierta dosis de incertidumbre. Todos los niños probablemente fallarían en algo, pero algunos niños reexperimentarían las viejas heridas, y todo el dolor podría regresar con toda su fuerza. Cuando las cosas parecían tranquilas y seguras, se sorprendía por un repentino contratiempo.

¿Los padres no son importantes? Díganselo al niño que espera a su madre, que nunca se aparece. Díganselo al niño cuyo padre nunca tuvo una cosa positiva para él. Díganselo a la niña cuyo tío abusó de ella, y cuyos padres nunca lo reconocieron.

No estamos lanzando salvavidas que siguen flotando y que nunca hacen contacto con nuestros hijos. Estamos conectados y lo que hacemos tiene consecuencias. Siempre me pregunto qué significarían esos padres para esos hijos, que siempre han sido maltratados por sus padres. "Algún día mi papá va a comprar una bicicleta de 10 velocidades", diría uno de nosotros. "Sí, cómo no, mi papá, diría él, va a comprarme un mugrero de bicicleta cuando tenga dieciséis".

Estos padres de familia tienen poder. Y muchos tienen buenas intenciones. Lo que no tuvieron fue madurez de carácter. Así es, su carácter fue disminuido por su adicción al alcohol o a las drogas. En todos los casos, lo que hizo falta fue ser consecuente. La coherencia es esencial al momento de educar a los hijos en la fe. Tratamos de hablarles de las promesas divinas. ¿Quién creerá en esas promesas si nunca las ha experimentado en su vida normal?

En muchas historias exitosas donde los padres de familia encontraron la fortaleza y el temple para organizarse y hacerse responsables, viviendo como padres cuidadosos, fue el amor por sus hijos lo que los impulsó a cambiar. Seguramente no todos lo logran. Pero, ¿quién los podrá juzgar? Yo no. Pero sé que sus hijos estuvieron a su lado, animándolos a conseguir el éxito y dándoles oportunidad de salir de su mundo egoísta y de amar a otras personas, más allá de sus propios intereses. Después de todo, este es el poder más transformador del mundo. El amor entre un padre y un hijo ciertamente importa, y mucho.

*Tienen las herramientas para construir el Reino de Dios. Entréguenselas a los demás cuando ya estén muy desgastadas.*

CALCOMANÍA

DE LOS FRANCISCANOS SECULARES

# CAPÍTULO CATORCE

# Sed de justicia

## *Haciendo que el sistema funcione para todos*

S ospecho que la visión del mundo que muchas personas tenían cambió el día en que los astronautas abordaron el Apollo 8 y enviaron una foto clara y limpia de la tierra, como era vista desde el espacio exterior. Recuerdo mirando esa foto del planeta, un planeta donde daba la casualidad que vivía yo, y sentía como si hubiera sido visto por vez primera. La foto fue tomada la víspera de la Navidad de 1968.

Aquí estaba esta "gran canica azul", de aspecto sereno y majestuoso, trazando el camino a lo largo de la órbita marcada, colgada como un adorno precioso en la totalidad del espacio. Meditaba mientras tanto en la imagen, y de repente me di cuenta de que este globo de aspecto prístino, estaba hirviendo de vida, vida que era sorprendentemente variada, abundante e interconectada.

Desde el espacio no pueden ver los límites entre los países −ni siquiera los de las naciones en guerra. Desde el espacio no pueden ver donde termina USA y comienza México. No pueden ver una línea divisoria entre Irlanda del Norte y la República de Irlanda, ni entre Israel y Líbano, o entre Irak e Irán, o entre China y el Tíbet, entre Ecuador y Perú.

Lo que ustedes pueden ver −y puede ser maravilloso y aterrorizante contemplar− es un simple planeta del cual depende el bienestar de todas las especies ahí residentes. Nuestro destino es único, interconectado y completamente frágil. En la víspera de la navidad de 1968, después de un siglo sangriento, arruinado por la codicia impía del nacionalismo, los habitantes de la tierra conocían una imagen por la cual vivir.

Una frontera muy distinta a la que percibieron los primeros colonizadores europeos que llegaron a los Estados Unidos de Norteamérica. Enfrentados con una tierra aparentemente interminable, los pioneros podían darse el lujo de creer que podían trazar su propia ruta como refinados individualistas. Lo que un hombre podía hacer para conquistar su propia tierra, era asunto que a nadie más incumbía. De igual manera, lo que otro hombre hiciera para conquistar su propia tierra, a nadie importaría (pocas mujeres poseían o controlaban tierras). Solamente te pido que "no te metas conmigo".

Esas reglas aplicadas selectivamente a aquellos que eran "como yo", aquellos cuya piel era del mismo color y cuya cultura se parecía a la mía. Los cuales permitieron que los europeos, quienes eran militarmente superiores en comparación a los otros pueblos, emplearan libremente su voluntad sobre la vida de los demás individuos, los cuales eran vistos como inferiores en humanidad. Ese tipo de mentalidad, resultaba apropiada para naciones agresivas que se repartieron el mundo como si fuese su propiedad y consideraron que ese asfixiante reparto y esa aventura era una bendición de Dios. La conquista de todos esos pueblos fue vista como algo bueno, como un modo de poner orden en ese mundo desordenado. Aun cuando fue puesto en duda en las décadas siguientes, todavía quedan restos de esa visión en el mundo actual.

## UNA NAVE ESPACIAL ATERRIZA SIN REMO

Sin embargo, cuando estamos fuera de lo azul, tenemos una perspectiva totalmente diferente, una visión diferente de nuestro mundo y nuestro lugar. Más que ver el mundo como un caos que debe ser domesticado, vemos la tierra en su belleza y majestad, como un ópalo brillante en un nuevo ambiente. El planeta creció en importancia, y nuestro lugar se transformó en un espacio humano. Desde una posición elevada, propia de un agente independiente que domina su medio ambiente, repentinamente nos deslizamos hasta el nivel de una única forma de vida, que en medio de muchas otras, busca una manera de sobrevivir (esperamos) y desarrollarse.

Esta nueva visión se ha sumido en nuestro subconsciente, donde altera lentamente nuestro pensamiento. ¿Tendrá éxito? Las evidencias no son alentadoras. La visión alentadora es que cada vez más gente se dará cuenta que somos algo más que un grupo de gente que está luchando por su propio pedazo del planeta. Estamos aquí reunidos como residentes del espacio terrestre, compartimos un destino común. No obstante nuestro mundo está plagado de conflictos, enfrentamientos entre vecinos, que están aparentemente más dispuestos a destruirse que a tratarse como iguales.

Ya no es verdad —y de manera muy difícil hemos aprendido que esto nunca fue verdadero— que lo que realizo con mis propiedades no le incumbe a nadie. Hemos creado sitios para desechos tóxicos que para poderlos limpiar se gastarían millones de dólares. Hemos provocado un agujero en la capa de ozono que parece estar creciendo. Hemos ocasionado una historia de esclavitud y colonialismo que aniquiló totalmente a diversas culturas y dañó severamente a pueblos enteros, y cuyos efectos en cascada se propagan a muchas generaciones.

No obstante, todos nosotros estamos en el mismo barco. Puede ser que esa es una de las razones por las cuales la película *Titanic* fue tan popular. Más allá de los efectos especiales de primera clase, y de la atractiva historia de amor caracterizada por un popular ídolo de las quinceañeras, y más allá de la exitosa ubicuidad del tema musical, pienso que la trama consiguió descubrir un tema que resonaba profundamente en la sociedad común, el de los temores fundamentales. El Titanic era algo nuevo, enorme y poderoso. Estaba navegando serenamente, insensible a cualquier peligro.

Esa ha sido la imagen de nuestra economía durante los últimos años del siglo veinte. Es enorme y poderosa, y parece estar navegando sin temor a ningún peligro. Se pronosticaba que nuestra manera de vivir era indestructible. Pero escondido en las sombras de nuestro subconsciente estaba el peligro de que un gran témpano de hielo se estuviera tejiendo en la oscuridad creciente y que borraría nuestro nombre.

Muchos libros para padres de familia se concentran en el pequeño mundo del hogar y la escuela. ¿Qué clase de mundo le estamos preparando a nuestros hijos para que vivan en él?, ¿podemos prepararlos para los desafíos que enfrentarán? ¿Cuáles habilidades deberán adquirir en vistas a vivir su fe en las realidades de ese mundo?

La vida familiar, bien vivida, ofrece un paradigma para la justicia social. "La familia ideal es la institución que exige que todos sus miembros se comprometan *para bien o para mal*", decía Victoria Lee Erickson. "La familia es la institución más antigua, más aún que la misma religión". La familia es el primer lugar dentro de toda la historia humana, y en nuestra propia vida, donde aprendemos las reglas de la justicia, la recompensa, el compromiso, la confianza, la lealtad y el orden.

Es interesante saber que la justicia social, cuyo primer objetivo es crear un sistema que funcione para todos y promueva la armonía, la paz y la unidad, sea considerada como algo pavoroso por la mayoría de la gente. Aun las personas religiosas que tratan de aplicar su fe en todos los demás aspectos de la vida pueden rehuir el trabajo de la justicia social. Es algo pavoroso. Incluye confrontación y posiblemente algún conflicto. Va a trastornar de golpe el equilibrio que hemos logrado reunir en este mundo de cambios rápidos. Frecuentemente la acción social es reducida a la caricatura de sí misma: la persona negativa, ruidosa y llamativa que nunca está satisfecha y que siempre está suscitando problemas. El conflicto y la confrontación ciertamente serán parte del cambio social a cualquier nivel: familia, vecindario, estado, mundo. Sin embargo, la amistad, la cooperación, la amistad y el cuidado también son parte de dicha pintura. Cualquier cambio global es mucho mayor que lo que la mayoría de la gente puede siquiera imaginar.

## ¿CUÁLES VALORES FAMILIARES?

Desde los primeros días, cuando el pequeño mundo se reduce a "mi mamá y yo", nuestra tarea en vistas a formar una espiritualidad madura, consiste en ampliar el sentido de nuestro contacto con las demás personas. Siempre estamos reconsiderando nuestra respuesta a la pregunta "¿quién es mi prójimo?". Jesús contestó esa pregunta con una historia que hemos conocido como la parábola del Buen Samaritano.

Un hombre bajaba de Jerusalén a Jericó y cayó en manos de unos asaltantes que, después de despojarlo y golpearlo sin piedad, se alejaron dejándolo medio muerto. Un sacerdote bajaba casualmente por aquel camino y, al verlo, se desvió y pasó de largo. Igualmente un levita que pasó por aquel lugar, al verlo, se desvió y pasó de largo. Pero un samaritano que iba de viaje, al llegar junto a él y verlo, sintió lástima. Se acercó y le vendó las heridas después de habérselas limpiado con aceite y vino; luego lo montó en su cabalgadura, lo llevó a suna posada y cuidó de él. Al día siguiente, sacó unas monedas y se las dio al encargado, diciendo: "Cuida de él, y lo que gastes de más te lo pagaré a mi regreso". ¿Quién de los tres te parece que fue prójimo del que cayó en manos de los asaltantes? (Lucas 10:30–36).

Muchas gentes hablan acerca de los valores familiares. Los valores familiares que Jesús expuso para la familia humana están encerrados en ésta y otras parábolas. Robert Ellsberg, subrayó tres valores que Jesús sostuvo y que podrían ser vistos como valores familiares.

## El primero es la inclusividad, más que la exclusividad

Jesús no limitó su atención a su familia inmediata o a las personas aceptadas en la sociedad. A lo largo de toda su vida fue atacado por el escándalo a causa de la "familia" que se reunía alrededor de él: prostitutas y otras personas inmorales, los despreciados recaudadores de impuestos, la gente impura. "La familia" que Jesús reunió alrededor de él es algo que difícilmente podríamos considerar como "un club exclusivo", escribió Ellsberg. "En su lugar incluyó a todo tipo de personas impropias... excluidas por los patrones dominantes de valía social".

## El segundo es la humildad opuesta al poder

Ellsberg identificó la humildad como un valor familiar ejemplificado por la vida de Jesús. "La nueva familia de Jesús no deberá reflejar los valores de una sociedad en la cual el señor poderoso está por encima del impotente. Más aún, en esta familia, quienquiera que desee ser el primero, deberá convertirse en "el último y en el servidor de todos". Jesús no está interesado en derrocar a la autoridad, sino en colocar el objetivo de la autoridad en su contexto propio. Propuso la pregunta fundamental: ¿para qué sirve el poder? En su jerarquía de valores el poder y la autoridad deben usarse para el bien de todos, para el Cuerpo de Cristo.

## El tercero es el discipulado contra el parentesco

El discipulado era un mensaje radical. El mundo en la época de Jesús estaba organizado alrededor de las familias y los clanes. Todas tus obligaciones giraban alrededor del clan mientras que a los extraños no les debías nada. Jesús colocó ese principio justamente a la inversa. Redefinió el significado de la familia. Cuando su madre y los demás miembros de la familia estaban preocupados por su bienestar, y vinieron por él para llevarlo a casa, les respondió: "cualquiera que haga la voluntad de Dios es mi hermano y mi hermana y mi madre". De esa manera quedan abiertas las puertas a todo mundo.

La justicia social es imposible sin la experiencia de la solidaridad, y sin el reconocimiento de que aquellos que parecen ser extranjeros son en realidad mis hermanos y hermanas. La vida familiar puede encerrar a nuestros hijos en el pequeño mundo de sus propios intereses o puede equiparlos con las herramientas que necesitarán para operar y establecer la justicia en su barrio y en su comunidad —aun en la comunidad global. Esto es mucho pedir. Sin embargo, al igual que con el resto de la vida, conviene comenzar con cosas pequeñas y cercanas. Comienza en casa con el desarrollo de la empatía, la justicia y la solidaridad.

## COMENZANDO CON LA EMPATÍA

En su destacado libro *The Moral Child: Nurturing Children's Moral Growth* (La moral infantil: alimentando el crecimiento moral de los niños) William Damon contaba la historia de un niño de dos años de edad, el cual vio gritar a otro pequeño niño, y lo condujo ante su madre para que lo tranquilizara. Aun cuando la mamá podía escuchar los gritos del pequeño, el niño compasivo quiso ofrecer un remedio seguro: su propia mamá. Dicho niño podría tener dificultades para realizar detalladamente dicho trabajo, pero ya estaba en el camino correcto para desarrollar un adecuado sentido moral.

La empatía es la pieza fundamental de la vida moral. Jesús dijo a los fariseos que toda la moralidad bíblica puede ser encerrada en el dicho aquel: "ama a Dios con todo tu corazón, con toda tu mente, con toda tu alma, y a tu prójimo como a ti mismo". No hay posibilidades de vivir la segunda parte de este mandamiento sin un sentido de vinculación y empatía con los demás. No maltrates. No robes. ¿Por qué no? Tal vez la primera lección verbal acerca de la moral que los niños reciben es cuando se les pregunta gentilmente: ¿les gustaría que les hicieran eso a ustedes?"

El término clave para navegar en los asuntos básicos de la vida moral es el sentido de la compasión. Y la compasión significa identificarnos, al menos remotamente, con aquellos que se verían afectados por nuestras acciones. Solamente después de que nuestros hijos dominen los aspectos fundamentales de la empatía y la compasión, podrán un día ser capaces de dominar las cuestiones éticas y morales más difíciles y complejas que ciertamente enfrentarán: cuestiones acerca de la ingeniería genética, la justicia en la economía global, y realizar con justicia las legítimas deducciones en su declaración de impuestos, etcétera.

No obstante, sean cuidadosos. La pregunta: "¿te gustaría que te hicieran...?" puede lanzarse sobre el rostro de sus hijos como si fuera una bofetada. En lugar de eso, utilicen una pregunta que sea como una invitación a que crezcan y se conozcan como personas morales en el mundo. Si hacen espacio para que se ordenen los sentimientos de sus hijos (desde el egoísmo hasta el desinterés, del chantaje a la generosidad más noble), luego de un tiempo desarrollarán la capacidad de imaginar la situación y los sentimientos de otros con cuidado y compasión.

## DESPUÉS DE LA EMPATIA, LA JUSTICIA

Una vez que promueven la empatía en sus hijos, su identificación con los demás les ayudará a descubrir cómo la sociedad es demasiado pronta para ignorar —la injusticia es inherente al sistema. Cuando estamos divorciados de la vida y la realidad de las otras personas, no podemos conocer sus circunstancias. Dicha separación nos conduce a hacer comentarios horribles y despiadados acerca de la política social. Cuando dijeron que los campesinos no tenían pan, María Antonieta dijo, "entonces denles un pastel para que coman". Debemos enseñar a nuestros hijos a identificarse con los demás para que puedan ver la realidad desde la situación estratégica de quienes están sufriendo.

El columnista Sidney Callahan comentaba en la introducción al libro de Michael True *Homemade Social Justice* (Justicia social hecha en casa) acerca de cómo las familias pueden ayudar a sus hijos a que aprendan a descubrir las sutilezas de la injusticia social.

> La violencia y la opresión pueden estar tan encarnadas y escondidas en un sistema social que es necesaria una educación especial de los ojos y el corazón para tener una percepción y una perspectiva adecuada. Aprendemos a ver y sentir en nuestra propia familia. Sólo la vida en común crea posibilidades para la paz y la justicia, de modo que podamos comenzar aquí y ahora. Con esperanza, mucha esperanza.

¿Es algo exagerado dicha creencia? El escritor Kevin Axe contaba una historia acerca de cierta ceguera que podría hacer que las personas percibieran de manera distinta. Él y su esposa pertenecían a un club del libro, es decir, a un grupo de creyentes que compartían su fe. Estaban comentando un libro acerca de las relaciones entre los diferentes grupos étnicos en el lugar de trabajo. Una de las participantes, cuyo esposo era un alto ejecutivo en una empresa local recalcaba con toda sinceridad: "pues bien, nosotros no tenemos mucho que decir acerca de este asunto. No contratan a ninguno de esos en el lugar donde Joe trabaja".

Es difícil resolver un problema cuando no tienes conciencia de que lo estás provocando. Como decía la hermana Kathleen Hughes, R.S.C.J.: "la reconciliación no puede ocurrir en una comunidad donde la mayoría cree que no la necesita y donde piensa que las minorías no la merecen".

La educación especial de los ojos y el corazón es parte crucial de la formación moral de sus hijos.

La doctrina social católica subraya por igual la dignidad del individuo y el valor de la comunidad. Debemos enseñar a nuestros hijos a vivir con la preocupación de conservar esas cosas buenas en un sano equilibrio. La solidaridad es el objetivo al que aspiramos, un ámbito donde los individuos elijan permanecer unos con otros por motivo del bien común.

## ¡VEN Y TÓMALO!

La Eucaristía es la mejor escuela para la solidaridad. Mi difunta amiga Ann Graff acostumbra sintetizar su visión de la Iglesia en el mundo con esta frase: "¡Todo mundo come!". Nadie es excluido de la mesa; nadie se va con hambre. Esta actitud ciertamente sintetiza el ministerio público de Jesús. Cuando Jesús comía, nadie era rechazado.

Podemos venir a la mesa de la Eucaristía como personas divididas y como comunidades fragmentadas. Pero a través de la fe podemos empezar a ver no tanto la fragmentación, sino la totalidad. Hace poco tiempo, el P. Bob Bolser, C.S.V., uno de los padres de nuestra parroquia comenzó la misa de 10. a.m. con una reflexión abierta: "Algunas gentes dicen que ver es creer. Pero también se podría decir que creer equivale a ver".

Contó una historia para ilustrar el tema. Su padre había nacido ciego. Durante años y años Bob Bolser oraba pidiendo que su padre recibiera un milagro, que le fuera permitido ver. "Aun en breves momentos yo quería con todo mi corazón que él viera mi rostro para que supiera cuánto me parecía a él". Bolser lo contó a toda la asamblea reunida aquel domingo en la mañana. Toda la familia oraba. El hermano de Bob era un piloto de la fuerza aérea, quien había visitado Lourdes y había enviado a casa un frasco con agua del santuario, pero su padre permanecía ciego.

Años más tarde, luego de muchas novenas, rosarios, oraciones y promesas, finalmente tuve un importante descubrimiento. Las oraciones por mi padre habían sido atendidas desde hacía demasiado tiempo. Todos esos años había esperado que él pudiera ver para que descubriera que me parecía a él, y sin embargo, todo eso tiempo él sabía quién era yo. Yo quería que viera mi rostro; sin embargo, él siempre había conocido mi corazón.

Después de la homilía, la mayoría de los participantes en la celebración nos reunimos alrededor del altar. Cantamos de todo corazón durante la oración eucarística. Sostuvimos nuestras manos durante la oración del Padrenuestro y nos saludamos unos a otros durante el Rito de la paz. Por la forma en que fluía la comunión −jóvenes y ancianos, liberales y conservadores, sanos y enfermos, personas de diferentes nacionalidades y grupos étnicos− entre todas las personas, me di cuenta que durante la Misa nuestra visión había crecido.

Pudimos haber llegado a la iglesia pensando que éramos individuos aislados, cada uno dentro de nuestro propio mundo. Ahora nos mantenemos unidos con la certeza de que todos somos un cuerpo, un pueblo santo, reunido en torno a Cristo. El padre Bob nos invitó a creer y nosotros vimos con nuevos ojos.

El catolicismo en USA incluye a algunos de los ciudadanos más ricos y poderosos, lo mismo que a algunos de los inmigrantes más pobres que luchan por sobrevivir. Ambos pueden encontrarse en la misma iglesia el domingo. El sacerdote claretiano Rosendo Urabazzo, hablaba de lo que veía cuando celebraba la Misa en una parroquia en Texas. "Entran y se sientan donde quieren. Los ricos y los pobres lado a lado en la misma banca. A los ojos de Dios todos somos iguales como seres humanos. Aun cuando suceda otra cosa muy distinta fuera de la iglesia".

La Eucaristía puede darnos perspectiva y ésta puede encender nuestra imaginación para crear en el mundo la unidad que celebramos y algunas veces experimentamos en la liturgia. La Eucaristía es el pan para nuestra jornada, nos da fortaleza para realizar la ardua tarea de construir el reino de justicia y misericordia. La Eucaristía nos transforma curando aquellas debilidades que nos apartan de la justicia, la rectitud, la generosidad y la paz.

La Bienaventuranza reza: "bienaventurados los que tienen hambre y sed de justicia". Se necesita tener una verdadera hambre y sed para poder realizar el trabajo arduo, pero necesario para conseguir la justicia. No basta con tener un anhelo modesto de justicia. Si es así, se frustrarán y se desanimarán, y se olvidarán de todo muy fácilmente.

Desempeñarán un papel muy importante para suscitar el hambre de justicia en sus hijos. Les enseñarán a manejar los conflictos, y serán el modelo de cómo hacerlo. ¿Los están entrenando por medio de la manera en que negocian y resuelven discusiones con los demás miembros del hogar? ¿Qué principios sostienen su enseñanza? ¿Será el principio de "el que no es tranza no avanza", sin fijarte en que lastimes a la otra persona? ¿O es el de "la verdad es según el cristal con que se mira? ¿O conoces y alientas los principios morales y sociales de la enseñanza católica?

> *Si quieres la paz, trabaja por la justicia.*
> Pablo VI

Esta tarea no es fácil de hacerla por sí solos, pero existen muchos recursos disponibles que pueden ayudarles. La responsabilidad puede verse como algo sobrecogedor, pero ustedes no son los encargados de resolver todos los problemas mundiales, ni podrán esperar que sus hijos lo hagan. El asunto es que hay ser parte de la solución y no parte del problema. Solos es imposible, pero con Dios y con otros compañeros de Dios aquí en la tierra, cualquier cosa es posible. Como dijera el padre Daniel Berrigan S. J., a los editores de *U.S. Catholic:* "Nadie, ni siquiera la voluntad más fervorosa, puede hacer todas las cosas. Pero la distancia moral entre hacer algo y no hacer nada es lo realmente trascendente".

### Oración por la paz y la justicia durante el curso de la vida de mi hijo

*Es el momento de poner al día el testamento, dijo el abogado Bob.*
*Los niños estarán atendidos, den el primer paso al comienzo de la vida.*
*Si "algo les tiene qué pasar".*
*¿Existen otros regalos o causas que apoyar?*
*¿Por qué no un refugio para los desamparados*
  *que atiende nuestra parroquia?*
*Pensé.*
*Una profunda tristeza me envuelve como la niebla invernal,*
*esperando, como cuando se tiene un deseo.*
*Pero no planeo morir pronto.*
*Y además, he logrado aceptar gran parte de mis carencias.*
*Pero cuando era joven y de corazón entusiasta,*
*nunca pensé que mis días pasarían,*
*y que todavía los hombres dormirían sobre catres*
  *inestables en los sótanos de los pasillos,*
    *sofocándose en el verano,*
      *y con los huesos helados durante el invierno.*
*Oh hijos míos, perdónenme esta herencia.*
*Una cazuela de habichuelas el miércoles por la noche,*
*el tercer miércoles de cada mes.*

# Manos *a la obra* <sup>21</sup>

## *Cómo suscitar la empatía en sus hijos*

**Desde** los primeros años acostúmbrenlos a la idea de que el compartir es una parte importante de la vida familiar y de la vida en sociedad. Pueden intentarlo, al ayudar a sus hijos a que no se incomoden al momento de permitir que otros niños utilicen una parte de su equipo deportivo, un juguete o su bicicleta. Esta será una práctica valiosa para otras etapas de la vida. Cuando era consejero en un campamento, enfrenté el problema de cómo programar el uso del trampolín para niños de dieciséis años de habilidades muy variadas. Los muchachos siempre se quejaban de que no disponían del tiempo suficiente. Invitaba a los niños de la cabaña B a que plantearan sus propias reglas sobre la manera en que saltarían en el trampolín los sesenta minutos que les correspondían por semana. No comenzaríamos la actividad hasta que lograran ponerse de acuerdo. Aunque ese ejercicio de preparación tenía sus desafíos, fue la manera más productiva posible, de construir un sentido de justicia y mutuo interés entre los muchachos.

**Pídanles** a sus hijos que se imaginen a sí mismos viviendo como uno de los personajes del libro que están leyendo o de la serie de TV que están observando. "¿Qué harían si estuvieran allá?".

**Pongan** un alto a sus hijos cuando vean que están comportándose de manera cruel o grosera y revisen juntos la situación. Es fácil que sus hijos sean crueles entre sí. Necesitan de su ayuda para corregir su "visión". Pueden actuar cruelmente, sólo cuando no se dan cuenta de que todos somos uno y que cuando un miembro del cuerpo de Cristo es lastimado, todos somos lastimados.

**Abran** su casa y su mundo a una variedad de personas. Reúnanse con personas de otras culturas y orígenes étnicos. Que no sea un mero gesto simbólico; construyan unas relaciones honestas basadas sobre la confianza y el interés recíproco.

**Animen** a sus hijos a leer biografías de los santos. Recuerdo cuando mi papá regresaba de un retiro trayendo algunas copias de la vida del padre Damián de Veuster, a quien llamaron el padre de los leprosos, para que sus hijos las leyéramos. Conservo todavía dicha copia en mi librero. Ahí estaba la historia heroica de un hombre que había demostrado su compasión hasta el extremo.

**Platiquen** acerca de algunas situaciones de la vida diaria que los ilustre acerca del sentido de la empatía y la compasión. Los hijos son todo oídos cuando hablan acerca de historias reales que suceden en el trabajo, en el barrio, o en la familia extendida.

**Recuerden** alguna anécdota que sus hijos vivieron en la escuela y que les recuerde algo acerca de la compasión. Platiquen de los momentos en que llegó a la escuela un niño nuevo que se sentía desolado, o cuando un niño perdió su almuerzo frente a sus compañeros, o cuando alguien tiene dificultades con algún tema de clases, o de alguien que es diferente a los demás niños. Pregunten en voz alta: "¿acaso me pregunto cómo tratara ahora la vida a ese niño?

**Reciten** la Oración de san Francisco (*Hazme un instrumento de tu paz*) al compartir los alimentos o a la hora de acostarse. Esta oración encierra la esencia de la vida compasiva. Entreguen a sus hijos una copia de dicha oración.

# Manos *a la obra* 22

### *Cómo educar a sus hijos en la justicia*

**Edúquense** a sí mismos. Lean los periódicos y escuchen conferencias en el radio cuando hablen y participen personas de otras culturas. No lean solamente aquello que ya conozcan o les parezca válido. Es bueno escuchar otros puntos de vista.

**Compartan** relatos acerca de situaciones injustas de nuestra historia. No tendrá qué convertirse en una operación para buscar culpables y humillarlos. Más bien, el objetivo es darnos cuenta de que la injusticia puede ser tan sutil y oculta en el sistema social que hasta aparece como moralmente buena. Esto es parte de cualquier educación moral integral.

**Expliquen** a sus hijos que el sistema social es un conjunto de cosas mezcladas que contienen políticas y prácticas que pueden producir resultados buenos y malos. Por ejemplo,

el gobierno de la ciudad puede conceder una exención de impuestos para los empresarios de la construcción, quienes construirán viviendas y parques que embellecerán alguna zona marginada. Y si bien es cierto, que muchas gentes se beneficiarán, otros ciudadanos que son menos capaces de defenderse a sí mismos, serán evacuados y se quedarán sin un lugar a donde irse. Michael True decía en su libro *Homemade Social Justice* (Justicia social hecha en casa) citaba a una mujer: "el problema no consiste en proteger a los hijos de la injusticia y la violencia (porque no podrían hacerlo siempre), sino en hacerlos que reflexionen acerca de esas cosas".

**Ayuden** a sus hijos a ver a través de una cortina de humo. Por ejemplo, cuando el sistema esclavista estaba siendo cuestionado, algunos propietarios de esclavos se defendían argumentado que habían tratado adecuadamente a sus esclavos, y que nunca se habían puesto a reflexionar en la cuestión elemental de si era correcto que una persona pudiera poseer a otra persona. Lo mismo sucedió con el derecho de las mujeres a votar. Buena parte de la discusión estuvo centrada en cuántos privilegios sociales tenían las mujeres, en lugar de preguntarse si una sociedad podía funcionar, cuando la mitad de sus miembros eran incapaces de participar en el gobierno.

Uno de los logros de la experiencia norteamericana es el alto valor que le damos a la libertad. Una de las sombras es que el individualismo es considerado como un valor muy desmesurado. La libertad de hablar, reunirse, creer y buscar la felicidad ha sido una bendición para el mundo. El surgimiento del individualismo a expensas de la familia y de otras comunidades ha dejado una estela de desorden a su paso.

*Es bueno tener un objetivo al que tienda la jornada, no obstante, al final del camino, el viaje es lo que importa.*

ÚRSULA K. LEGUIN

# CAPÍTULO QUINCE

# Lo están haciendo bien, la ayuda viene en camino

Tal vez han escuchado la anécdota del muchacho que salió de la preparatoria y se sorprendió al descubrir que todos los años anteriores había escrito prosa y jamás se dio cuenta. Muy bien, todos estos años –lo sepan o no– han estado recorriendo un camino espiritual. Y los momentos que han dedicado a ser padres de familia han sido parte de ese camino.

Una de mis autoras favoritas, Dolores Curran, entrevistó a la hermana Mary Luke Tobin, una extraordinaria mujer, que tuvo una gran influencia en la reforma de la Iglesia durante el siglo XX. Luke, como es comúnmente conocida, había llegado a la edad de noventa años cuando Curran pensó que sería una buena idea capturar algo de su sabiduría. Curran le preguntó: "¿Ha tenido alguna experiencia mística?". Respondió: "Sí, toda la vida es una experiencia mística".

Si toda la vida es una experiencia mística (y creo que lo es), entonces cada momento de su paternidad es una experiencia mística. Están en una jornada mística desde el primer momento de emoción, cuando nació su primer hijo, hasta los momentos en que la vida parecía un valle oscuro o cuando estaban en la dorada cima de la montaña, lo mismo que a lo largo de todos los caminos serpenteantes.

Cuando cultivan la perspectiva de que la vida familiar es un camino espiritual, siéntanse consolados al saber que no están solos frente a los desafíos de cada día.

Una última historia encierra lo que realmente quiero decir. Una amiga mía, la hermana Sheryl Chen O.C.S.O., es una monja de clausura. Me contó esta historia, la cual me dio un consuelo enorme como padre de familia. La hermana Sheryl vivía en la abadía de Santa Rita, en lo alto del desierto al sur de Arizona. El día para las monjas comenzaba temprano, aproximadamente a las 3 de la mañana, precisamente con la oración. Un día de diciembre, justo antes de que comenzaran la oración, la hermana Sheryl apretó el paso bajo el fresco aire nocturno, para hacer una de sus tareas. Cuando todavía el cielo nocturno de Adviento era claro y frío, lanzó una mirada al cielo brillante. Una estrella que brillaba entre millares atrapó su atención y quedó sorprendida, "¿cómo es que una simple monja que tiene la oportunidad de vagar en este desierto montañoso en una madrugada de diciembre, es encontrada por la luz de una estrella distante?".

Siendo una de las personas más brillantes que he conocido, Sheryl comenzó a calcular la vasta distancia que existía entre ella y la estrella, y acerca del tiempo que duraría la luz de la estrella en llegar al sitio de aquella colina donde permanecía, mientras su faz era iluminada por la luz estelar. Y siendo una de las personas más santas que he conocido, Sheryl comenzó a reflexionar sobre qué tan parecido era el amor de Dios con esa luz estelar: viajando a través del espacio y el tiempo para saludarla en esa mañana de Adviento, precisamente ahí, justamente en ese instante.

Lo mismo pasa con ustedes. Quizás se sienten inseguros como padres de familia. Cuando miran al futuro pueden llenarse de dudas y temores. Aún así pueden tener fe en que aún ahora, el amor de Dios está en camino de encontrarlos en este momento de temor.

Así que sigamos adelante, caminando con la esperanza de la luz estelar, ciertos de que el amor de Dios está con nosotros y con nuestros hijos, y que vuela por su camino para encontrarse para siempre con nosotros.